KB130011

글로벌 시대의 경쟁력

문화지능

CULTURAL INTELLIGENCE

Copyright © 2004 by Brooks Peterson, first published by Intercultural Press in 2004
All rights reserved

Korean translation copyright © 2006 by The ChungRim Publishing
Korean translation rights arranged with Intercultural Press
through Eric Yang Agency

이 책의 한국어판 저작권은 에릭양 에이전시를 통한
Intercultural Press 사와의 독점계약으로 청림출판이 소유합니다.
저작권법에 의하여 한국 내에서 보호를 받는 저작물이므로 무단전재와 복제를 금합니다.

글로벌 시대의 경쟁력

문화지능

브룩스 피터슨 지음 | 현대경제연구원 옮김

청림출판

한 그루의 나무가 모여 푸른 숲을 이루듯이
청림의 책들은 삶을 풍요롭게 합니다.

차례

들어가는 말

다른 문화권을 알아야 할 사람은 누구인가?

의료 분야에서 제조업에 이르기까지 각 분야에서 일하는 직업인들에게는 자국에서건 세계 어느 나라에서건 다른 인종이나 다른 나라 사람들과 접해야 할 기회가 갈수록 많아지고 있다. 이러한 서로 다른 문화 간의 접촉은 직업적으로 세 가지 경우에 주로 발생하는데, 자국에서 이주민이나 외국인 동료들과 일할 때, 자국에서 국제 무역을 담당할 때 그리고 해외로 파견되어 일할 때이다.

이 책은 자국에서 이민자나 외국인과 함께 일하는 사람들, 전화, 팩스, 이메일, 편지를 매개로 다른 나라의 담당자들과 의사소통을 해야 하거나 외국에서 온 방문객을 접

> " 해마다 많은 외국인이 당신이 사는 나라로 오고 있다. 따라서 당신이 외국에 나간 적이 없더라도 다른 문화를 접할 준비를 해야 한다. "

대해야 하는 사람들, 외국 지사로 발령을 받거나 출장을 가는 등 다양한 상황에서 다른 문화권 사람들과 거래해야 하는 이들에게 도움을 주고자 쓴 책이다.

우리는 함께 일한다

미국인과 일본인, 이 두 문화 집단을 비교하는 것으로 이야기를 시작해 보자. 미국의 문화는 아이들이 학교에 다니기 시작할 때나 그 전부터 창의적으로 생각하고 모험을 두려워하지 말라고 훈련시킨다. 자신이 좋아하는 스타를 추종하고, 남과 다르게 그림에 색칠하고, 독창적인 과제물을 제출하고, 수업 시간에 독특한 발표를 하거나 그들 나름의 방식으로 세상을 바라봐도 된다고 격려해 준다. 미국인들은 "삐걱거리는 바퀴에 기름칠한다."고 한다. 우는 아이에게 젖 준다는 속담과 비슷한 의미인데, 바로 이것이 미국 사회를 창의적이고 생산적으로 이끌어 나가는 특질이며, 이로 인해 사람들은 미국을 당연히 멋진 곳이라고 말할 수 있다.

그런데 미국 밖에서는 이 규칙이 사뭇 다르다. 나는 일본과 미국을 비교하여 문화적 차이를 설명하고 싶다. 두 나라가 여러 가지 면에서 서로 대비되기 때문이다.

일본의 문화는 미국의 문화만큼 훌륭하다. 그런데 일본의 어린 학생들은 독자적으로 생각해야 한다고 교육받지 않는다. 일본의 학생들은 아주 어릴 때부터 집단적으로 서로 협력하여 작업해야 한다고 배운다.

다음 내용은 내가 실시한 워크숍에서 어느 미국인이 얘기한 체험담인데, 여러분도 이 상황을 상상해 보기 바란다. 한동안 일본에서 일하게 된 그 미국인은 자신의 딸이 공부하는 일본 학교로 학습 참관을 하러 갔다. 그곳 학생들은 색칠 그림책을 앞에 두고 커다란 둥근

> 올리브 오일은 훌륭하다. 요리에 쓰여 풍미를 내는 등 여러 경우에 사용된다. 물도 그렇다. 요리에 쓰이고 갈증을 풀어 주는 등 여러 경우에 사용된다. 둘 다 훌륭하지만 둘을 함께 섞으면 쉽게 섞이지 않는다. 다양한 문화의 비즈니스 종사자들도 마찬가지이다. 그들은 자연스럽게 섞이지 않는다. 하지만 실제로 이 두 가지 재료는 어떤 음식을 만들 때 함께 사용할 수 있으며, 꼭 함께 써야 하는 경우가 많다. 이 두 가지가 없으면 그 음식은 맛이 없어진다.

테이블에 모여 앉았다. 아이들은 우선 다른 아이들을 돌아보며 각자 색칠하고 싶은 부분을 손가락으로 가리킨다. 몇 번쯤 서로를 흘깃거리면서 모든 학생들이 색칠할 부분에 관하여 재빠르게 합의한다. 그 후에 아이들은 색연필 상자를 가리키고, 어떤 색을 사용할 것인지에 대해 동의를 구한다. 그 결과, 아이들은 모두 같은 색으로 같은 부분을 칠한다. 다른 아이들을 따라하지 말고 각자의 개성을 살리라고 격려하는 미국의 교실과, 결국에는 모두 똑같은 그림이 탄생하는 일본의 교실은 이렇게 많이 다르다.

일본인들은 모두 함께 어우러져 작업하는 방식을 잘 알고 있다. 그

들은 "모난 돌이 정 맞는다."며 개인에게 관심을 집중하기보다는 집단의 조화를 이루기 위해 노력한다. 바로 이런 집단적 응집력이 일본을 제조 업계의 선두 주자로 만드는 원동력이다.

우리는 갓난아기 때부터 어떤 식으로 생각하고 행동해야 하는지를 문화적으로 훈련받게 되지만, 대부분의 사람들은 자신의 문화적 프로그래밍을 인식하지 못한다. 그러나 이 프로그래밍은 평생토록 영향력을 행사한다. 일본인은 집단 지향으로 기울고, 미국인은 개별적 진취성과 성취에 초점을 맞춘다. 그것이 그림책을 색칠할 정도의 나이가 되기 이전부터 각 문화가 그들을 훈련시키는 방식이기 때문이다.

미국과 일본은 서로 다른 장점을 지니고 있다. 미국인은 자동차와 VCR을 발명했지만 그런 발명품들을 최고의 품질로 제조할 수 있는 사람은 일본인이다.

나라마다 각기 다른 문화적 프로그래밍이 있고, 이에 따라서 다양한 장점과 약점이 생겨난다. 상식적으로나 세계 경제 이론상 각 나라가 고유한 장점을 활용하여 함께 협력하는 것이 최선이라는 데는 의견이 일치한다. 그런데 내가 여러 기업에서 국제 비즈니스와 문화에 관한 프로그램을 지도하며 깨닫게 된 문제점은, 한 나라에서는 장점이 되는 특질들이 다른 나라에서는 약점이 될 수 있다는 점이다. 한 나라에서 비즈니스

> **우리는 갓난아기 때부터 어떤 식으로 생각하고 행동해야 하는지를 문화적으로 훈련받는다.**

에 성공하도록 이끄는 요소가 다른 나라 사람들에게는 불안하고 혼란스럽고 심지어 불쾌하게 만드는 요소가 된다. 당신이 어느 나라 출신이든, 당신이 비즈니스를 하는 지역적 성향은 적어도 몇몇 다른 나라의 사람들을 불쾌하게 만들 가능성이 있다.

이 책은 문화적 충돌이 어떤 것이든 상관없이 당신의 국제 직무 능력을 향상시키는 데 그 목적이 있다. 당신의 방식도 좋으며, '그들'이 누구이건 간에 그들의 방식도 좋은 것이다!

이 책을 읽는 독자들이 자신과 다른 사람들의 방식을 알고, 국제 교류 때 혼란을 줄이고, 더 큰 결실을 맺으며 즐거운 경험을 할 수 있게 되기를 바란다.

문화가 매력적인 이유

내가 아는 대로 다윈의 진화론을 요약하면 다음과 같다. 동물은 다른 색채, 또는 더 길거나 짧은 날개, 또는 좀 더 딱딱한 껍질 등의 색다른 특질을 지닌 종으로 진화한다. 이유 없이 그러한 진화 과정을 거치는 것이 아니다. 단지 환경에 가장 잘 적응하게끔 변이를 거친 후손들, 즉 좀 더 딱딱한 껍질을 지니거나 강한 다리를 지닌 개체들만이 살아남는다. 그 결과, 동물 세계에 매혹적인 다양성이 생겨난다.

동물들의 복잡함과 진화에 대해 더 잘 알고 있는 생물학자들은 부디 나의 이 과도한 단순화를 용서하기 바란다. 여기서 말하고자 하는 점은 문화적인 차이가 진화의 결과와 다소 비슷해 보인다는 사실이다. 동물과 인간은 모두 진화하지만, 내가 보기에 인간이 더 흥미롭고 색다른 방식으로 진화하는 것 같다.

인간은 육체적으로만이 아니라 정신적, 사회적, 지적으로도 진화한다. 변화를 확인하기 위해 다음 세대가 될 때까지 기다릴 필요도 없다. 인간 사회에서는 가장 약한 존재가 죽음을 맞이하는 것이 아니다. 그보다는 가장 미약한 아이디어가 종말을 맞는다. 우리가 모두 인식하듯이 강한 힘을 지닌 견해들이 밀고 들어와 빠르게 무대를 장악하게 된다. 그렇다. 변화는 급격히 일어난다. 하지만 지배적인 아이디어가 곧 최선의 아이디어는 아니다.

동물의 진화와 달리 인간의 진화와 정체성은 의도적으로 영향을 받거나 유지될 수 있다. 오늘날 호주는 의도적으로 변화를 선택한 사람들이 정착한 곳이고, 중국은 중국으로서의 면모를 유지하려고 애쓰는 사람들이 지배하고 있다. 우리의 지금 이 모습은 우리가 선택한 결과이다. 우리의 선택은 법률, 규범, 사회화에 의해 제도화된다. 우리는 만나서 서로를 확인하고 본능에 따라 행동하는 두 마리 도마뱀의 수준을 넘어선다. 우리에게는 성문화된 행동 규칙과 규범이 있다.

우리의 문화적 특질은 기존의 요소들을 더 적절히 다루려는 기능에 국한되지 않는다. 지금보다 힘들지 않게 물을 헤치고 나아가기 위해 더 적절한 체형으로 진화하는 물고기와는 다르다는 이야기이다. 내가 낙관적인지는 모르지만 우리의 진화는 문화 내부와 여러 문화 사이에서 좀 더 효율적으로 함께 살아가는 법을 배우는 데 도움이 된다.

다른 문화를 비웃거나 우 스꽝스럽고 부적절하다고 생 각하는 태도는, 동작이 느린 데다가 딱딱한 껍질을 가진 거북이가, 동작이 빠르고 꽃 속으로 깊이 들어갈 수 있는 긴 부리와 작은 날개를 지닌 벌새를 올려다보며 벌새의

방식이 아무짝에도 쓸모없다고 조롱하는 태도와 같다.

사람들은 다양한 이유로 자신들의 문화를 개발하고 유지하고 있으며, 그것이 우리에게는 타당하지 않다고 생각되더라도 그들에게는 적절한 방식이 된다. 그들이 삶을 헤쳐 가기 위해 사용하는 방법이나 시스템이 무엇이건 그 방식이 그들에게는 최선인 것이다. 유행에 집착하는 이탈리아 인들에게 짜증이 날 때 이 점을 기억하라. 이탈리아 인들이 필요하다고 느끼고, 또 필요하다고 알고 있는 것이 바로 그것이라는 점을 기억하라. 그리고 그들이 옳다는 사실도! 당신이 싱가포르에서 걸을 수 있는 곳과 걸어서는 안 되는 곳, 청결함, 질서에 대한 지나친 규제와 제약에 분통을 터뜨리는 이탈리아 인이라면, 그 특징들이 바로 싱가포르 인이 최선이라고 생각하는 부분임을 깨달아야 한다.

나는 각 삶의 방식과 각 문화의 진화가 그곳 내부에서는 완벽하게

저 아래 저 괴상한 녀석을 봐!
두꺼운 등딱지와 저렇게 느린 동작이
아무짝에도 쓸모없다는 걸 모르는 걸까?

일리가 있고, 그 다양성들은 분통 터뜨릴 이유가 되기보다는 매혹을 느낄 만한 요소라고 생각한다. 한 종류의 꽃만 보거나 한 가지 맛만 보며 세상을 살아야 한다면 삶이 얼마나 지루하겠는가. 그런데도 어떤 사람들은 단 한 가지 문화만을 맛보며 딱 그런 삶을 살아가고 있다.

나는 가끔 밖으로 나가 세계 곳곳의 놀라운 차이를 보아야 직성이 풀린다. 그렇다. 여행 가방을 들고 다니며 사는 삶이 편하지 않은 것은 분명하지만, 이따금씩 아주 색다른 '웅덩이'에 빠져 보지 않고는 견딜 수가 없다. 이 책을 쓰는 기간에도 네 번이나 여행 가방을 들고 나섰다. 생전 처음 방문하는 낯선 나라에서는, 내가 지구에서 생명체를 발견한 외계인인 듯한 희한한 기분을 느끼곤 한다. 불과 하루 아니 그보다 더 짧은 시간을 날아갔는데도 이와 같은 일이 생긴다니!

세계화의 가속화

내가 하는 일은 직장인들에게 다른 문화권을 이해하도록 도와주는 일이다. 이런 직업적 특성을 알고 있는 사람들은 2001년 9월 11일 사태 이후에 컨설팅 일거리가 줄어들지 않았느냐고 걱정스레 물어온다.

쓸데없는 걱정! 9·11 사태 이후에 세계를 이해하려는 노력이 강화되기보다는 중단되어야 한다고 생각하는 사람들이 있는 모양이다. 그러나 세계화를 중단시키려 한다면, 이는 마치 돌진하는 코끼리를 깃털 하나로 멈추게 하려는 행동과 같다. 전쟁이나 격변을 겪는 시기에는 애국심과 보호무역주의, 고립주의가 강해지지만 큰 그림을 놓고 보면 이런 사건으로 인해 세계적인 교류가 중단되지는 않는다.

하지만 나는 세계화를 위한 세계화에 찬성하지는 않는다. 국제 무역의 확대, 특히 미국 기업의 세계 시장 지배에 반대하는 움직임이

세계화를 중단시키려는 움직임은 돌진하는 코끼리를 깃털 하나로 멈추게 하려는 시도와 같다.

있다는 사실도 알고 있다. 세계화의 불공정함과 불균형적인 측면에 반발하며 각 지역별로 지탱해 나갈 수 있는 독립적인 시장을 활성화해야 한다는 목소리도 분명히 있다. 반(反)세계화 운동의 타당성과 세계 각국의 빈민들이 국제 무역으로 인해 여러 모로 고통받을 수 있다는 주장도 인정한다. 더불어 미국의 교역국이나 우방의 세계 지도자들 중에서 미국의 정치적 영향력과 미군 주둔을 못마땅하게 여기는 이들이 있으며, 앞으로도 미국에 반대하는 목소리가 사라지지 않을 것이라는 점도 알고 있다. 나는 결코 지역 경제와 문화를 희생시키면서까지 맹목적으로 진행되는 세계화에 찬성하지 않는다.

따라서 세계화를 중단시키려는 움직임이 돌진하는 코끼리를 깃털로 멈추게 하려는 시도와 같다는 말은, '세계화 코끼리'가 어디로든 마음대로 달릴 수 있게 내버려두어야 한다는 뜻이 아니다. 다만, 세계 각국의 주민들이 직업적으로나 외교적으로 경제, 사회, 기타 여러 면에서 서로 만나고 영향을 미치게 될 필요성이 늘어나기는 할지언정 줄어들지는 않으리라는 주장이 내 말의 요지이다. 내 희망은 그러한 교류가 최대한 공정하고 서로에게 유익하게 이루어지는 것이다.

이 책의 관점

이 책은 문화의 기본에 관한 책이다. 기본을 무시해서는 안 되기 때문이다. 유도를 하든 체스를 두든 우선 기본을 알아야 한다. 그것을 모르고 덤볐다가는 바닥에 메다 꽂히거나 경기에서 지고 만다. 일상생활과 일의 문화적 측면에도 같은 원리가 적용된다. 국제

> **대개의 사람들은 문화(culture staff)를 소프트 스킬(soft skill)이라고 생각한다. 이런 생각은 비즈니스의 손익에 부정적인 영향을 미치는 심각한 실수가 될 수 있다.**

비즈니스에서 문화의 중요성을 소홀히 하면 '망하려고' 준비하는 것과 다를 바 없다.

나는 각 기업에 비교문화 프로그램을 제공하고 MBA 학생들을 가르치면서, 대부분의 사람들이 기본적인 문화 차이를 무시해도 된다고 생각하고 있으며 어쩌면 은근히 그래도 되길 바란다는 사실을 확인할 수 있었다. 많은 사람들은 '문화'를 직관적이며 즉흥적으로 처리할 수 있는 소프트 스킬(soft skill : 의사소통, 대인관계, 정보 수집, 문제 해결 능력 등 전문적인 직업 지식 이외의 능력-옮긴이)이라고 생각한다.

참으로 커다란 착각이다. "비틀즈의 히트 곡들을 들어 보니 아주 단순하더라. 단순한 멜로디를 엮어서 만든 3코드의 노래에 불과해. 내가 하루 마음먹고 앉아서 작곡하면 백만 장 이상 팔리는 히트 곡들을 만들어 낼 수 있을 거야."라고 말하는 것이나 마찬가지다. 정신과 의사에 대해서도 이 비슷한 생각을 하는 사람들이 있다. "그래, 난 위대한 정신과 의사가 될 수 있어. 다른 사람의 불평을 들어 주는 게 중요하니까 열심히 잘 들어 주기만 하면 되는 일이야."

뮤지션으로 성공하려면 악기나 목소리를 다루는 기술과 재능, 수

이봐…… 그냥 긴장 풀고 너 자신이 되면……
어느 문화에서나 잘 통할 거야!

많은 연습, 추진력, 비즈니스와 마케팅적인 안목, 끈기, 행운, 기타 여러 가지 요소가 필요하다. 마찬가지로 정신과 의사의 경우도 이론, 방법론, 기술 면에서 탄탄한 기본을 갖춰야 성공할 수 있다. 당신이 작정만 하면 음악계의 스타나 저명한 정신과 의사가 될 수 있다는 상상은 재미있지만, 이런 직업 어디에서도 '즉흥적으로' 해결될 수 있는 일은 없다. 국제 문화가 작용하는 비즈니스 환경에서도 즉흥적으로 될 수 있는 일이란 없다.

이 책을 쓰는 나의 목적은 당신에게 문화를 이해하는 합리적 틀을 제공하고, 문화 지능의 실질적인 정의를 제시하고, 무엇보다 당신의 문화 지능을 높이는 데 있다.

이 책은 여섯 부분으로 나뉘어 있으며 각 부분마다 하나씩 기본적인 주제를 다룬다.

1부는 '문화란 무엇인가?'라는 질문을 바탕으로, 기업 임원에서 시간제 근로자에 이르기까지, 다른 문화권 사람들과 접촉해야 하는 사람들이 각자의 위치에서 의미를 가질 수 있는 문화 정의에 대한 기본 틀을 제공하고 있다. 피부색이나 성적 취향, 성별, 나이 등 지엽적인 문화적 다양성이 아니라 국제적인 문화에 초점을 맞추고 있다. 지엽적인 다양성도 중요하긴 하지만 이 책의 초점은 아니다.

2부는 문화에 대한 인식이 왜 일상생활과 일에서 중요한지에 대한 질문을 고찰한다. 이 책은 문화를 이해하고 더 많이 알고 싶어 하는 사람들을 위한 책이다. 나는 문화적 차이의 중요성을 경시하는 회의론자들을 설득하기 위해 이 책을 쓴 것은 아니다. 비록 당신이 이 책을 그들의 우편함에 슬쩍 집어넣고 싶을 수는 있겠지만. 이 책은 문화의 중요성을 아는 사람, 다양한 문화가 그들의 일에 미치는 영향력을 깨닫고 그에 대한 인식과 이해와 기술을 향상시키고 싶은 사람을 위한 책이다.

3부는 '문화 지능이란 무엇인가?'를 생각해 본다. 문화 지능을 정의하고, 외국의 클라이언트, 고객, 비즈니스 파트너, 이웃들과 효율적으로 교류하는 데 필요한 기술과 특성을 살펴본다. 문화 지능을 높이려면 우선 그것이 무엇인지를 알고 그와 관련된 목표를 세울 수 있어야 한다.

4부는 일상생활과 일에서 문화 지능을 적용할 수 있는 방식을 알아본다. 일, 경영, 전략, 사람에 관한 범주를 중심으로 우리의 의사 결정 방식, 작업 스타일, 회사 안팎에서 일어나는 대인 관계 등을 다루게 되지만, 거기에만 국한하지는 않는다. 다른 문화권 사람들과 교류할 때 일어나는 중요한 상황도 사례로 제시한다.

5부는 '당신의 문화 유형은 무엇인가?'에 대한 대답을 찾는 데 도움이 될 것이다. 세계 각 지역의 다양한 사람들과 프로그램을 진행하며 얻은 내 경험으로 볼 때, 대개의 사람들은 그들 '자신'의 문화적 특징을 잘 모르고 있다. 그들은 어차피 '자신이 태어난 나라'에서 생활하며 자국의 언어를 말하고 있기 때문에 '문화가 없다'고 생각한다. 하지만 실제로 모든 사람은 자기만의 특색이 있고 세계의 다른 지역에 사는 누군가가 '색다르고 멀게' 느낄 만한 문화를 지니고 있다! 문화적 인식과 능력을 향상시키는 과정에는 '자신에 대해 먼저 알고 그 후에 남을 아는 과정'이 포함된다.

5부의 목적은 세계가 빠르게 균일화·획일화되었다는 식의 잘못된 믿음으로 인해 문화가 중요하지 않다고 판단하는 회의론자들에게 해답을 주는 것이다.

6부는 자신의 문화 유형을 알고 문화 지능이 무엇인지 알게 되면 당연히 '문화 지능을 높일 수 있는 방법'이 궁금해지기 때문에 그러한 측면을 다룬다. 요즘처럼 문화적으로 혼재된 세계에서 좀 더 효율적인 교류를 위해 필요한 실용적 제안을 내놓음으로써 이 궁금증에 대한 해답을 제시하려 한다.

문화적으로 고려해야 할 사항들이 비즈니스 의사 결정에 어떻게 도입될 수 있는지 점검해 더 광범위하고 전반적인 관점을 제시하면서 이 부분을 마무리하고자 한다. 당신이 책을 다 읽었을 때쯤에는 이 책의 개념들을 회사 방침, 인력 자원 문제, 고객 서비스 차원이나 일상적인 비즈니스 결정, 리더십 원칙에 적용할 수 있는 혁신적인 방법을 찾아낼 수 있기를 기대한다.

이 책의 초점

" 혼란스러운 '이즘'이나 전문 용어를 쓰지 않고도 얼마든지 '문화'를 이야기할 수 있다. "

외국에서 시간을 보낼 때 나는 주로 유럽, 아시아, 남아메리카에 있을 경우가 많기 때문에 자연히 그 지역에 속한 여러 나라의 이야기와 사례가 여기에 포함되었다. 그러나 이 책의 초점은 어느 한 나라나 세계의 한정된 지역이 아니므로 오늘날 세계 경제에 중요하게 참여하고 있는 다른 여러 곳의 사례도 포함시켰다. 이 책에 나오는 이야기들은 내가 직접 겪었거나 국제 비즈니스 컨설턴트로서 내가 만났던 고객들이 겪은 경험담이다.

문화를 논할 때, 혼란스러운 '이즘(ism)'과 전문적인 이론을 가볍게 건드리려고 하면 자칫 위험해질 수 있다. 따라서 나는 새로 만들어진 '이즘'들을 언급하지 않고, 내가 제기하는 몇 가지 '이즘'조차도 단순화해 모호함을 없앤다는 목적을 고수했다. 나는 쉬운 말로 실용적인 면에 집중하기 위해 노력했다. 그래서 나는 이 책을 클라이언트나 대학원 학생들에게 프레젠테이션할 때 사용하는 것과 같은 대화 형태로 집필했다. 미국인이 아닌 독자들도 형식에 얽매이지 않은 나의 미국 스타일을 편하게 생각해 주기를 바란다.

문화 지능 개발

당신이 이 책을 읽고 있다거나 다른 사람에게 읽으라고 권한다면, 이는 당신 또는 그 사람의 문화 지능을 높이고 싶기 때문일 것이다.

무언가를 배우고자 할 때, 그 과정의 첫 단계는 '인식'과 '지식'의 구축이고, 그 다음 단계에 이르러야 '행동'을 변화시킬 수 있는데, 이것은 연습을 통해 이루어진다. 문화 지능에 관한 나의 구별 기준은 무언가에 대해서 '아는 것'과 실제로 그 무언가를 '할 수 있는 것'은 차이가 난다는 사실이다.

예를 들어 당신이 저글링하는 법을 배우고 싶다고 가정하자. 도서관에 가서 저글링에 관한 책들을 찾아본다. 저글링의 역사와 저글링의 여러 가지 유형, 저글링이 현대 서커스의 발달에 미친 영향, 네안데르탈인이 돌멩이 하나로 저글링을 시작했다는 내용 등에 관해 읽는다. 그 후 칵테일파티에 가서 누군가 마침 저글링에 대해 묻는다면 당신은 저글링에 지식으로 대단한 히트를 치게 될 것이다. 저글링에 대해 놀라운 지식을 쏟아 내는 당신 주위로 사람들이 몰려들 수도 있다. 하지만 과연 당신은 저글링을 할 수 있는가? 그렇지 않다!

저글링을 정말로 배우려면, 아는 것에 그치지 않고 '실행'해야 한다. 여기에는 움직이는 방식이 바뀌어야 한다는 의미가 담긴다. 처음 시작할 때는 아무리 팔을 휘둘러 봐도 공은 계속해서 떨어진다. 몸의 근육 운동이 무리 없이 저글링을 할 수 있을 정도로 조화롭고 정확하게 움직이게 되기까지 많은 연습이 필요하다. 몸이 적응해 동작이 바뀌었을 때, 당신은 저글링을 배운 것이 된다.

물론 저글링 시범을 보여 줄 사람이 있어서 그 사람이 기본 동작을 알려 준다면 상당한 도움이 된다. 그렇지 않은 경우에는 어떻게 시작해야 하는지조차 감이 잡히지 않을 테니까 말이다. 누군가가 당신에게 다가와 어느 공을 먼저 던지고 어떻게 잡아야 하는지 기본 요령을 가르쳐 주며 천천히 간단한 시범을 보여 준다면, 직접 저글링을 고안해 낼 필요 없이 배우기만 하면 된다.

나는 이와 똑같은 모델을 사람들이 문화를 배우는 데 적용한다. 내 고객 중에는 하루나 이틀 일정의 문화 워크숍에 참가하는 것으로 족하다고 생각하는 사람들이 많다(90분짜리 '문화 대담'을 듣고 충분하다고 여기는 사람도 있다). 훈련을 담당하는 부서에서도 흔히 이런 식으로 생각하며 예산을 짠다. 가끔은 내게 "필리핀에 '3년' 동안 가 있어야 할 사람에게 '이틀'짜리 문화 프로그램이 무슨 소용이 있는가?"라는 질문을 해오는 사람도 있다. 그렇다. 이틀이라는 시간은 필리핀 문화 전체를 배우기에는 턱없이 짧다. 그러나 이틀 동안 학습한 참석자들은 자신들의 인식 수준을 높여 필리핀에서 성공하기 위해서 어떤 식으로 자신의 행동을 변화시켜야 하는지, 최소한 그 정도는 알게 된다.

단체나 기업이 직원들에게 문화적 차이를 교육하는 데 하루나 이틀의 시간과 돈밖에 투자할 수 없더라도, 비록 충분하지는 않겠으나 직원들이 자신을 문화적 존재로 확실히 인식하게 되고, 당면하게 될 문화적 차이를 알게 되며, 상대 나라에 대한 지식도 조금쯤은 얻을 수 있는 최소한의 시간이 될 것이다. 그 후에 그들과 연락해 문화적 차이에 대해 저글링을 제대로 하고 있는지를 확인하거나, 그들이 올바른 궤도에 오를 수 있도록 조언을 해줄 수 있는 기회가 주어진다면 더욱 바람직할 것이다.

당신이 자신의 문화 지능을 높이고자 한다면 당신의 지식 그리고 자신과 타인에 대한 인식을 확대시키고 동시에 효과적으로 실행하는 훈련을 해 나가야 한다. 기술이 좋아지면 자연히 그로 인해 더 많은 내용을 인식하게 되고, 더 많은 지식이 쌓이며, 또 그로 인해서 더 많은 기술이 형성되어 인식의 범위가 더욱 확장된다. 이 학습의 과정은 사다리를 오르는 일과 비슷하다. 두 손을 번갈아 위로 올리고 한 걸음 한걸음씩 올라가는 과정 말이다.

> 문화에 대한 지식(사실과 문화적 특징들) + 인식(자신과 다른 이들에 관한 인식) + 특정 기술(행동) = 문화 지능

Part 1

문화란 무엇인가?

 '일본' 하면 제일 먼저 떠오르는 이미지가 무엇인가? 스모 선수와 사무라이가 생각나는가? 멕시코를 생각하면 솜브레로(챙 넓은 모자 - 옮긴이)나 피냐타(우리나라의 박 터뜨리기와 비슷한 것으로, 방망이로 피냐타를 부수면 사탕과 초콜릿이 나온다 - 옮긴이)의 이미지가 떠오르는가? 우리가 다른 문화권 국가를 생각할 때 이런 이미지들이 제일 먼저 떠오르는 것은 당연하다.

 하지만 이런 첫 이미지를 넘어서 생각해야 할 필요도 있다. 미국의 경우, 지리적으로 고립되어 있기 때문에 대다수의 미국인들은 다른 문화에 대해 깊이 이해해야 할 필요성을 느끼지 못한다. 이것은 불행한 일이 아닐 수 없다. 세계 각국의 문화가 서로 많이 다르며, 각각의 문화 내부에도 상당한 차이가 있기 때문이다. 경쟁은 갈수록 치열해지고 그에 따라 세계가 점점 작아지는 이 시점에서 국내는 물론이고 외국에서 살아남기 위해서는 다른 문화에 대해 더 많이 알아야 할 필요성이 더 커지고 있다.

문화 지능은 피냐타 게임이 아니다!

실제로 세계 각국 사람들에 대해 알지 못한 채 그들과 교류한다는 것은 피냐타 게임에서 눈을 감고 봉을 휘두르는 것과 다르지 않다. 나는 세계를 무대로 활동하는 직업인들이 피냐타 게임을 하는 아이들이 눈을 가리고 더듬더듬 봉을 휘둘러대듯 행동하는 것을 볼 때면 안타까움을 금할 수 없다. 여기서 목표물(피냐타)은 외국의 파트너, 클라이언트, 소비자들이고, 안에 있는 사탕은 뜻밖의 횡재를 기대할 수 있는 수익이라 할 수 있다.

피상적인 수준의 문화 요소, 즉 프랑스 요리나 이탈리아 그림이나 러시아 음악에 대해 알아 가는 것도 즐거운 일이다. 그렇지만 무슨 일이 일어나고 있는지 좀 더 깊이 알고, 사람을 사귀는 데 적절한 기술을 터득하면 유용할 것이라는 점 또한 분명하다. 따라서 다른 문화권 사람들과 교류하는 기술을 연마하기 위해서는 문화에 대한 분명한 정의를 내리고 이해의 틀을 확립하는 노력을 기울여야 한다.

문화의 정의

오랜 세월 직장인과 학생들을 대상으로 문화를 가르치면서 내가 알게 된 사실은, 이 용어에 관한 정의를 내리라고 할 때마다 사람들이 당황스러워한다는 점이다. 문화를 재미있고 매력적인 주제라고 생각하긴 하는데(그 점은 나도 동의한다!), 문화란 과연 무엇일까?

사람들이 제일 먼저 떠올리는 가장 기본적인 문화의 정의는 지리적인 위치와 관련되어 있다. 부족의 문화, 도시의 문화, 태평양 연안의 문화, 영국제도(諸島)의 문화, 이런 식인데, 이는 사람들을 문화로 구분 지을 수 있는 방법이다. 이 같은 접근 방식에 따라 거시적으로는 아시아 문화, 아프리카 문화, 서양이나 동양의 문화로 구분할 수 있고, 좀 더 세밀한 미시적 관점으로 그리니치빌리지 문화 대(對) 맨해튼 문화, 또는 혼인에 따른 인척 문화 등으로 구분할 수도 있다.

그러나 이런 접근 방식은 문화를 규명하는 좋은 출발점이 될 수 있지만, 문화는 지리적인 것보다 더 많은 다른 것을 기반으로 형성된다. 사전의 정의로 보면 문화는 "사회적으로 이어져 내려온 행동 유형, 예술, 신앙, 제도 그리고 인간의 노력과 생각으로 형성된 모든 산물의 총합"이자 "특정 시기나 특정 계층, 특정 모임, 특정한 집단을 대표하는 유형이나 특징, 산물을 말한다. 에드워드 왕 시대의 문화, 일본 문화, 빈곤 문화 등을 예로 들 수 있다."

문화의 사전적 정의는 역사, 공통적인 특징, 지리적 위치, 언어, 종교, 인종, 사냥 풍습, 음악, 농업, 예술 등의 복합적인 요소와 결부되어 있다. 이러한 다각적인 요소를 포함해 문화를 정의한다면 사람들의 사고방식과 행동과 느낌까지도 광범위하게 문화로 간주할 수 있다. 심리학, 사회학, 인간학의 요소들을 기반으로 한 통찰력까지도 포함할 수 있다. 사실상 문화를 정의할 수 있는 방향은 수없이 많으며 문화를 완벽하고 정확하게 정의하려면 너무나 많은 요소를 고려해야 하기 때문에, 특정 집단의 사람들, 즉 사업가나 병원 관리자나 교사 기타 여러 집단에게 각각 의미가 닿을 수 있는 방식으로 '문화란 바로 이것'이다 하고 정의 내리는 데는 어려움이 있다.

게다가 사전의 정의는 직업인들이 활용할 수 있는 명확한 정의를 내려주지 못한다는 문제점을 안고 있다. 일련의 범주와 주제들을 열거하며 문화를 정의하면 독자들은 지레 질리고 만다는 문제도 있다.

그럼에도 문화를 정의하기 위한 출발점은 있어야 하고, 그것이 많은 도움이 된다. 굳이 '사전적 방식'으로 문화를 요약 정리한다면 다음과 같이 말할 수 있겠다. '문화는 어느 나라 또는 어느 지역에 속한 사람들의 집단이 일반적으로 보유한, 어느 정도 정착된 내부의 가치와 믿음이며 그 가치관과 믿음이 사람들의 외적인 행동과 환경에 미치는 눈에 띄는 영향력이다.'

1부에서는 내가 위에 언급한 정의가 포함하고 있는 다양한 요소를 설명하려 한다. 문화가 시간의 흐름에 따라 변화하는지 고정된 것인지에 관해 간단히 살펴보고, 문화를 기반으로 한 가치와 믿음을 이해하기 위한 틀을 제시한다. 어느 나라 전체를 일반화하는 것에 대한 문제점을 지적하고, 직장인들이 회사에서 마주치게 되는 외부적 행

동에 가치관과 태도가 어떤 영향을 미치는지에 관한 몇 가지 사례를
제시하고자 한다.

당신 자신과 당신이 속한 회사나 조직 그리고 직업적 상황 또는 개
인적 생활과 연관시켜서 문화를 규정짓고 싶다면, 앞서 언급한 '사
전적 정의'에서 마음에 드는 몇몇 요소를 골라내고, 다른 여러 책이
나 당신 자신의 경험과 통찰력에서도 골라내어 자신만의 정의를 내
려 볼 것을 권한다.

문화는 광범위한 주제이다. 그래서 나는 문화를 좋아한다. 문화를
적절하게 이해하지 못한 상태에서 지나치게 단순화하는 실수를 저
지르거나 그 광범위함과 모호한 복잡성 때문에 당황하는 사람들이
많아 안타깝다. 문화를 최대한 간단명료하면서도 의미 있게 정의 내
리려면 광범위하게 응용할 수 있는 문화의 비유를 통해 생각을 정리
하는 것으로 시작해 보는 것이 좋겠다.

문화는 빙산과 같다

문화를 생각하는 방식이나 올바르게 비유하는 방식이 한 가지로
정해져 있는 것은 아니다. 나는 함께 작업하는 사람들에게 문화를 설
명할 수 있는 자신만의 모형, 은유, 비유 등을 찾아보라고 말한다. 당
신이라면 문화를 어떤 것에 비유하겠는가? 잠시 생각해 보라. '문화
는 _____ 와 같다.' 이 문장의 공란에 어떤 낱말을 집어넣겠는가?

종이에 문화의 모형을 그려 보라고 한다면, 무엇을 그리겠는가? 무엇이 떠오르는가?

내가 강의실이나 워크숍에서 문화를 묘사할 수 있는 비유를 대 보라고 하면, 독특한 대답이 수두룩하게 쏟아져 나온다. 장미, 핫도그, 거미줄, 피자, 화장실, 구름, 밀밭, 욕조, 서커스, 벼룩이 득실거리는 개 등, 문화는 매우 다양한 형태로 묘사된다. 그 밖에 용광로, 샐러드 그릇, 무늬가 새겨진 양탄자, 모자이크 등이 있다.

나무도 문화를 표현하는 또 다른 방법이다. 나는 이 비유를 좋아하는데, 출신이 어디이건 모든 사람이 나무가 무엇인지는 알고 있기 때문이다. 나무에는 나뭇가지와 잎사귀처럼 눈으로 바로 확인할 수 있는 부분이 있다. 그런데 더 자세히 들여다보면 더 흥미로운 측면들이 나타난다. 새들의 둥지, 열매, 나무껍질, 나무기둥, 나이테, 흰개미, 그리고 땅 밑에는 생명을 유지시키는 뿌리가 있다.

나무는 피자보다 더 효과적인 비유이다. 나무는 주위 환경(바람, 비, 햇빛, 양분)에서 지속적이고 서서히 영향을 받으며 여러 해에 걸쳐서 자라난다. 사람이 가족, 식습관, 환경, 교육의 영향을 받으며 천천히 형성되는 것과 마찬가지이다. 나무는 해마다 변하지만(잎이 떨어지고, 나뭇가지가 꺾이고, 새로운 가지가 자라난다.) 본질적으로는 세월이 지나도 똑같은 나무로 남아 있다. 문화와 개인 역시 끊임없이 유행에 따라 변하지만 본질적으로는 달라지지 않는다. 모든 나무에 햇빛, 공기, 물이 필요한 것처럼 모든 인간에게는 의식주와 같은 기본 욕구와 더불어 다양한 인간관계, 직업적·개인적인 목표 의식과 같은 기타 욕구가 충족되어야 한다. 그렇다 해도 소나무는 단풍나무와는 다르며 마찬가지로 러시아 인은 아르헨티나 인과 다르다. 나무의 비유를 활용해 우리가 문화에 대해 알아낼 수 있는 사실은 이 밖에도 많다.

가까이 본 적은 없지만, 문화를 빙산으로 묘사할 수도 있다. 나무가 무엇인지 모르는 사람이 없는 반면, 빙산이 무엇인지 모를 수도 있다. 그런데도 빙산의 비유가 유용한 이유는 거기에 중요한 요소가 담겨 있기 때문이다. 빙산에는 눈에 보이는 부분과 보이지 않는 부분이 있다. 비교문화학자들 간에 이 비유가 일반적으로 사용되는데, 나는 이것을 비즈니스 종사자들에게 활용하고 싶다. 빙산의 더 큰 부분이 물 속에 잠겨 있다는 사실을 무시할 경우에 어떤 사태가 발생할 수 있는지 시각적으로 잘 보여 주기 때문이다. 그들의 비즈니스가 실제로 거기에 부딪혀 가라앉아 버릴 수

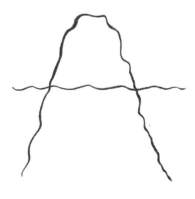

있다.

그러므로 어떠한 문화를 살필 때 제일 먼저 구별해야 할 것은, 눈에 보이는 부분(빙산의 위 또는 수면 위의 문화)과 보이지 않는 부분(빙산의 아래 또는 수면 밑의 문화)이다.

대개의 비즈니스 종사자들은 빙산의 윗부분을 연구하는 데 열심이다. 다른 문화와 접할 때 이를 제일 먼저 인식하므로 충분히 이해할 만한 현상이다(나는 여기서 사람들이 제일 먼저 '접하게 되는' 것이라고 말하지 않았다. 사람들이 제일 먼저 '인식'하게 되는 것이라고 말했다. 자신이 다루는 문화를 좀 더 많이 알게 되면, 뒤늦게나마 자신이 빙산 아래서 헤엄치고 있다는 사실을 확연히 깨닫게 된다!) 당신이 다른 어느 지역에 대해 관심이 생겨서 그곳에 가게 되었거나 그곳 출신 사람들과 같이 일해야 할 때 처음에 자연스럽게 튀어나오는 질문은 '그곳은 어떤 모습일까?', '사람이 많을까?', '그곳 음식은 어떨까?'와 비슷한 종류일 것이다. 우리의 호기심과 관심은 당연히 우리가 다루는 각 문화의 특정한 측면에 가장 먼저 이끌리게 된다. 프랑스의 요리, 이집트의 피라미드, 일본의 스모, 중국의 그림, 자메이카의 음악, 중국의 경극 의상을 예로 들 수 있겠다. 이러한 것들은 재미있게 또는 맛있게 알아 갈 수 있다.

즐겁거나 충격적이거나 시야를 넓혀 주는 경험이 될 수도 있다. 우리가 다른 문화에 대해 가장 불쾌하게 여기는 부분은 대개 우리 눈에 보이는 빙산의 윗부분에 있는 요소들이다. 홍콩 공항에서 어느 나이든 아시아 남자가 커다랗게 "카악" 소리를 내더니 "퉤" 하면서 그 멋진 공항 바닥에 침을 한 덩어리 뱉어 내는 것을 보았을 때, 나는 충격을 받으면서도 한편으로는 재미있었다. 거의 모든 다른 나라 사람들은 일부 미국인들의 비대한 몸집과 시끄러운 말소리에 놀라워한다. 브라질 사람들이 밤에 경찰차가 바로 옆에 있는데도 신호등을 무시하고 달리는 현실은 독일인들이 익숙해 있는 상황과는 상당한 거리가 있다. 미국인들은 밀폐된 공공장소에서 줄담배를 피워 대는 프랑스인들의 행태를 역겨워하고, 프랑스인들은 흡연 제한법과 낮은 속도 제한으로 통제당하고 있는 미국인들을 이해하지 못한다. 남미인들은 새벽 1시 술집의 폐점 시간이 가까워지면 술집에서 우르르 몰려나오는 미국인들을 이상하게 여기고, 세계 여러 나라 사람들은 음주 연령을 법으로 정해 놓은 미국의 법을 어리석다고 생각한다.

당신이 오감으로 인지할 수 있는 빙산 위 문화
● 언어
● 건축
● 음식
● 인구
● 음악
● 의복
● 문학과 예술
● 생활의 속도
● 감정 표현
● 몸짓
● 여가 활동
● 눈 맞춤
● 스포츠

빙산의 윗부분이 아무리 흥미롭더라도 빙산의 약 80퍼센트는 물속에 잠겨 있는 것과 마찬가지로 문화의 중요한 측면도 80퍼센트 정도는 눈에 보이지 않는 곳에 있으며 그것은 대개 문화의 무의식적 특성이다.

비즈니스를 하는 사람들에게는 빙산의 아랫부분에 있는 문화적 개념을 아는 것이 매우 중요하다. 그러므로 수면 아래 있는 빙산의

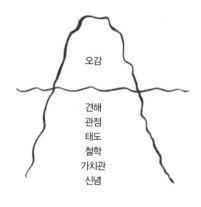

오감

견해
관점
태도
철학
가치관
신념

아랫부분을 더 자세히 살펴보고 그 부분이 왜 중요한지 알아보기로 하자.

물 속에 잠겨 있는 빙산은 우리가 오감으로 인지할 수 없는 개념을 나타낸다. 우리는 '시간'을 볼 수도 냄새 맡을 수도 없고, '조화(Harmony)'를 맛볼 수도 없다. 빙산 밑으로 깊이 내려갈수록 더 중요한 항목이 나타난다. 예를 들어서 우리가 5분간의 대화를 통해 어떤 것에 대한 우리의 견해를 바꿀 수 있지만 가치나 신념은 훨씬 더 깊은 곳에 있으며 훨씬 오래 지속되는 항목이다.

빙산의 이 하부 영역에 믿음, 전제, 사상, 예감 등 더 많은 것을 추가할 수 있다.

나는 비즈니스 종사자들에게 빙산의 위쪽과 아래쪽에 있는 문화적인 특질을 둘 다 찾아야 한다고 말하고 싶다. 여기에는 두 가지 중요한 이유가 있다.

첫째, 빙산의 아랫부분은 보이는 윗부분의 기반이다. 사람들이 어떤 행동을 할 때 왜 그런 식으로 행동하는지 기저에 깔린 이유를 이해하면, 그들이 여러 상황에서 행동하거나 반응하는 방식을 예상하기가 조금 더 수월해진다. 예를 들어, 강한 리더십 체계와 상관의 지휘 감독을 선호하는 나라의 사람들은(물론 다 그렇다고 장담할 수는 없지만) 명확한 지시와 꼼꼼한 통제에 더 잘 따를 것이다. 반대로, 덜 조직화된 리더십 체계나 느슨한 관리 감독을 선호하는 문화권의 사람들은 프로젝트를 진행하는 동안 자신이 적절하다고 생각하는 대로 임무를 다할 수 있기를 바라고, 일일이 간섭받기를 싫어할 가능성이 크다. 이처럼 어떤 사람이 특정 방식으로 행동하거나 반응할 때, 빙산의 아랫부분을 제대로 이해한다면 전개되는 상황을 이해하기도 한결 쉬워진다. 그러나 빙산의 두 부분 중 어느 쪽

**빙산의 아랫부분에 있는
가치관이 결정하는 통념**

- 시간 관념
- 개인이 사회에 적응하는 방식
- 인간 본성에 대한 믿음
- 대인 관계의 규칙
- 노동의 중요성
- 성취 동기
- 가정에서 어른과 아이의 역할
- 변화에 대한 수용
- 남자(여자)다움에 대한 기대치
- 체면과 조화의 중요성
- 리더십 체제에 대한 선호
- 의사소통 방식
- 남녀 성 역할에 대한 태도
- 사고방식(직선적인 사고 또는 체계적인 사고)에 대한 선호

도 무시해서는 안 된다. 유능한 자질이 있는 사람들이 빙산 아랫부분 요소를 소홀히 하는 태도는 참 안타까운 일이다.

빙산의 아래쪽 5분의 4가 중요한 두 번째 이유는 이 원칙들이 지구상 모든 문화에 적용되기 때문이다. 당신이 이탈리아에 대해 빙산의 윗부분에 해당하는 사실과 수치들을 열심히 공부하고 외웠다고 할 때, 이 정보를 독일 출장에 적용할 수는 없다. 하지만 이탈리아 빙산의 아랫부분을 공부하면서 배운 일반 원칙 중 많은 부분을 독일 빙산이나 사우디 빙산에 응용할 수 있다는 놀라운 사실을 알게 될 것이다. 이 문화들이 극단적으로 다른데도 불구하고 말이다.

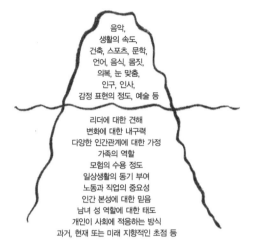

음악,
생활의 속도,
건축, 스포츠, 문학,
언어, 음식, 몸짓,
의복, 눈 맞춤,
인구, 인사,
감정 표현의 정도, 예술 등

리더에 대한 견해
변화에 대한 내구력
다양한 인간관계에 대한 가정
가족의 역할
모험의 수용 정도
일상생활의 동기 부여
노동과 직업의 중요성
인간 본성에 대한 믿음
남녀 성 역할에 대한 태도
개인이 사회에 적응하는 방식
과거, 현재 또는 미래 지향적인 초점 등

문화적 가치관

문화 빙산에서 우리의 목적에 가장 유용하게 쓰일 수 있는 범주는 아마도 '가치관'일 것이다. 문화를 논할 때 나는 '가치관'을 매우 구체적으로 한정지어 정의한다. '문화적 가치관'은 어떤 집단 사람들이 좋아하고 옳다고 여기며, 값진 것으로 생각하는 경향이 있는 원칙이나 자질이다.'

예를 들어서, A 문화에 속한 사람들은 소수의 사람들과 죽을 때까지 이어지는 깊은 우정을 맺으려는 성향이 있다. 이런 사람들이 한 집단의 일원이 되면 평생 그 집단과 자신을 동일시한다. 이들은 집단에 대한 소속감이나 대인 관계 측면에서 특정한 가치관을 지녔다고 할 수 있다.

그와 다른 B 문화권의 사람들은 반대되는 성향을 지닐 수 있다. 그들은 다수의 사람들과 안면을 익히고 관계를 유지하며 친구라고 말할 정도로 친하지는 않은 인간관계를 형성하며, 장기적으로 볼 때 한 집단에 자신을 동일시하기보다는 삶의 단계들을 거치며 다양한 집단의 안팎으로 쉽게 이동해 가기를 선호한다. 이 경우 B 문화에 속한 사람들 역시 집단에 대한 소속감이나 우정이라는 측면에서 특정한 가치관을 지녔다고 할 수 있다. 여기서 나는 중립적인 언어를 사용했다. A 문화와 B 문화의 사람들 모두 '특정한 가치관'을 지녔다고 표현했다.

이제 중립적인 면에서 긍정적인 면으로 움직여 보자. 각 집단의 가치관은 다르다. 그러나 각각의 가치관은 그 집단에 속한 사람들의 욕구에 맞추기는 적절하다. 사실 우리가 선택하는 어떤 주제, 인간관계나 집단에 대한 소속감 같은 주제에서 A 문화와 B 문화의 가치관이 양 극단에 있을 수 있지만, 그것이 한 집단이 다른 집단을 '가치가 없다'고 생각하거나 한쪽이 옳고 다른 쪽이 틀렸다고 판단해도 된다는 뜻은 아니다.

그들이 가치 있게 여기는 것과 그 이유는 전혀 다르더라도 그 두 집단은 '그들 자체의 문화적 맥락 속에서' 완벽하게 옳은 가치관이기 때문이다(서문에 언급한 벌새와 거북이의 예를 돌이켜 보라).

나라별 문화 집단은 공동의 가치관을 바탕으로 움직이는 경향이 있다. 물론 어느 문화에서나 수백만 가지 예외가 존재하지만 그래도 특정 문화의 가치관에 대해 합리적으로 바르게 설명하고 일반화할 수 있는 여지는 있다. 예를 들어 보면, 일반적으로 아시아 인들이 존경, 형식, 지위, 신분을 소중히 여긴다고 말하는 데에 무리가 없다. 이에 비해, 영국, 미국, 캐나다, 호주, 스칸디나비아 등에 속한 나라의 사람들은 존경이나 형식보다 솔직함을, 지위나 신분보다는 평등에 좀 더 가치를 두는 경향이 있다.

그렇다면 가치관을 아는 것이 다른 사람들과 업무상으로 교류하는 데 어떤 도움을 주는가? 실제로 해야 할 일을 아는 데 도움이 되는가? 이에 대한 대답으로 가치관과 행동의 관계를 살펴보기로 하자.

가치관과 행동

한 가지 짚고 넘어가야 할 부분은 가치관이 항상 행동을 예측하는 장치는 아니라는 점이다. 다시 말하면, 당신이 상대의 가치관을 안다고 해서 그 사람이 어떤 상황에서 실제로 어떤 행동을 하게 될지 예측할 수는 없다.

예를 들어 보자. 중국에서는 학교에서 아이들에게 나무막대 하나는 쉽게 부러뜨릴 수 있지만 여러 개를 단번에 부러뜨리기는 어렵다는 것을 가르친다는 사실을 알았다고 하자. 빙산의 아랫부분을 좀 더 연구한 결과, 당신은 중국인들이 집단의 단결을 중요시한다는 사실도 알게 되었다. 그렇다고 이것이 다음 달에 당신과 함께 프로젝트를 진행해야 할 중국 파트너들이 자동적으로 단결된 팀을 형성한다는 것을 의미할까? 그들이 팀 내의 개별적 경쟁을 자제하리라는 의미일까? 실제로 집단적인 결속을 보이게 될까?

그럴 수도 있고 아닐 수도 있다. 하지만 당신이 보기에 개인적인 결정 사항이라고 생각하는 일을 그 중국 파트너들이 집단 차원에서 결정하거나, 퇴근 후에 그들끼리만 회식하는 모습을 보게 되는 등 집단으로 행동하는 모습을 보게 되는 경우, 이 행동을 빙산의 아랫부분에 있는 가치관의 측면에서 설명할 수 있다. 어떤 사람이 특정한 방식으로 행동하고(특히 그러한 행동이 반복적으로 일어나는 경우), 당신이 그 사람의 문화적 가치관을 어느 정도 이해한다면, 당신은 그 행동의 이면에 내재된 이유, 즉 가치관을 파악하기 시작했다고 볼 수 있다.

그렇다면 우리가 이해하고 있는 그들만의 문화적 가치관에 비추어 그들의 행동 방식을 예견할 수 없는 이유는 무엇인가? 앞에서 말한 바와 같이, 그 규칙에는 수많은 예외가 있기 때문이다. 또한 모든 상황에 영향을 미치지만 예측할 수는 없는 요소가 너무 많기 때문이다.

따라서 그 문화 내부에 있는 사람들조차 앞으로 무슨 상황이 벌어질지는 예상할 수 없지만, 빙산 아랫부분의 가치관을 안다면 문화와 문화가 마주치는 순간에 일어나는 상황을 더 잘 이해할 수 있으며 그들과 하는 교류를 성공적으로 이끌어 갈 수 있다.

사람을 움직이게 하는 것이 무엇인지 가치관의 차원에서 파악하고, 당신의 행동을 그들과 어울리도록 조율할 수 있다면, 편안하고 화목하게 그리고 성공적으로 그들과 함께 일하는 방법을 찾을 수 있을 것이다.

큰 문화와 작은 문화

지금까지 문화를 보이는 문화와 보이지 않는 문화로 구별해 보았는데, 이에 더하여 주제의 중요성에도 등급을 매길 수 있다. 우리가 위대한 작가나 역사적으로 중요한 흐름과 같은 커다란 주제를 살펴보기도 하고, 현재 유행하는 트렌드나 뉴스처럼 더 작은 주제를 살펴보기도 하는 것과 마찬가지이다. 용어상으로는 흔히 중요한 주제를 큰 문화로, 그보다 덜 중요한 주제를 작은 문화라고 부른다.

다음에 나오는 표는 큰 문화와 작은 문화 그리고 비가시적 문화와 가시적 문화 간의 교점을 나타낸다. 이 표의 네 부분에 나오는 다양한 주제를 모두 공부하는 것이 바람직하다.

이 표는 문화를 고려하는 복잡한 공식이 아니라 문화에 대해 생각하는 방식이 다양하다는 사실을 보여 주고 있을 뿐이다. 개중에는 문화(예 : 프랑스 문화)를 제대로 알려면 수백 년 전부터 이어져 온 문헌(예 : 프랑스 문학)을 읽어야 한다고 생각하는 사람들이 있다. 나는 프랑스에서 많은 시간을 보냈고 프랑스 문학을 연구했고 지금도 즐겨 읽고 있지만, 프랑스 문학이 프랑스를 이해하는 데 특별히 유용했다고 생각하지는 않는다. 내 말의 요점은, 어느 문화를 배우려 할 때 한 가지 제한된 영역에 집중하는 실수를 범하지 말아야 한다는 것이다. 표에 나오는 네 영역에서 골고루 탐구할 주제를 찾아내야 한다.

	큰 문화 전통적이고 중요한 주제	작은 문화 사소하고 일반적인 주제
비가시적 문화 (빙산의 아랫부분)	<예> 핵심적인 가치관, 태도나 믿음, 사회 규범, 법적 토대, 가정, 역사, 인지 과정	<예> 대중적인 문제, 견해, 관점, 선호도나 취향, 특정 지식 (사소한 일, 사실들)
가시적 문화 (빙산의 윗부분)	<예> 건축, 지리, 고전 문학, 대통령이나 정치인, 전통 음악	<예> 제스처, 자세, 공간의 사용, 옷 입는 양식, 음식, 취미, 음악, 수공예

고정관념과 일반화

내가 클라이언트들에게 제공하는 거의 모든 비교문화 프로그램에서는 고정관념과 일반화의 구별이 늘 화두가 된다. 일반화와 고정관념은 사람들이 어느 정도(또는 상당히 많이) 지니고 있으면서도 꺼리는 부분이기 때문에 항상 문제가 된다.

고정관념

일반적으로 말하는 고정관념은 어느 특정 집단에 대해 형성된 부정적인 생각이다. 전체 집단에 대하여 어느 한 가지의 견해를 적용할 때 고정관념이 나타난다. 자신이 알고 있는 중국 남자가 대단히 조용하고 수줍음이 많다는 이유로 중국인들이 모두 조용하고 수줍음이 많다고 결론 내리는 경우를 예로 들 수 있다. 특히 이런 판단은 진실과는 거리가 멀다. 중국인들은 열광적이고 시끄럽고 떠들썩한 경우가 많다. 그와 동시에 침묵을 존중하고 체면을 중시하며 의전을 따르는 태도는 중국인들과 교류할 때 매우 유용하다.

내 친구의 아내가 '멕시코 인'이에요.

우리는 고정관념을 탐탁해 하지 않기 때문에, 문화 집단에 대해 일반화하는 이야기를 내켜하지 않는다. 나는 언젠가 멕시코시티에 있는 지사로 발령이 난 미국인 부부에게 조언을 해준 적이 있다. 그 남편이 내게 말하기를, 자신들에게는 '멕시코 인'과 결혼한 친구가 있다고 했다. 무슨 이유에서인지 그는 '멕시코 인'이라는 단어를 입에 담지 말아야 할 저속하고 창피한 단어인 것처럼 조그맣게 속삭였다. 그렇다. 미국인들 중에는 멕시코 인에 대해 부정적인 고정관념이 있어, '멕시코 인'이라는 단어 자체를 기피하는 사람이 분명히 있다. 내가 그들에게 일러준 여러 가지 조언 중의 하나는, "당신이 미국인 임을 자랑스러워하듯이 멕시코 인임을 자랑스러워하는 사람들이 가득한 나라가 멕시코이며, 당신

내 일본인 처제는
그런 식으로 일하지 않습니다!

이 목청껏 '멕시코 인'이라고 외쳐도 아무런 문제가 없는 나라가 멕시코"라는 점이었다.

고정관념이라도 긍정적 고정관념이라면 별로 해롭지 않다고 생각될지 모르겠다. 긍정적 고정관념의 예는 "아시아 인들은 수학을 잘한다." 또는 "독일인들은 훌륭한 엔지니어들이다."와 같은 것이다. 긍정적 고정관념이 갖는 문제는 부정적 고정관념과 마찬가지로 당신이 교류하는 사람에 대해 부분적인 그림만을 그리게 하여 자칫 정확하지 않을 수 있다는 데 있다. 내 클라이언트의 부정적 고정관념이 모든 멕시코 인을 대변하지 못하듯이, 이런 고정관념도 모든 아시아 인이나 모든 독일인을 대변하지 못한다.

일반화

일반화는 고정관념과는 상당히 다르며 좀 더 신뢰할 수 있다. 일반화란 많은 사람을 관찰하여 그 결과를 토대로 어떠한 결론을 유추해 내는 것을 말한다. 예를 들어, 비교문화 전문가든 직장인이든 비즈니스에 종사하는 누구든 간에 베네수엘라 사람들을 연구하거나 수십 명 또는 수백 명의 베네수엘라 사람들과 생활하고 일하고 교류하는 사람들이 있다고 하자. 여

일반화는 대략적인 지도를 그리는 데 분명히 도움이 된다.

기에서 입수할 수 있는 정보, 설문조사에서부터 개인적인 경험까지 모두 종합하여 베네수엘라 문화에 대해 정확하고 일반적인 사항을 몇 가지 도출하는 작업은 가능하다. 베네수엘라 사람들은 문화적으로 남자다움에 대한 기대치가 높고, 여자와 남자의 역할도 다른 문화권보다 명확히 구별되어 있다. 베네수엘라에서 사업을 하거나 그들과 거래하려면 이런 점들이 직장, 상품의 마케팅, 대인관계 구축, 의사 결정 스타일, 협상, 협상할 때 회사의 대표자를 선택하는 문제 등에 어떠한 영향력을 미치는지 알아야 한다.

예외 없는 규칙은 없다. 국제 문화 전문가와 직업인들의 연구와 통찰을 통해 정립된 일반화는 우리가 상대하는 나라 사람들이 행동하는 방식에 관하여 꽤 정확한 그림을 그릴 수 있게 해주지만 그것을 보증하지는 못한다.

문화는 세월에 따라 변할까?

우리가 다양한 문화를 설명하는 방법을 어느 정도 파악했다고 생각하는 그 순간에도 문화는 세월에 따라 변하는 것이라고 지적하는 사람들이 있다. 그들의 말이 옳다. 반면에 또 다른 사람들은 문화는 세월이 흘러도 똑같이 남는다고 주장한다. 그들의 말 역시 옳다.

1800년대 미국의 서부 개척자들을 생각해 보라. 그들은 목숨을 건 여행을 떠나기 위해 거칠고 억센 개인주의자가 되어야만 했다. 오늘날의 많은 미국인들은 여러 가지 면에서 '거친 개인주의자들'로 남아 있다. 하지만 미국은 1800년대 이후로 엄청나게 변화했다.

문화가 세월에 따라 변한다거나 변하지 않는다고 생각하는 양측 사람들에게 나무의 비유를 들어 대답해 줄 수 있다. 나무의 둥치와 기본적인 형태는 여러 해가 지나도 본질적으로 변함이 없을 테지만 잎사귀는 계절에 따라 색이 변해 해마다 다른 잎으로 대체되고, 나뭇가지는 모두 다 부러져 떨어지고 새로운 가지들이 자라난다. 그러나 이렇게 변화하는데도 버드나무는 언제나 버드나무이고 삼나무는 여전히 삼나무이며, 단풍나무는 생명이 다하는 날까지 단풍나무이다. 우리는 떡갈나무와 전나무를 구별할 수 있고, 당연히 이들을 서로 다른 나무로 규정한다.

물론 문화는 변한다. 하지만 문화의 어떤 특질들은 수십 년 수백 년이 흘러도 변하지 않는다. 우리는 이처럼 모순된 듯한 문화의 힘을 피할 수 없으며, 성공하기 위해서는 그 힘에 적응해야 한다. 큰 문화는 시간이 지나도 변하지 않는 경향이 있는 반면에 작은 문화는 몇 달이나 몇 년을 거치며 좀 더 많이 변하는 경향이 있다. 일본을 예로 들어 보자. 일본은 지난 50년간 개인주의가 강해지고, 고용주에 대한 충성심이 약화되는 등 엄청나게 변화해 왔지만 수천 년 된 조화, 체면, 위계 구조 등의 전통과 문화적 특징은 아직껏 남아 있다.

우리가 접하는 그 복잡하고 지속적으로 변화하는 문화 현상을 의미 있게 범주화하기 위해서 '일반적인 주제'에 초점을 맞춰 보자. 이 문제는 1부의 뒷부분에서 논의하도록 한다.

문화를 어떠한 틀에 맞춰 정 의하거나 비유하든 전 세계에 적용되는 '일반적인 주제'와 한

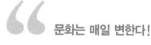

문화는 매일 변한다!

문화에만 적용되는 '특정한 문화의 주제' 사이의 중요한 차이점이 쉽게 드러난다.

일반적인 주제의 예로 남자와 여자의 역할 문제를 들 수 있다. 남자와 여자가 똑같이 행동하고 똑같이 대접받아야 한다고 여기는 문화권이 있는가 하면, 남녀가 명확히 다르게 행동하거나 다르게 대우받아야 한다고 여기는 문화권도 있다. 우리가 남녀의 역할을 이해하는 스펙트럼을 어떻게 규정하건 간에, 지구상의 모든 문화권에는 남자와 여자가 있기 때문에 남녀 문제는 어떤 방식으로든 다루어지게 마련이다. 또한 지구상의 모든 문화권에는 젊은이와 노인이 있고, 과거와 현재와 미래를 바라보는 관점이 있다. 그러한 주제에 관련된 문제들의 중요도는 각각 다르지만 홍콩의 회의실에서는 물론이고 열대우림의 부족 회의에서까지 이 문제는 다루어진다.

특정한 문화의 주제는 환경 운동, 자원봉사, 와인 제조 등을 예로 들 수 있다. 지구상의 모든 문화가 이러한 활동에 참여하지는 않는다. 이런 일을 알지 못하거나 관심을 두지 않는 문화권도 있다.

나는 우선 일반적인 주제에 집중 하라고 권한다. 상대방 문화의 일반 적인 주제를 기본적으로 이해하는 것이 다양한 나라의 사람들과 일할

문화는 수백 년이 흘러도 변하지 않는다!

때 도움이 되기 때문이다. 그 후에 당신이 교류해야 하는 문화권의 특정한 문화에 관한 주제들로 '구석구석을 채우는' 것이 중요하다. 이제 일반적인 문화를 이해하기 위한 다섯 가지 기본 척도를 알아보기로 한다.

다섯 가지 문화 척도

인터넷에서 '문화'라는 단어를 검색하면 수많은 정보가 나온다. 실험실의 페트리 접시에서 사는 박테리아에 관한 논문에서부터 미술사와 인상주의 화법의 의미에 관한 강의록에 이르기까지 모든 분야가 총망라되고, 다른 문화권 사람들 간의 작업과 대인 관계 구축에 관련된 내용도 찾을 수 있다.

조금 더 검색하면 여러 학자나 작가, 연구자들이 문화적 측면에서 중요하게 고려해야 할 사항에 관해 제기해 놓은 의견들도 확인해 볼 수 있다. 그런데 이 전문가들의 견해는 각기 다르다. 어떤 저술가는 문화에 대해 알아야 하는 것이 열세 가지라고 하고, 다른 학자는 필수적 범주가 일흔두 가지라고 주장한다. 일곱 가지라고 말하는 사람도 있고, 꼭 알아야 하는 주요 주제가 열한 가지라고 하는 사람도 있다. 어느 저명한 비교문화학자는 처음에 네 가지를 필수 주제로 선정했다가 그 후에 하나를 더 추가했다. 그와 비슷하게 이 분야의 저명한 저술가 한 명은 여섯 가지 척도를 고려해야 한다고 제안했다.

비교문화 전문가들이 사용하는 용어들은 결코 단순하다고 말할 수 없다. 단적인 예로 '남성적', '여성적'이라는 용어를 보더라도 이 단어들은 비교문화의 영역 밖에서 공통적으로 사용되고 있지만, 전문가들조차 문화를 이해하는 데에는 별 도움이 안 된다고 보고 있다. 예를 들어서 어떤 사람이 내게 미국 문화가 상당히 '남성적'이라고 말한다면 나는 이렇게 대답할 수밖에 없다. "고맙습니다! 음…… 그런데 그게 정확히 무슨 뜻인지 모르겠군요!" 그 사람이 스웨덴은 상당히 '여성적'인 쪽으로 기울어져 있다고 주장한다면, 스웨덴 사람들은 그 말을 불쾌해할까, 자랑스러워할까? 한 나라가 남성적이거나 여성적이라면 나쁜 것일까? 어쩌면 스웨덴 사람들은 '그들의 여성적인 측면에 근접해 있다고 느낄'지도 모른다. '이 말' 역시 무슨 뜻인지는 모르겠지만!

비교문화학자들이 유용하게 여기는 진지한 개념을 내가 가볍게 여기는 것은 아니다. '남성적', '여성적'이라는 용어는 상당히 중요한 문화 개념을 설명해 준다. 남성적인 문화는 남자와 여자의 역할 구분이 좀 더 명확하고, 여성적인 문화는 평등한 경향이 있다.

다른 문화권 사람들과 일상적으로 접하는 일반인들에게는 아마 이런 용어들이 별 도움이 되지 않을 것이다. 비교문화 컨설턴트이자 대학원 교수로 일하면서 내가 경험한 바에 따르면, 많은 학생과 클라이언트들, 심지어 다른 교수들까지도 이런 용어에 혼란스러워

> …… 그런데 이탈리아 여자가 '남성적'인가요?

했다. 이탈리아 인들이 남성적이라는 말은 실제로 무슨 뜻인가? 이탈리아 여자들도 남성적이라는 뜻인가? 남자다움에 대한 의미가 일본에서 그렇게 생각되듯이 이탈리아도 일에 빠진 사회를 말해 주는 것인가? 아니다, 그렇지 않다. MBA 학생들과 경영자들이 문화적인 맥락에서 이런 용어를 사용해서 난처해하거나 대화가 잘못된 방향으로 흐르기도 하고 상대가 아주 노골적으로 화를 내는 경우를 자주 보았기에 나는 이런 용어의 사용을 권장하지 않는다.

사람들은 대부분 '보편주의', '개별주의'와 같은 용어를 외우고 싶어 하지 않는다. 이 두 용어에 내재된 개념은 매우 중요하고 비즈니스 윤리 문제를 토론할 때 유용할 수도 있다. 보편주의적인 문화에 속하는 사람들은 규칙은 어디까지나 규칙이므로 상황에 따라 달라져서는 안 되고 또한 그것을 어겨서도 안 된다고 느낀다. 개별주의적인 문화의 사람들은 규칙을 좀 더 유연하게 생각하며, 규칙에 대한 예외도 있을 수 있는 일로 받아들인다. 하지만 나는 이보다 더 간단한 용어를 사용하고 싶다.

문화의 틀을 의미 있게 설명하기 위해 어떤 용어가 좋을까? 문화적 측면을 설명하는 데 사용하는 용어는 매우 다양할 뿐 아니라 많은 부분이 겹치기도 한다. 한 사람이 '행동'과 '존재'라고 표현하는 것을 다른 사람은 '업무 지향'과 '대인 관계 지향'이라고 한다. 이 용어의 개념이 정확하게 같은 것은 아니지만 공통되는 부분도 많다.

이러한 접근 방식들의 공통점은, 차이점 또는 반대편 극에 있는 특성들을 알게 해준다는 데 있다. 예를 들어 한쪽 끝은 검정색이고 다

른 쪽 끝은 흰색으로 본다. 0부터 10까지를 양극으로 삼아 그 사이에
직선을 이으면 중간에 회색 지대가 있다는 사실을 알 수 있다.

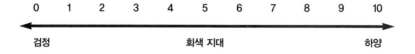

하지만 지나친 단순화는 금물이다. 이 척도에 있는 회색 지대는 문
화를 설명할 때 극단을 피해야 한다는 사실을 일깨워 준다. 단순히
극단을 보는 '이것 아니면 저것이라는 식'의 시각보다는 미묘한 차
이가 더 많다는 점을 제시해 준다.

"프랑스는 개인주의적인가(한쪽 극단), 집단주의적인가(다른 쪽 극
단)?"라는 질문을 했다고 치자. 내가 이런 질문을 했을 때 대개의 프
랑스 인들은 즉시 "개인주의적"이라고 대답한다. 프랑스 사람들이
개개인의 의견을 공개적으로 표현하고 사생활을 존중한다는 등의
경향을 언급하며 자신들의 주장을 뒷받침한다. 하지만 프랑스는 의
료와 교육이 국영화되어 있는 나라이며, 8월에는 온 국민이 프랑스
리비에라 해안 지방으로 떼 지어 이동한다. 0에서 10까지 구분되는
척도에서, 프랑스의 개인주의적·집단주의적 성향을 판단하려면 우
리가 국영화된 의업 분야를 말하는지, 프랑스 인들의 솔직함을 말하
는지, 휴가 습관에 대한 얘기인지, 주제를 명확히 해야 한다. 프랑스
인이 호주인보다 개인주의적인 성향이 강한가, 약한가? 이 질문에
대답할 때도 프랑스 인과 호주인 간에 똑같은 측면의 개인주의를 비

교해야 한다. 나중에 구분하겠지만 개인주의와 개성의 차이도 염두에 두어야 한다.

문화적 특질처럼 미묘한 차이를 함축하고 있는 복잡한 문제에 단순한 숫자를 대입하려는 태도에는 위험이 따른다. 절대적이고 정확한 해답이 있을 것으로 착각할 가능성이 있기 때문이다(독일은 9.4, 사우디아라비아는 3.6, 이런 식으로). 우리가 그런 수치를

문화가 중요하지 않고, 사실은 우리 모두가 똑같다고 주장하는 사람들에게 나는 이렇게 말한다. "닭과 들소도 본질적으로 똑같습니다. 그렇죠? 둘 다 꼬리가 있고 땅에서 걸어 다니고, 뒤로 달리는 건 잘 못하죠. 관점을 달리 해서 보면 크기도 비슷하다고 할 수 있어요."

제시하는 이유는 다양한 문화의 상대적인 위치에 관해 좀 더 합리적으로 정확한 비교를 하기 위해서일 뿐이다.

우리가 특정 주제(예를 들면 협상에서 얼마나 공격적인가 등)에 관해 이야기할 때, 예를 들어 필리핀은 수동성·공격성을 가늠하는 척도의 왼쪽 끝부분인 1이나 2지점으로 향하고, 미국은 오른쪽의 8이나 9지점, 말하자면 상당히 공격적인 경우가 있을 수 있다. 그렇다면 필리핀과 미국의 협상 당사자들은 협상에 임할 때 서로의 차이점을 예상할 수 있는 약간의 실마리를 찾은 셈이 된다.

```
0    1    2    3    4    5    6    7    8    9    10
←——————————————————————————————————————————————→
수동적인 협상가        단정적인 협상가        공격적인 협상가
```

하지만 여기서 기억해야 할 점이 있다. 이 척도에서 절대적이고 고 정된 위치를 선정하거나 어느 문화의 정확한 수치를 아는 일은 중요 하지 않다는 사실이다. 중요한 것은 각 척도를 구성하는 요소들을 알고, 척도에서 그 나라가 일반적으로 차지하는 위치를 선정하는 일 이다.

그리고 일반화가 깨어질 수 있다는 사실을 잊어서도 안 된다. '평 균적인 오스트리아 인'이 4에 있다고 하더라도, 틀림없이 예외를 많 이 발견하게 될 것이다. 왜냐하면 평균적인 오스트리아 인의 완벽한 전형은 존재하지 않기 때문이다.

어쨌든 비즈니스 종사자에게는 문화적인 차이를 이해할 수단이 필요하다. 모든 나라에 적절히 들어맞고 많은 상황에 활용할 수 있는 간단한 방법 말이다. 나는 다음의 다섯 가지 척도를 제안한다.

수평적, 위계적, 모험 수용적, 안정 지향적 등등의 범주는 내가 따 로 만들어 낸 용어가 아니다. 나는 단순화하기 위한 목적으로 이 단 어들을 선택했는데, 그 이유는 사람들이 다른 전문 용어보다 이 용어 들을 더 잘 이해할 수 있다고 판단했기 때문이다. 이 용어들이 의미 하는 개념도 내가 만들어 낸 것이 아니다. 이 다섯 가지 기본 개념은 마치 지방이나 탄수화물, 운동과 같은 기본 개념들이 수많은 체력 단

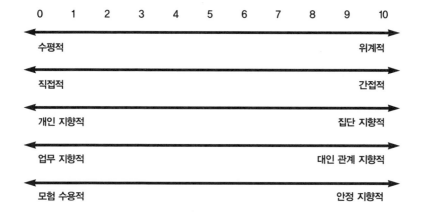

	0	1	2	3	4	5	6	7	8	9	10
수평적											위계적
직접적											간접적
개인 지향적											집단 지향적
업무 지향적											대인 관계 지향적
모험 수용적											안정 지향적

런 서적에서 다양한 접근 방식으로 다루어지는 것과 마찬가지로 어떤 식으로든 광범위하게 사용되는 용어들이다.

나는 오랫동안 단순하고 의미 있는 판단 기준을 제공하기 위해 네 가지 영역(최근에는 다섯 가지)을 선정해 사용해 왔다. 대부분의 사람들이 네 가지나 다섯 가지의 척도는 기억할 수 있는 반면에 열 가지 정도 되면 혼란스러워한다는 면도 있고, 이 다섯 영역은 문화적 차이를 설명하는 안정된 출발점이 된다고 생각하기 때문이다. 마이어스 브릭스형 측정 지표(Myers-Briggs Type Indicator, 성격 유형 검사 지표)가 사람들을 이해하고 자신과 타인의 성격을 비교할 수 있게 해주듯이 여기 제시된 다섯 가지 척도도 자신의 문화적 유형을 이해하고 나아가 타인과 비교 대조해 볼 수 있는 지침을 제공할 것이다.

내가 이 책에서 이분법을 자주 사용하고는 있지만 사실 나는 이분법을 그다지 좋아하지 않는다. 철학자와 교수들은 학생이나 청중에게 "가르침이 예술인가, 과학인가?" 또는 "사람의 본성은 선한가, 악한가?" 또는 "천성과 교육 중 어느 것이 더 중요한가?"와 같은 질문으로 논쟁을 이끌고자 하는 경우가 많다.

생물학자들은 '꼭' 분류를 해야 한다. 가장 기본적인 단계에서 시작하여, 식물인가 동물인가, 척추동물인가 무척추동물인가, 새끼를 낳는 태생 동물인가 알을 낳는 난생 동물인가 등으로 분류하려 한다.

이런 기본적 구분은 생물학에 유용하고 필요하지만 동물과 그 동물의 행태를 이해하는 데 결정적인 정보는 아니다. 분류의 낮은 단계에서는 고양이와 개가 상당히 비슷하게 파악된다. 둘 다 털이 있고, 다리는 네 개, 새끼를 낳는 등의 공통점이 있다. 하지만 고양이와 개를 키우는 사람은 두 동물이 서로 얼마나 다른지를 안다. 고양이에게 "앉아, 꼼짝 마, 따라와, 가져와" 등의 명령을 가르치려 해본 적이 있는가? 개를 던져서 녀석이 고양이처럼 언제나 네 발로 사뿐히 착지하는지 살펴보라. 아니, 정말로 실험하지는 말라! 그보다는 쥐 잡는 법을 가르치는 편이 낫겠다.

개 조련사는 개가 생각하고 행동하는 방식과 개의 동기 유발 요인을 알아야 한다. '개는 기본적으로는 고양이와 같고 약간은 다르다'는 수준의 지식으로는 조련사 자격을 갖추지 못한다. 사람의 경우에

난 걱정 안 해. 아마 돌고래일 거야.

도 비슷하게 적용할 수 있으니, 다음 다섯 가지 척도를 고려할 때 이 점을 염두에 두기 바란다. 자신과 다른 사람의 문화적 '종(種)'을 상세하게 알아야 한다. 상대가 이집트 인이라면, 절대로 스위스 인처럼 대해서는 안 된다!

여기에 제시하는 간단한 척도들은 이분법적으로 접근한 것으로, 출발 지점에 불과하다. 단순성은 출발 지점으로 사용될 때는 좋으나 최종 해답은 아니다. 문화를 이해한다는 것은 깊이 들어갈수록 복잡하고 난해해지는 일이며 즐거운 일이기도 하다. 그러므로 지나친 단순화는 경계하라!

이 모든 사항을 감안하여, 다섯 가지 척도와 각각의 의미를 살펴보기로 하자.

수평적인가, 위계적인가?

다섯 가지 척도가 모두 그렇듯이, 이 첫 번째 척도도 개인적인 수준과 조직의 수준, 국가 문화의 수준에서 다양하게 나타날 수 있다. 예를 들어, 어떤 조직은 동료들과 동등한 입장이 되게끔 구성되어 있고, 또 다른 조직은 담당자와 책임자의 역할 구분이 좀 더 명확하다. 개인적인 수준을 보면, 조직 내의 개인들이 평등한 쪽을 선호하는지 위계적인 방식을 선호하는지 알 수 있다. 더 광범위하게 사회적인 수준을 살펴보면, 어떤 나라나 지역이 평등을 기초로 한 접근 방식을 선호하는지 위계 구조를 바탕으로 한 접근 방식을 선호하는지 알아볼 수 있다.

모든 규칙에 예외가 있다는 진부한 문구는 여기에도 적용된다. 평등을 중요시하는 사회라 해도 낮은 서열의 군 서기가 사단장에게 "이봐요, 잠깐 내 사무실로 와 줄래요?"라고 말하는 것은 적절치 않다. 군대나 정부 조직은 어느 나라에서건 위계질서를 지향하는 경향이 있고, 창의력이 필요한 중소기업들은 평등을 강조하는 경향이 있다. 그리고 나라나 조직에 상관없이 개인들은 그 규칙의 예외를 보여주는데, 이는 개인들은 규칙에 맞서기를 좋아하기 때문이다.

이제 이 척도를 설명하기에 적절한 사례를 살펴보자. 물론 각 사례에서 제시되는 이름은 가명이다.

사례 1_ **수평적 / 위계적 척도**

인도에 온 지 얼마 안 된 미국인 매니저 마크는 자신의 미국인 동료에게 불평을 털어놓는다. "아주 간단한 일을 하려고 해도 여기 사람들한테는 내가 미국에서 하던 것보다 더 구체적으로 자세하게 지시를 내려 주어야 해. 그렇게 세세하게 설명해 주지 않으면 여지없이 문제가 생기고 말아. 이 사람들은 미리 확실하게 윤곽을 그려 주지 않으면 어떤 일도 솔선해서 할 생각이 없는 것 같아. 이들이 똑똑하다는 건 알아. 혁신적인 작업을 해낸 경우도 많이 보았어. 독창적인 아이디어도 많아. 그런데 나한테는 그 얘기를 해주려 들지 않아. 이 사람들은 자신들이 해야 할 일을 정확하게 알려주고 그 후에는 혼자 하게 내버려두기를 바라는 것 같아. 내가 뭘 잘못하고 있는 거지? 내가 어떻게 해야 이 사람들이 날 편안하게 느낄까?"

이 사례에서 미국인 매니저가 겪고 있는 문제는 무엇일까? 여섯 가지로 얘기해 볼 수 있다.

1. 마크 밑에서 일하는 인도인들은 매니저로서 그의 위치를 존중하며, 자신들이 해야 할 일들에 관해 그가 지시해 주기를 바란다.
2. 마크는 문화적인 적응에 문제를 겪는 중이고, 이로 인해 잘못되는 것처럼 보이는 사소한 일에도 쉽게 짜증이 난다.
3. 인도인들은 세세한 데 신경 쓰는 성향이 아니므로 세부적인 사항을 설명해 주어야 한다.
4. 마크가 언급하고 있는 직원들은 상명하복의 리더십 체제에 익숙하기 때문에 그들의 상사와 함께 의사결정에 참여한다는 것을 감히 생각하지 못한다.
5. 마크는 인도인들을 너무 일찍부터 압박하고 있으며, 그들은 그와 함께 일하는 데 관심이 없다.
6. 인도인들은 게으른 사람들이라 꼼꼼히 지시를 내리지 않으면 일하지 않는다.

이 중에서 두 가지는 고정관념이다. 3번과 6번이 여기에 해당되며 매니저의 혼란을 이해하는 데 별 도움이 되지 않는다. 게으르다는 판단은 너무나 많은 경우에 발생하는 부정적인 고정관념이다. 특정 문화에 속한 사람들이 모두 세세한 데 신경 쓰지 않는다는 생각 또한 불합리하고 도를 넘은 고정관념이다.

다른 답변 두 가지는 행동을 근거로 들어 잘못된 상황을 설명하려 한다. 2번과 5번이 여기에 해당된다. 제대로 돌아가지 않는 상황에 짜

수평적 – 직위가 없는 직원들도 나서서 일을 처리할 수 있는 권한을 보장받는다.

위계적 – 상사가 통솔하고 결정해야 한다고 생각한다.

중을 내거나 인도인들을 너무 심하게 압박한다는 것이 마크의 행동에 대한 해석이 될 수 있지만, 우리로서는 진위 여부를 파악할 수 없다. 이것이 상황에 대한 정확한 설명일 수도 있고 아닐 수도 있지만 사람의 행동은 상황에 따라 바뀌기 때문에 우리가 적용할 만한 일반 원칙을 제공하지 못한다.

우리 눈에 실제로 보이는 것은 행동이고 그 행동을 다뤄야 한다는 것은 맞다. 하지만 남은 답변 1번과 4번은 매니저인 마크가 인도인들과(아마 다른 동양인들도 포함해서) 함께 일하면서 마주치게 되는 다양한 상황에 적용할 수 있는 일반적인 원칙을 유추할 수 있게 한다. 이 답변들은 수평적(직위가 없는 직원들도 나서서 일을 처리할 수 있는 권한을 보장받는 곳) 또는 위계적(상관이 통솔하고 결정해야 한다고 생각되는 곳)인 차원으로 더 깊이 들어가 초점을 맞출 수 있다.

밖으로 보이는 부분보다(빙산의 수면 윗부분) 더 깊이 들여다보면, 즉 직원의 행동만 보는 것이 아니라 그 행동의 의미를 깊이 고려해본다면, 다양한 문화나 상황 속에서 우리가 적용하기에 유용한 것들을 알아낼 수 있다.

```
0    1    2    3    4    5    6    7    8    9    10
◄──────────────────────────────────────────────────►
수평적                                          위계적
```

수평적인 구조에 속한 사람들은 다음과 같은 행동을 선호한다.	위계적인 구조에 속한 사람들은 다음과 같은 행동을 선호한다.
● 자발적이다.	● 윗사람의 지시를 받는다.
● 팀이나 회사에서 하는 역할에 유연성이 있다.	● 각각 맡은 역할 속에서 해야 하는 적절한 행동에 강한 제약을 받는다.
● 힘있는 사람들의 의견에 자유롭게 도전한다.	● 힘있는 자들의 위치와 지위 때문에 그들의 의견에 도전하지 않고 존중한다.
● 예외를 인정하고, 융통성이 있으며, 규칙도 조절할 수 있다.	● 규정과 행동 지침을 강조한다.
● 남자와 여자를 기본적으로 똑같이 대우한다.	● 여자와 남자가 다르게 행동하고 다르게 대우받기를 기대한다.

수평적 / 위계적 척도에 관련된 사항들을 표로 간단히 요약해 놓았다. 설명을 잘 읽어 보고 자신이 어느 쪽에 속해 있는지 자문해 보라. 당신네 회사의 해외 소비자, 고객, 파트너, 또는 관련된 담당자들은 어느 지점에 놓을 수 있을까?(이 책에 소개된 이 척도와 다른 네 가지 문화 척도의 측면에서 당신 자신의 유형을 알고 싶으면, www.Across Cultures.net을 찾기 바란다. 부록 참조)

직접적인가, 간접적인가?

두 번째 문화 척도는 사람들이 다른 사람과 의사소통하고 교류하는 방식과 관련이 있다. 말로 전달되는 직접적인 의사소통과 말이 포

함되지 않는 비언어적인 의사소통 그리고 서면으로 하는 의사소통이 모두 여기에 해당된다. 이해하기 쉬우면서도 꼭 알아 두어야 하는 중요한 척도이다.

당신과 같은 문화권 사람들 중에 어떤 사람은 다른 사람보다 더 직접적으로 의사소통한다는 사실을 알고 있을 것이다. 당신의 면전에서 거리낌 없이 당신의 의견에 반박하는 동료가 있는가 하면, 그보다 요령 있게 접근하는 동료도 있다. 물론 개인의 성격 차이가 의사소통 방식에 영향을 미치지만 문화 전체도 직접적이든 덜 직접적이든 영향을 미친다는 사실을 알아야 한다. 예를 들어, 아시아 문화권에 속한 사람들은 서양인들과 사뭇 다른 방식으로 체면과 조화의 개념을 의식하며 행동한다. 서양인의 관점에서 보면 직접적으로 문제를 모두 드러내 놓는 태도가 좋을 수 있지만, 화목한 작업 환경을 위해서 또는 대화 상대를 존중하기 때문에 갈등을 피하려 하는 아시아 인의 접근 방식도 합당하다. 접하는 문화와 그 특정한 상황에 따라, 어떤 갈등을 받아들이고 또 얼마나 직접적으로 접근해야 하는지를 파악하는 것이 이 두 번째 척도의 핵심이다.

다음 사례를 생각해 보자.

사례 2 _ 직접적 / 간접적 척도

미국인 매니저 리사는 몇 개월간 일본 지사의 판매 부서를 관리하고 난 후에 느끼게 된 업무상의 문제에 관해 친구와 이야기한다. 처음에 리사는 너무나 친절한 일본인들의 모습에 감탄했다. 그런데 이제는 그들이

지나치게 친절하지 않나 하는 의심이 든다. 리사는 친구에게 말한다. "예를 들면, 나는 일본인 직원들에게 확실한 피드백을 받을 수가 없어. 같이 문제를 해결해 보자고 도움을 청해도 항상 '이건 저의 개인적인 생각인데…….' 이런 말로 시작하는 거야. 회의할 때 의견을 내보라고 하면, 부정적인 얘기를 하는 경우가 아주 드물어. 찬성과 반대 의견을 모두 공개적으로 내놓고 객관적으로 의논하는 게 나은 거 아냐? 내가 보기에는 그들이 너무 과하게 예의를 지키려 들어. 도대체 이해가 안 돼!"

찬반양론을 모두 드러내 놓고 직접적으로 접근하는 방식은 서양인, 그 중에서도 특히 미국인의 성향이다. 아시아 인들이 문제점이나 어려움에 접근하는 방식은 그보다 더 조심스럽고 간접적이다.

미국인들은 아주 어릴 때부터 '자신의 뜻을 말하고, 말하는 그대로가 자신의 뜻이어야 한다.'고 가르친다. 수업 중에도 자신의 의견을 분명히 밝히고, 솔직함을 드러내기 위해 상대의 눈을 바라보고, 자신의 관점을 명확히 표현하라고 가르친다. 그러나 비서양 문화권 사람들에게 눈을 똑바로 맞추는 태도는 좋기는커녕 오히려 위협이나 도전으로 해석될 수 있다. 특히 문제를 다룰 때 갈등이 생길 수 있는 경우는 직접적으로 처리하는 것보다 균형과 조화 감각을 유지하는 태도가 더 중요하다.

어떤 아시아 인들은 당신이 요구하는 일을 할 수 없다고 생각하면서도 단순하게 반응하지 않고, "그건 좀 어려울 것 같은데요."라고 말하거나 심지어 "알았습니다." 아니면 "문제없습니다."라는 대답을 할 수도 있다. 내가 중국인들과 만났을 때 그들이 대답한 실제 의미는 "절대 안 됩니다! 큰 문제입니다!"인데도 웃음 지으며 "문제없습니다!"라고 말하는 경우가 몇 번 있었다. 그들은 직접 반응을 보이는 방식

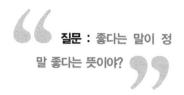

질문 : 좋다는 말이 정말 좋다는 뜻이야?

이 편하지 않은 것이다. 사실은 싫다는 의미이지만 절대 싫다는 말을 하지는 않는다. 그렇다고 해서 그들이 거짓말을 하는 것은 아니다. 오히려 상황을 조화롭게 유지하기 위해 간접적인 반응이 최선이라고 생각하거나, 결국에는 상황이 해결되리라는 것을 알기 때문일 수 있다. 반면에 미국인은 좋다고 생각하면 곧바로 좋다고 말한다. 미국인이 어떤 일을 할 수 없거나 할 마음이 없다면 싫다고 말할 가능성이 크다. 크게 문제될 만한 일을 중국인들처럼 문제없다는 식으로는 절대 말하지 않는다. 직접적인 대응이 무익하거나 역효과를 일으키는 갈등으로 불거질 수 있다고 느끼기 때문이다.

사례 2에서 일본인을 예로 든 이유는 미국인과 일본인의 경우가 동서양의 차이를 확실하게 보여 주기 때문이다. 이 경우에 미국인 매니저 리사는 일본인들의 간접적인 의사소통 방식을 이해하지 못하기 때문에 상당히 화가 났을 것이다. 정도는 다르지만 중동이나 유럽의 일부 지역, 남아메리카에서도 이런 문제가 발생한다.

앞에서 나는 지나친 단순화를 경계해야 하고 주어진 문화 척도에서 두 개의 양극 사이에 있는 여러 흥미로운 회색 지대를 고려해야 한다고 말했

대답 : 상황에 따라 달라.

다. 여기에 하나를 더 추가하면, 다섯 가지 문화 척도가 서로 교차된다는 점도 고려해야 한다. 예를 들어서 사례 2를 좀 더 완벽하게 설명하려면 두 번째 문화 척도(직접적/간접적)와 첫 번째 문화 척도(수평적/위계적) 개념을 모두 생각해야 한다. 위계적인 방식에 익숙한 사람들은 권위나 지위가 있는 사람에게 반항하지 않고, 이것이 사례 2에서 자기 의견을 제시하지 않으려는 직원들의 망설임을 설명해 줄 수 있다.

다섯 가지 척도 중에서 두 가지를 언급했을 뿐이지만, 우리는 이미 두 척도 간의 연관성 또는 중복되는 주제를 알아차릴 수 있다. 어떤 문제에 다섯 가지 문화 척도를 적용하려 할 때, 그 상황을 잘 설명해 주는 척도에서 여러 다양한 개념을 선택해야 한다. 다섯 가지 척도는 단순한 출발점에 불과하므로 지나친 단순화의 유혹에 빠지지 말고 다섯 가지 척도 사이에 중복되는 부분을 찾아볼 것을 권한다. 내가 비록 문화를 설명하기 위해 단순화에 의지하고 있지만, 실제로 문화를 설명하는 일은 복잡하고 정교한 과정이며 또한 그래야만 한다는 사실을 강조하고 싶다.

이 두 번째 문화 척도에 관련된 주요 사항이 다음 쪽 표에 나와 있다.

이 설명을 다 읽고 당신이 어느 쪽에 속하는지 자문해 보라. 당신과 사업상 교류하는 다른 나라 사람을 어느 지점에 놓을지도 판단해 보기 바란다.

0	1	2	3	4	5	6	7	8	9	10

◄──────────────────────────────►

직접적   간접적

직접적인 유형의 사람들은 다음과 같은 방식을 선호한다.	간접적인 유형의 사람들은 다음과 같은 방식을 선호한다.
● 좀 더 직접적으로 말하고, 말하는 방식을 크게 신경 쓰지 않는다.	● 말하는 내용만이 아니라 말하는 방법도 중요시한다.
● 문제점이나 어려움을 숨김없이 드러낸다.	● 까다롭거나 논쟁의 여지가 있는 문제는 신중하게 회피한다.
● 걱정을 직접적으로 전달한다.	● 걱정을 우회적으로 표시한다.
● 필요한 경우에는 갈등을 피하지 않는다.	● 될 수 있으면 갈등을 피한다.
● 견해나 의견을 솔직하게 표현한다.	● 신중하게 상황을 봐 가며 견해나 의견을 표현한다.
● 해석의 여지를 많이 남기지 않고 명확하게 말한다.	● 의미의 해석은 듣는 쪽에 맡긴다.

개인 지향적인가, 집단 지향적인가?

세 번째 문화 척도는 사람들이 자신이 속한 가족 또는 친구, 직장 동료 등 어느 집단에 부여하는 중요도를 다룬다. 다양한 사회에 사는 사람들은 자신이 어느 집단에 속하는지, 그 집단에 대한 애착이 얼마나 강한지의 측면에 크고 작은 중요성을 둔다. 이 개념은 때로 '내집단(in-groups)'과 '외집단(out-groups)'이라는 용어로 표현된다. 어떤 사람은 평생 한결같이 어느 집단과 자신을 동일시하여 이 집단의 안팎으로 쉽사리 이동하지 않는다. 또 다른 사람은 집단에 대한 애착이 그보다 약해서 어느 집단에 합류하거나 이탈하는 데서 좀 더 자유로울 수 있다. 한 예로, 집단 지향적 문화권 사람들은 고등학교나 대

학 동창들과 평생 친구 관계를 이어 나간다. 어느 집단의 일원이 되기까지 상당한 시간이 걸릴 수 있지만 일단 안으로 들어가면 평생 그 안에서(최소한 장기간에 걸쳐서) 자리를 지킨다. 회사에 대한 직원들의 충성도(그 반대로 직원에 대한 회사의 배려도 또한)도 높기 때문에, 집단 지향적 문화에서는 평생 직장을 흔하게 볼 수 있다. 반면에 개인 지향적 문화권의 사람들은 일이나 우정이나 심지어 가족에게 느끼는 동질감이 그보다 약하다(대신에 개인으로서 자신이 어떤 사람인지로 자신을 규정한다). 그들은 다양한 삶의 단계에서 더 쉽고 빠르게 여러 집단의 안팎으로 옮겨 다니고, 회사에 대한 충성도(직원과 고용주의 측면에서 볼 때)는 낮으며 또한 대수롭지 않게 무시하기도 한다. 개인주의적인 직원들은 더 나은 기회를 찾아 회사를 떠나며, 평생 고용보다 일시적인 휴식과 재취업이 더 흔하다. 심지어는 이직과 일시적인 휴직이 평생 고용보다 더 흔한 일이 되기도 한다.

이쯤에서 개인주의와 개성의 차이를 구별할 필요가 있다. 나는 개인주의라는 용어를 '자신의 욕구 충족과 자신을 우선시하는 사고'라고 규정한다. 이에 비하여 개성은 '자기만의 독특한 성질이자 남과 다르게 공헌할 수 있는 특징'이라고 본다. 이 두 가지를 구별해야 하는 데에는 이유가 있다. 내가 프랑스 문화를 주제로 시행한 다양한 프로그램에서(다른 여러 프로그램에서도 마찬가지지만) 이 척도를 본 프랑스 인들은 거의 언제나 자신의 위치를 개인 지향적인 쪽으로 지정한다. 하지만 프랑스는 어떤 측면에서 보면 미국보다 훨씬 집단 지향적이다. 미국은 개인적으로 건강보험에 가입해야 하지만 프랑스는 의료 체계가 국영화되어 있다. 미국 대학의 학비는 개인 부담이지만 프랑스의 교육은 국가에서 책임지며, 미국은 개개인의 자동차가 주된 교통수단이지만 프랑스는 대중교통이 일반화되어 있다. 하지만 프랑스가 개인 지향적이라는 지적도 맞는 말이다. 그들은 자기 생각에 대한 정확한 표현과 각 개인의 독특함을 가치 있게 여긴다. 개인주의(미국인들을 잘 설명해 준다.)와 개성(프랑스를 비롯한 다른 서양인들을 설명해 준다.)을 구별하면 이 명백한 대비가 융화될 수 있다.

내집단과 외집단에 관한 약식 테스트로 이 점을 확인해 보자. 길을 걸어갈 때 처음 보는 사람에게 어떻게 하는지 알아보는 테스트이다. 당신이 낯선 사람을 대하는 방식을 관찰해 보면 당신의 문화가 개인 지향적인지 집단 지향적인지 유추할 수 있다. 미국인들은 내집단을 느슨하게 규정해 놓기 때문에 누구하고도 쉽게 소통할 수 있다. 미국인들은 길을 걸어갈 때 처음 보는 사람들에게 고개를 끄덕이거나 손을 흔들거나 "헬로", "굿 모닝!"이라고 인사하는 경우가 많다. 물론 뉴욕에서 서둘러 점심을 먹으러 가는 직장인과 캔자스의 작은 마을에서 저녁 산책을 하러 나온 사람에게 기준이 똑같이 적용되지는 않는다. 이에 비해 집단 지향적인 문화 범주의 사람들은 거리에서 마주치는 낯선 사람들에게 인사하거나 알은체하지 않는다. 낯선 사람들은 그들의 외집단에 있는 사람들이기 때문에 "안녕하세요."라는 인사말조차 불필요하다.

사례 3_ 개인 지향적 / 집단 지향적 척도

국제 운송 회사의 미국 본사에 근무하는 스물여덟 살의 매니저 에이미는 팩스나 전화나 이메일로 거의 매일 세계 각국의 자사 직원들과 의사소통한다. 에이미는 자신의 직업이 "발등의 불을 끄고, 창조적인 해결책을 찾는 일"이라고 설명한다. 그녀는 실력 있고 의욕적이고 자기 일에 능숙한 직원이다. 에이미는 본사의 다른 동료들처럼 독자적으로 움직인다. 그녀의 회사가 200억 달러에 이르는 수익을 올리고 세계 각지에 1만여 명의 직원을 두고 있지만, 인사 부서 같은 공식 체계가 없기 때문이다. 그곳의 기업 문화는 직원들이 명확하고 빠르게 생각할 줄 알아야 하며, 임무를 완수하기 위해 필요한 행동을 수행할 수 있는 창의적인 문제 해결자가 되어야 한다는 것이다. 에이미가 현재 진행하는 일은 베네수엘라의 파트너들과 새로운 선적 절차의 여러 문제에 관해 의견을 나누고 협상을 거쳐 해결책을 찾는 일이다. 에이미는 이 문제로 후안 카를로스라는 베네수엘라 남자와 자주 전화 통화를 하고 이메일을 보낸다. 그런데 자신이 대답을 기다리며 허비하는 시간이 너무 많았고 복잡한 질문이나 절차상의 변경에 관해서는 더 많이 기다려야 하기 때문에 짜증이 났다. 베네수엘라 사람들은 왜 그렇게 느린가? 빠르게 돌아가야 하는 것이 비즈니스 아닌가! 그녀는 이 베네수엘라 사람들이 멕시코의 '마냐나(약속이나 일을 추진할 때 내일 보자는 식으로 느긋하게 일하는 태도-옮긴이)'와 같은 태도를 보이기 시작하는 것이 아닌지 의심스럽다.

이 상황을 가장 잘 설명하는 것은 무엇일까?

1. 베네수엘라 남자는 남자 동료를 대할 때와 다르게 여자 동료를 존중하지 않는다.

2. 베네수엘라 인들은 미국인들이 지나치게 몰아붙이고 재촉한다고 생각하기 때문에 교묘한 핑계로 일을 지연시키고 있다.
3. 후안 카를로스는 자신의 결정이 동료들에게 지대한 영향을 끼칠 수 있는 경우에 단독으로 결정하려 들지 않는다.
4. 언어 장벽 때문에 당연히 일이 지연된다. 베네수엘라 인들은 아마도 소통 내용을 스페인 어로 번역해 본 후에야 반응을 보인다.
5. 베네수엘라 인들의 문제는 서류를 잘 이해하지 못하고 선적 규정을 잘 모른다는 점이다. 그러므로 대답하기 전에 더 많은 조사를 거친다.
6. 베네수엘라 인들은 팀원들 간의 의견 교환이 많기 때문에 의사 결정 과정이 느려질 수 있다.

　　1번 대답은 매우 강한 고정관념이며 가장 부정확하다. 2번 대답 역시 고정관념이며, 당신이 미국인이라면 그 정확성을 스스로 판단해 보길 바란다. 언어의 장벽(4번)과 서류 작업(5번) 문제로 비즈니스를 지연시키는 경우가 잦은 것은 사실이지만, 3번과 6번 대답은 우리에게 집단 지향적인 문화와 개인 지향적인 문화가 작동하는 방식을 더 깊이 이해할 수 있도록 해준다. 에이미는 자신이 다양한 상황에 즉각적으로 반응할 수 있다는 사실에 자부심을 느끼고 있다. 자신이 해야 할 일을 안다는 점을 증명해 왔고 독자적으로 행동하는 데 익숙하다. 이런 능력들은 그녀가 속한 사회 체제에서 효과를 발휘한다. 하지만 미국보다 집단 지향적인 나라에서는 이런 종류의 자율성이나 개인적인 자발성보다는 집단 내에서 적절하게 처신하는 능력과 상사의 명령을 따르는 능력이 더 가치 있게 여겨질 수 있다. 3번과 6번의 답은 이런 맥락으로 볼 수 있다. 후안 카를로스는 의사 결정을 할 수 있는 권한이 없거나, 아니면 그 결정으로 인해 영향을 받게 될 동료들을 의사 결정 과정에 포함시켜야 할 수도 있다. 그는 미국인 직원처럼 독자적인 수완가가 되도록 훈련받은 적이 없다.

개인 지향적 문화와 집단 지향적 문화에서 나타나는 각기 다른 행동을 설명하는 방식으로, 나는 다음 A, B, C 모델을 제안한다. 이 세 가지 그림은 다른 문화권에 속한 사람들이 각기 다른 종류의 벽에 둘러싸여 있음을 보여 준다. 포괄적인 용어로 세 집단을 살펴보기로 하자.

그림 A

그림 B

그림 C

그림 A의 북아메리카 인들은 그들의 주위에 다소 얇은 외벽을 둘러치고 있기 때문에 외향적이고 접근하기 쉬운 경향이 있다. 그들은 사회 집단의 안팎으로 쉽게 이동하고, 자신들을 꽤 우호적이라고 생각하며, 새로운 사람들이 이 얇은 외벽을 쉽게 통과할 수 있도록 한다. 경력을 쌓을 기회가 있다면 다른 지역이나 연고가 전혀 없는 나라로도 얼마든지 이동할 수 있다.

그림 B의 일부 유럽 인과 남아메리카 인들의 외벽은 좀 더 두껍다. 남들이 이 두꺼운 외벽을 지나가도록 허용하기까지 시간이 걸린다. 말하자면 친밀한 교우 관계를 형성하고 누군가를 자신의 집단에 받아들이는 데 시간이 더 필요하다. 그러나 일단 집단의 일부가 되면 그 사람은 몇 달이나 몇 년 이상 꾸준하게 관계를 발전시켜 평생의 친분을 맺는 경향이 있다. 더 높은 연봉이나 승진의 기회가 찾아오더라도 그것이 오래 쌓은 우정과 가족, 이웃, 지역 사회에서 멀어져 다른 지역이나 다른 나라로 옮겨 가야 하는 것이라면 그 기회를 받아들이려 하지 않을 것이다.

그림 C의 많은 아시아 인들은 두꺼운 보호 벽 바로 밖에 아주 얇은 외벽을 하나 더 지니고 있다. 그림 B와 비슷하지만 얇은 외벽이 하나 더 있다는 점에서 차이가 난다. 이 외벽은 조화와 적절한 접대, 예의, 의전, 기타 비즈니스와 사회적인 관계에서 아시아 인들이 강조하는 것을 대변한다.

그림 A는 개인 지향적인 문화를 설명하기에 적절한 모델이며, 그림 B와 C는 집단 지향적인 문화를 설명해 준다. 물론 위의 설명은 매우 일반적인 용어로 제시되었고, 모든 미국인과 캐나다 인과 아메리카 인, 모든 유럽 인과 남아메리카 인, 모든 아시아 인들을 한 덩어리로 묶어 일률적으로 다루고 있다. 이 지리적인 영역 내에도 중요한 문화적 차이가 존재하기는 하지만, 위의 사례들은 우선 큰 그림을 보기 위한 것이다.

어느 미국인 매니저가 2주간 집을 구하러 일본에 다녀온 후에 내게 말했다. 일본인들은 참으로 친절하고 따뜻한 사람들이니, 그곳에서 2~3년 거주하는 동안 사람들과 어울리는 데 문제가 없을 거라고. 과연 그는 얼마나 많은 벽을 깨뜨렸을까? 내 짐작으로는 그림 C에 점으로 찍힌 외벽만을 깨뜨렸을 것이다. 일본인들이 그를 따뜻하게 대접했을 가능성은 크지만, 그를 진심으로 자기 집단의 일부로 받아들였을 가능성은 희박하다.

이런 경우 전형적으로 그 사람과 그의 가족은 그곳에 사는 사람들의 집으로 초대받지 못하며, 아무리 노력해도 우정을 쌓거나 직업적으로 친밀한 인간관계를 맺거나 그를 지지해 주는 인맥을 형성하지 못하는 상황이 발생한다. 결국 모든 일이 국내에서 다른 지역으로 이사했을 경우와 똑같은 상황으로 전개되지는 않는다는 사실을 깨닫게 될 것이다.

개인 지향적 문화권의 직장인들은 집단 지향적인 문화권의 사람들과 일할 때 좀처럼 친밀한 관계로 발전하지 못하는 상황에 대해 답답하게 느낄 수 있다. 집단 지향적 문화권 사람들은 다른 사람들과 너무 허물없이 빠르게 친해지는 듯이 보이는 개인 지향적 문화권 사람들을 깊이가 없다거나 진실하지 않다고 생각할 수 있다.

집단이나 개인의 정체성에 대한 믿음은 당신이 쉽게 친구라고 부르는 사람들의 범위와(그냥 아는 사람도 모두 "내 친구"라고 부르는 미국인들은 유럽 인들을 당황하게 한다.) 회사에 대한 충성심의 수준, 의사

0	1	2	3	4	5	6	7	8	9	10

개인 지향적 ←———————————————————————→ **집단 지향적**

개인 지향적인 사람들은 다음을 선호한다.

- 개별적으로 솔선수범한다.
- 개별적인 행동 지침으로 개별적인 상황에 대응한다.
- 자기 자신에게 초점을 맞춘다.
- 개인적인 특질에 따라 사람을 판단한다.
- 개별적으로 결정한다.
- 팀보다 개인을 우선으로 한다.
- 필요한 경우에는 일반 규범에 따르지 않는다.
- 필요나 욕구에 따라 집단의 안팎으로 이동한다.

집단 지향적인 사람들은 다음을 선호한다.

- 협동적으로 행동하고 집단의 목표를 수립한다.
- 행동 지침을 표준화한다.
- 친구에 대한 의리를 우선순위 윗부분에 둔다.
- 집단과 연계해 자신의 정체성을 결정한다.
- 집단 차원에서 결정한다.
- 팀이나 집단을 개인보다 우선한다.
- 사회 규범에 순응한다.
- 집단의 일원으로서 그 자리를 평생 유지한다.

결정 방식, 인간관계를 맺는 방식, 관리 유형 등의 여러 측면을 결정한다.

위의 표는 세 번째 문화 척도를 구성하는 사항을 핵심적으로 요약한 것이다. 전과 마찬가지로 설명을 다 읽은 후에 자신이 어느 편에 속하는지 자문해 보고 나서 당신과 직업적으로 교류하는 다른 나라 사람들을 어느 지점에 놓을지를 판단해 보기 바란다.

업무 지향적인가, 대인 관계 지향적인가?

어떤 문화에서나 직업상의 교류가 성공하려면 어느 정도 인간관계 구축을 위해 노력해야 한다는 점은 상식으로 통한다. 어느 업계에서 일하든 사람들은 고객과 소비자, 비즈니스 파트너를 최대한 많이 알기 위해 노력한다. 그 상대가 다른 문화권에 속한 사람일 경우에는 알아 가는 과정이 좀 더 까다로워질 수 있다.

그러나 상식과는 반대되는 생각도 많이 발견하게 된다. 전문가로 알려진 많은 사람들이 당당하게 나서서 이렇게 말한다. "자기의 원래 모습대로만 행동하면 어떠한 문화권의 사람과도 잘 지낼 수 있다." 때로는 이 말 뒤에 "날씨나 스포츠 이야기를 하라. 일부 지역에서 풋볼 얘기는 특히 대화를 이끌어 나가기 좋은 소재이다."와 같은 부연 설명이 추가된다. 그런 식의 말문을 트기 위한 잡담을 좀 나누면 그 외국인이 비즈니스 관계로 뛰어들게 될 것이라고 믿는다. 이것이 그럴듯한 견해인 것은 인정한다. 또한 그것이 사실이라면 좋겠다. 하지만 그렇지가 않다. 이 네 번째 문화 척도에서 이 점이 분명하게 나타난다.

이 척도는 비즈니스에서 인간관계 구축과 신뢰를 최우선으로 할 것인가 아니면 비즈니스를 최우선으로 할 것인가에 관한 부분이다. 그리고 비즈니스를 진행하다가 개인적인 인간관계로 발전하는 것은 덤이라고 할 수 있다.

미국인들은 특히 비즈니스에서 인간관계의 측면을 무시하는 경향이 있는데, 그 이유는 이것을 직관에 좌우되는 '소프트 스킬'로 보기 때문이다. 하지만 세계 여러 나라 사람들과 접하다 보면 인간관계를 일궈 나가는 소프트 스킬이 비즈니스의 손익에 매우 실질적인 영향을 미친다는 사실을 금방 깨닫게 된다.

대인 관계 지향적인 문화권의 사람들은 당연히 업무 지향적인 미국인들이 너무 밀어붙인다거나 재촉한다고 느낀다. 미국인들은 겨우 며칠에서 1주일 정도 되는 출장 계획을 잡아 놓고 그 기간 안에 외국의 파트너들과 의미 있는 진전을 이룰 수 있으리라 기대하는 경향이 있다. 이 때문에 양쪽 모두가 불쾌해진다. 미국인의 경우에는 확실한 뭔가를 손에 쥐려 했는데(가격 협상 타결이나 계약서 서명과 같은 결과) 기대한 만큼 빠르게 비즈니스가 진행되지 않아서 불쾌해지고, 그들의 외국 파트너들은 비즈니스에서 인간관계를 구축하기를 바랐지만 미국인 상대방을 신뢰할 수 있는지 확실히 알기도 전에 비즈니스 결정이나 협력을 강요당하거나 재촉당한다는 느낌이 들어서 불쾌해진다.

이 사례를 생각해 보자.

사례 4_ 업무 지향적 / 대인 관계 지향적 척도

셰인은 미국 기업의 수석 엔지니어로, 디지털 카메라의 새 모델을 만드는 싱가포르 기업과 파트너십을 맺으려고 한다. 셰인은 5일 일정으로 싱가포르로 출장을 가게 되었다. 그 기간 안에 그는 소프트웨어(카메라의 화소 문제를 보완하기 위한 해결책)와 하드웨어(회로기판 디자인에 관한 문제)

두 분야에 관련된 문제를 의논할 계획이다. 셰인은 특히 두 가지의 구체적인 목표를 가지고 출장을 떠났다. 싱가포르 인들의 도움을 받아 주요 회로기판 견본을 생산할 수 있는 회사를 선택해야 하고, 그 싱가포르 인들과 시범 생산 기한을 정해 합의를 보아야 한다.

첫날은 24시간 이상 비행기를 타고 저녁 10시 30분에 도착했기 때문에 업무에 착수할 수 없었다. 둘째 날, 셰인에게 시차는 별 문제가 아니었다. 그는 에너지가 넘쳤다. 자신을 왕처럼 떠받들어 주는 싱가포르 인들의 접대에 놀라면서도 한편으론 유쾌한 기분이 들었다. 그가 드나들 때마다 문을 정중하게 열어 주고 식사할 때나 회의할 때는 항상 그를 상석에 앉혔다. 셋째 날, 조금 피곤하긴 하지만 계획한 대로 회로기판 공장 두 군데를 돌아보았다. 셋째 날 밤에 열린 만찬에서 그는 귀빈 대접을 받았다. 만찬장에서 비즈니스 얘기를 꺼내 보려 했지만 낮에 따라다니던 통역자가 없는 상태에서는 싱가포르 인들의 영어 실력이 뛰어난데도 대화를 이어가기가 힘들었다.

넷째 날, 셰인은 싱가포르 팀 몇 명과 같이 그곳 엔지니어의 형이 운영하는 컨트리클럽에 골프를 치러 가야 했고, 너무 많은 시간을 쓸데없이 낭비하고 있다는 생각이 들었다. 다섯째 날, 그는 시범 생산 기한에 관한 합의를 끌어내야 한다는 다급함을 느꼈다. 싱가포르 인들은 그가 무슨 제안을 하더라도 동의할 것처럼 보이지만 어떤 결정이나 확답을 주지 않으려 했다. 셰인은 다음 날 아침 6시 30분까지는 공항으로 가야 하기 때문에 온전하게 비즈니스에 할애할 수 있는 마지막 날에 또다시 으리으리한 레스토랑으로 점심을 먹으러 가게 되자 미치도록 짜증이 났다. '귀한 손님' 대접받기도 즐겁지 않았다. 통역자가 있긴 하지만, 점심을 먹는 데 두 시간이나 걸렸고 그곳은 비즈니스에서 무엇을 결정짓기에 적절한 장소가 아니었다. 결국 셰인은 생산 소요 시간에 대한 합의를 보지 못했는데, 싱가포르 인들은 이미 회로기판 견본을 어느 회사에게 생산하게 할지를 결정한 것 같다. 정작 본인은 그 선택의 기준이 무엇인지 알지도 못하고 자신이 거기에 찬성한 기억도 없는데 말이다.

이 전형적인 사례의 몇몇 요소는 업무 지향적 척도, 대인 관계 지향적 척도와 관련되어 있다. 미국인의 업무 지향적인 접근 방식대로 셰인은 곧장 비즈니스로 들어가고 싶었다. 그는 불과 며칠 만에 공격적인 목표 두 가지를 성취해야 하는 임무를 맡았다. 이 목표를 달성하기 위해 자신의 요구 사항과 제안을 간결하고 빠르게 전달하고 그에 대한 명확한 답변을 듣고 싶었다. 자신에게 주어진 시간이 짧기 때문에 느긋하게 식사를 즐기거나 골프를 칠 생각은 전혀 없었다. 언어 장벽과 시차도 셰인의 목표 달성을 방해하는 요인이었다.

이에 비해 대인 관계 지향적인 싱가포르 인들은 아마 셰인과 그의 회사를 제대로 알고 나서 비즈니스에 돌입하고 싶었을 것이다. 그들은 셰인에게 환영의 뜻을 전하고 최상의 접대를 하기 위해 모든 노력을 기울였다. 그들의 최소한의 목표는 셰인과 친밀감을 형성하는 것이었을지 모른다. 이를 기반으로 서로 신뢰감을 쌓고 결과적으로 비즈니스 관계가 성립되기를 바랐을 것이다. 대인 관계 지향적인 문화에서는 제품의 스케줄을 합의하는 일보다 이러한 것들이 더 중요할 가능성이 크다.

이 사례에는 대인 관계 지향적인 문화에서 일어날 수 있는 상황을 설명하는 또 하나의 요소가 있다. 회로기판을 생산할 공장은 아마 셰인이 도착하기도 전에 결정되어 있었을 것이다. 싱가포르 인들에게는 같은 팀원의 친척이 운영하는 제조 공장과 거래하는 것이 오래전부터 관례로 되어 있기 때문이다. 그들에겐 이미 수립된 그 관계가 회로 기판을 만드는 일에 적당한 새로운 회사를 찾는 일보다 더 중요하다.

미국인의 악수 : "만나서 반갑습니다! 무슨 일을 하시죠?"

업무 지향적 부분과 대인 관계 지향적인 부분을 이해하는 또 다른 방법은, '사람'과 '하는 일'을 대비해서 생각해 보는 일이다.

몇 년 전에 나는 대학 동창의 결혼식에 참석했다. 거기서 처음으로 그 친구의 아버지를 만났는데, 그분은 사업체를 몇 개나 차렸다 매각해 엄청난 수익을 올린 성공한 사업가였다. 또한 자수성가로 성공한 부유한 집 출신이었다.

그는 여기저기 돌아다니며 딸의 대학 동창들을 만나 악수를 나눴다. "만나서 반갑네."라고 진심 어린 인사를 건넨 후에 곧바로 뒤를 잇는 질문은 "자네는 무슨 일을 하는가?"였다.

이 성공한 미국인 사업가가 사람을 알아 가는 첫 번째 방식은 그 사람이 하는 일을 통해서였다. 실제로 많은 미국인들은 자신이 하는 일을 기반으로 자신의 정체성을 형성한다.

대인 관계 지향적 문화권 사람들이 직업에 관해 먼저 얘기하지 않는다면 무슨 얘기를 할까? 매우 다양한 주제들이 있다. 당신이 외국인 파트너와 대화할 때는 상대방에게 진심으로 관심을 보이고 그들에 대해 진지한 질문을 하는 것으로 시작하라. 당신의 대화는 예술, 역사, 문학과 같은 광범위한 주제로 나아갈 수도 있고, 음악이나 당시의 트렌드, 화제가 되는 이슈, 음식, 레저 활동처럼 좀 더 공통적인 주제가 떠오를 수도 있다(35쪽의 표를 떠올려 보라). 얘기하는 주제에 관해 잘 모르더라도 무지함을 숨기려고 애쓰기보다는 진지한 호기심을 보여라. 물론 마치 그 사람을 심문하려는 듯이 지나쳐서는 안 되겠지만, 사람들은 대개 자기 나라와 문화에 대해 얘기하는 것을 즐거워한다. 당신이 어느 정도 정보를 알고 있는 상태에서 질문해야 한다는 전제가 붙지만 말이다. 6부의 '목표 국가에 관한 지식' 부분에서 다른 문화의 역사, 경제, 사회와 민족 문제를 공부하는 방법을 좀 더 상세하게 다룰 것이다. 그런 주제를 탐구할 때, 해당 문화권에서 태어난 사람과 대화하며 물어보는 것도 아주 좋은 방법이다.

그런데 일 외의 주제를 이야기하라는 것에는 다소 오해의 소지가 있다. 어디 출신의 직업인이건 상대방이 하는 일을 아는 것이 우선이기 때문이다. 당연한 일이다. 하지만 그 점이 제일 먼저 알고 싶은 점이라 하더라도 가장 중요한 사안이 될 필요는 없다. 사람을 알아 나가는 방법에는 여러 가지가 있으며 그런 과정에서 이야기할 주제도 얼마든지 있다.

한 가지 연습을 해보자. 당신의 일이나 직업을 언급하지 말고 누군가에게 당신을 소개해 보라. 당신이 어떤 사람인지에 대해서만 말하

라. 의외로 할 말이 아주 적다는 것을 알게 될지도 모른다. 어떤 식으로 접근할 것인가? 가족에 대해 말하면서 자신을 소개할 것인가?(아시아 인들은 자기를 소개할 때 주로 가족 이야기를 한다. "저의 가족은 일곱 명입니다. 누나가 둘 있고, 부모님, 할아버지 할머니와 함께 삽니다." 여기에 그들의 직업에 대한 내용도 추가된다.) 아니면 당신이 사는 곳으로? 당신이 좋아하는 것으로? 중요하다고 생각하는 것으로? 최근에 무엇을 배웠는지 설명하는 것으로? 이런 말을 하는 게 어색하다면, 당신이 하는 일을 언급하지 않고 당신 자신에 대해 어떻게 설명하겠는가? 미국인들은 확실하게 '하는 일' 쪽에 편향되어 있어서 다른 방식으로 자신을 규명하기가 쉽지 않을 것이다.

'사람' 지향적인 나라 사람들은 일보다 여가를 중요하게 여기는 경향이 있다.(살려고 일하지, 일하려고 살지 않는다!) 한 예로, 스웨덴 근로자들은 오후 5시 넘어서까지 사무실에 남아 있는 경우가 드물고, 휴가는 최소 5주일이다. 프랑스 인들도 4~5주일의 휴가를 즐기고, 2000년 즈음에는 프랑스 정부가 실업률 감소를 위해 주당 노동시간을 38시간에서 35시간으로 줄이라고 명령했다.

하지만 프랑스나 스웨덴 인들은 이렇게 말할지 모른다. "이봐요, 상황이 변하고 있어요! 우리도 점점 갈수록 미국인들과 마찬가지로 일하는 시간이 길어지고 있단 말입니다. 다국적 기업에서 일하는 경우는 더 심해요." 그 말은 맞다. '전통적인 스웨덴'과 우리가 '미국화된 스웨덴'이라고 말할 수 있는 것 사이에는 분명히 차이가 있다. 따라서 내가 하는 일반적인 설명은 모든 기업, 모든 근로자에게 적용되

지 않을 것이다. 하지만 사
람들이 장시간 일한다고
말할 때 그것을 '미국화'와
동일하게 생각한다는 점은

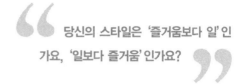

홍미롭다. 이런 일반적인 진술이 틀리는 경우도 종종 있지만, 미국만
큼 일에 집중하지 않는 나라들이 많다는 정도는 알아차릴 수 있다.

그렇다면 스웨덴과 프랑스 인, 그 외의 많은 나라 사람들이 게으른
근로자들인가? 물론 그렇지 않다. 사실 스웨덴과 프랑스 모두 첨단
기술국이고, 단지 비즈니스와 문화적인 가치관이 미국과 다를 뿐이
다. 그곳에서는 일(하는 일 자체)보다는 삶의 질(일 외의 자기 자신)을

0	1	2	3	4	5	6	7	8	9	10

업무 지향적   **대인 관계 지향적**

업무 지향적인 사람들이 선호하는 방식
은 다음과 같다.

- 하고 있는 일을 통해 사람을 판단한다.
- 곧장 비즈니스로 들어간다. 인간관계
  는 나중이다.
- 동료들과 일정한 거리를 유지한다.
- 일을 위해 여가, 가족과 보내는 시간을
  희생한다.
- 함께 일하는 사람들에 대해 빨리 파악
  하지만 대개 피상적이다.
- 인력 채용 시 주로 객관적인 선택 기
  준, 즉 이력서나 시험 점수 등을 활용
  한다.
- 개인 시간과 일이 혼재한다.

대인 관계 지향적인 사람들이 선호하는
방식은 다음과 같다.

- 사람을 그 사람 자체로 규정한다.
- 비즈니스로 들어가기 전에 상호 신뢰
  감과 편안한 관계를 수립한다.
- 동료들과 개인적인 관계를 맺는다.
- 여가, 가족과 보내는 시간을 위해 일을
  희생한다.
- 함께 일하는 사람들을 천천히 그리고
  깊이 알아 나간다.
- 인력 채용 시 주로 개인적인 선택 기
  준을 활용한다(가족 관계 등).
- 개인 생활에 일이 끼어들지 못하게 한다.

강조한다. 미국에서는 '즐거움보다 비즈니스'를 말하고 세계의 많은 다른 나라에서는 '비즈니스보다 즐거움'이나 '비즈니스보다 신뢰'를 말한다.

앞의 표는 네 번째 문화 척도에 관련된 주제를 요약한 것이다. 앞의 세 척도에서와 마찬가지로 당신이 어느 쪽에 가장 잘 들어맞는지 생각해 보고 당신과 교류하는 외국의 파트너들에게 해당되는 지점도 알아보자.

모험 수용적인가, 안정 지향적인가?

미국인들은 모험과 변화에 대한 수용성을 마초적인 기질로 이야기한다. 미국의 어느 인쇄 회사는 "우리는 아침 식사로 변화를 먹는다!"고 자랑하며, 미국의 컨설팅 회사들은 클라이언트에게 "모험을 통하여 성공하게" 해주겠다고 장담한다. 세계 각국의 직업인들이 모험과 변화, 불안정성, 새로움, 끊임없이 변화하는 세상의 불확실성에 어떤 식으로든 맞닥뜨릴 수밖에 없다는 것은 사실이다. 그러나 미국인들은 변화를 수용하고 모험을 직시하는 능력을 자랑스러워하는 것 같다.

미국인들이 변화를 수용하고 모험을 반기기 때문에 그들은 외형적으로 다양한 성공을 이뤄 냈다. 그 예로 좀 엉뚱하긴 하지만 이런 생각을 한번 해보자. 목재, 피륙, 철사, 볼트, 그 외의 잡다한 부품과 중고 엔진들을 무더기로 모아 놓고, 당신을 들어올려 나를 수 있는 기기를 조합한다고 상상해 보라. 물론 실패할 확률이 너무나 높은 제안이다. 그런데 실제로 세계 최초의 비행기를 만들어 낸 사람은 미국인이었다. 미국인들은 전기를 동력화해 전구부터 전자레인지에 이르기까지 다양한 도구에 활용했고, 가까운 과거를 돌아보더라도 컴퓨터, 텔레비전, 자동차, 영화, 냉장고, 세탁기 등 각양각색의 제품을 처음으로 발명하거나 자본화한 사람들이다. 지구상에서 미국인들만 발명 능력이 있는 것은 아니지만(절대 아니다!) 모험을 적극적으로 받아들이는 태도 때문에 미국인들이 많은 분야에서 결실을 맺는 발명가가 된다고 생각한다.

모험 수용적 성향이나 안정 지향적인 성향에 시간이라는 요소가 어떻게 영향을 미치는지 생각해 보자. 당신이 속한 문화의 역사는 얼마나 되는가? 2,000년, 아니면 200년? 세상에 존재를 알린 지 겨우 몇백 년 된 신생국들은(호주, 캐나다, 뉴질랜드, 미국 등) 무에서 유를 창출해 내기 위해 모험을 감수해야 했다. 지리적으로 거의 알려진 바 없는 미지의 세계를 향해 바다를 건넜는데, 그 새로운 세계는 위험이 가득한 곳이었다. 그로부터 오래지 않아 바로 그 사람들이 달 탐험에 착수했다는 것은 놀랄 일이 아니다.

미개척지로 뛰어들어 모험을 기꺼이 감수하려는 신생국들에 비해 좀 더 오랜 역사와 안정된 기반을 확립한 문화권에서는 안정을 선호하고, 천천히 해도 된다는 여유를 지니고 있다. 안정 지향적인 문화권은 신중하게 계획을 세우고 조직적이고 과학적으로 모험을 진행하고자 한다(이것은 비교적 천천히 진행한다는 뜻도 된다). 그러한 의도적인 신중함과 인내심은 당장 모험에 뛰어드는 진취성으로 성취할 수 있는 것보다 훨

> 미국인들은 빈 캔버스에 대략적인 기본 밑그림을 그려 내는 데 능숙하다. 독일인과 일본인들은 아름답고 세밀하게 그림을 마무리하는 데 뛰어나다.

씬 수준 높은 결과를 산출할 수 있는 훌륭한 자산이다.

정밀 기계 제조 분야의 경우는 당연히 독일이나 일본처럼 안정 지향적 문화에서 최상의 결과가 나온다. 미국인들은 많은 발명품을 만들어 냈지만 그 물건들을 최고의 품질로 만들어 낼 수 있다고 당당하게 주장할 수 있는 곳은 다른 나라들이다. 독일인인 내 친구 가족은 300년째 집안 대대로 포도밭을 일구고 있다. 그들은 캘리포니아에서 비교적 최근부터 포도를 재배하는 사람들이 자기 일을 잘 아는 것처럼 말할 때마다 코웃음을 친다. 캘리포니아의 와인 제조 업자와 독일의 와인 제조 업자가 어떻게 같을 수 있겠는가? 캘리포니아 사람들은 과학이나 신기술을 바탕으로 썩 괜찮은 와인을 제조할 수 있다 해도 독일인들이 그것을 인정하고 신뢰하기에는 어느 정도의 설득이 필요하다.

와인 제조 외의 다른 분야에도 이런 성향이 적용된다. 여러 종류의 비즈니스 파트너십에서 미국인들은 새로운 모험에 뛰어들 준비가 되어 있으며 자신감도 있다. 선례가 없는 곳에서 새로운 무언가를 만들어 낼 수 있다고 믿는다. 반면에 다른 많은 나라 사람들은 좀 더 천

천히 조심스럽게 진행하고 싶어 한다. 왜냐하면 그들의 비즈니스나 문화는 더 오랜 세월 이어져 왔고, 따라서 좀 더 커다란 역사적 관점도 고려해야 하기 때문이다.

사례 5_ 모험 수용적 / 안정 지향적 척도

동유럽에서 주택 개보수와 건축 분야의 새로운 시장을 개척하고 있는 미국인 부장 마이클은 불필요하게 일이 지연되고 느리게 진행되는 상황이 답답해 미칠 지경이다. "이 사람들은 세세한 것 하나하나까지 모조리 해결된 후에야 다음 단계로 넘어가려고 해." 그가 불만을 토로한다. "그 와중에 생기는 변화는 아주 사소한 것까지 모두 문서화해야 직성이 풀리지. 우리가 이 정도면 확실하게 준비되었다고 생각하는 순간에도 뜬금없이 새로운 골칫거리가 튀어나오거나 모호한 건축 규정이나 법규 같은 게 나타나. 행정적인 문제인 경우도 있고, 내가 보여 줄 걸 다 보여 줬는데도 정보를 더 달라고 하는 경우도 있어. 무슨 문제가 어디서 튀어나올지 도저히 예측할 수가 없어. 우리 상품이 도입되면 여기 사람들한테 도움이 될 거야. 생활의 질이 높아질 것이고……. 그들도 그걸 모르지는 않아. 그런데 왜 자기들 시장에 진출하는 걸 이렇게 어렵게 만들까? 이 사람들은 새로운 것을 받아들일 줄 모르는 걸까?"

세계 각국에서 새로운 시장을 개척하려는 미국인들이 이런 불만을 터뜨리는 경우가 많다. 하지만 그 문화 사람들이 안정 지향적이고 신중한 계획을 선호한다는 특징과 함께 미국의 상품이나 서비스가 없이도 지난 수천 년 동안 아주 잘 지내 왔다는 사실을 깨달아야 한다. 미국의 상품, 제도, 기술, 병원, 호텔 없이도 몇 세대를 잘 살아온 사람들은 미국인이 느끼듯이 건설하고 도입하고 판매해야 한다는 다급함을 느끼지 않는다.

아래 표는 모험 수용적/안정 지향적 문화 척도에 있는 요소를 간단히 정리한 것이다. 어떤 설명이 자신에게 가장 잘 부합하는지, 당신의 해외 파트너들에게는 어떤 설명이 부합하는지 판단해 보자.

0	1	2	3	4	5	6	7	8	9	10
모험 수용적										**안정 지향적**

모험 수용적인 사람들이 선호하는 방식은 다음과 같다.	안정 지향적인 사람들이 선호하는 방식은 다음과 같다.
● 적은 정보로 빨리 결정한다. ● 현재와 미래에 집중한다. ● 조심성이 덜하다. '준비, 발사, 조준' 하는 방식이다. ● 모험을 두려워하지 않고 변화가 빠르다. ● 새롭고 혁신적인 작업 방식을 시도한다. ● 새로운 방법으로 문제를 해결한다. ● 규율, 규제, 지침, 지시가 적다. ● 마지막 순간에 계획을 변경해도 상관없다.	● 결정하기 전에 많은 정보를 수집한다. ● 과거에 집중한다. ● 조심성이 많다. '준비, 조준, 조준, 발사' 하는 방식이다. ● 모험을 피하면서 천천히 변화한다. ● 더 많은 규율, 규제, 지침, 지시를 원한다. ● 효과가 있는 것과 없는 것에 관해 과거의 선례를 참고한다. ● 입증된 방법으로 문제를 해결한다. ● 마지막 순간에 계획을 변경하지 않는다.

모험 수용적 성향이 좋고 바람직한가? 안정 지향적 성향은 불리한가? 중국인 친구 하나는 모험과 변화를 꺼리는 자국의 문화를 못마땅해하며 이렇게 불평한다. "중국이 수천 년 전에 화약과 종이를 발명한 후로 발명해 낸 것이 뭐가 있어?" 하지만 여기서 나는 모험을 수용하는 성향이 본질적으로 긍정적인 것은 아니며 반대로 안정을

지향하는 성향이 본질적으로 부정적인 것도 아니라는 점을 지적하고 싶다.

다섯 가지 문화 척도가 모두 그렇듯이, 어느 한쪽 극단을(모험 수용적 또는 안정 지향적) 다른 극단보다 본질적으로 우월하다고 할 수는 없으며, 각각의 유형은 다양한 환경에서 장점과 단점으로 작용할 수 있다. 당신이 교류하는 사람들의 문화적 성향의 긍정적인 요소를 활용할 수 있느냐 없느냐 하는 것은, 세계를 무대로 해 일하는 당신에게 달려 있다.

다섯 가지 척도의 중복

나는 다섯 가지 문화 척도를 제시하면서 간단한 사례를 소개했다. 각각의 사례가 독립된 하나의 논지를 간단명료하게 입증해 줄 수 있기 때문이다. 하지만 앞에서 언급했듯이 이 다섯 가지 척도의 주제는 다양한 환경에서 다양한 방식으로 중복될 수 있다.

관점이 서로 다른 비즈니스 파트너가 내게 보낸 이메일 두 통은 다섯 가지 문화 척도의 요소들이 동시에 작용한다는 사실을 보여 준다. 한 사람은 일본인이고 다른 사람은 네덜란드 인인데, 두 사람은 나와 비즈니스 파트너십을 형성하려 한다는 면에서 목표가 같았다. 그들은 나와 이메일을 한 번씩 교환했었고, 이번이 그들의 두 번째 이메일이다. 일본인이 보낸 편지는 아래와 같다.

피터슨 씨,

안녕하십니까. 저는 지난번에 연락드린 OOO입니다. 주말에 당신의 웹 사이트를 살펴보면서 질문하고 싶은 점이 많았습니다. 그렇습니다. 저는 거기서 본 많은 가능성에 벌써 흥분이 됩니다.

우선, 당신의 작업이 매우 인상 깊었다는 점을 말씀드리고자 합니다. 이 일은 저에게 멋진 기회이며, 당신과 같이 일할 수 있다면 많은 것을 배우게 되리라 확신합니다.

제가 여쭤 보고 싶은 점들을 여기 적어 보겠습니다.

1. 당신이 컨설팅 서비스를 시장에 내놓는 방식은 어떤 것입니까? 주로 웹 사이트에 의존하시나요, 아니면 개인 인맥을 통해서인가요? 직접 사람들을 만나서 홍보하시나요? 아니면 전화나 광고 전단을 활용하시나요? 세일즈를 담당하는 팀이 따로 있습니까?

제가 당신과 일하게 된다면, 위에 언급한 방법들을 다양하게 활용할 수 있습니다. 저는 10년째 이 지역에 살고 있기 때문에 여기에 개인적인 인맥을 갖추고 있습니다. 제가 지금까지 해온 작업을 통해 이 지역의 일본인 사업가들과 두터운 친분을 쌓았고, 직접 나가서 잠재적인 고객을 확보할 수도 있습니다.

제가 가장 걱정스러워하는 부분은, 멀리 미니애폴리스에서 온 컨설턴트와 같이 일하려는 기업이 얼마나 될 것인가 하는 점입니다. 혹시라도 불쾌하셨다면 사과드리겠습니다. 저는 이 분야에 들어온 지 얼마 안 된 신참이고, 주로 이 지역에 있는 컨설턴트만을 상대로 일했기 때문에 아직 이 시스템에 익숙하지 않은 면이 있습니다. 저는 당신의 서비스를 어떻게 판매하느냐가 가장 중요하다고 생각합니다. 당신이 사는 곳 외에 다른 지역에서 컨설팅과 훈련 프로그램을 맡아 하신 경우가 얼마나 되는지요? 샌프란시스코 베이 지역은 어떻습니까?

2. 마케팅에 카탈로그나 팸플릿을 활용하십니까? 그런 자료가 있으면

보고 싶습니다. 제가 당신과 일하게 된다면, 당신이 제공하는 서비스를 직접 볼 수 있는 기회를 갖고 싶습니다.

3. 당신의 서비스를 받았던 클라이언트들이 제시한 의견이나 피드백 자료를 갖고 계신가요? 그런 자료가 있다면 제가 당신의 서비스를 영업하는 데 큰 도움이 될 것 같습니다.

4. 제가 당신과 일하게 될 경우, 당신이 하는 일과 회사에 대해 더 많이 알 수 있는 연수 기회가 있을까요? 실제로 만나야 할 필요는 없겠지만, 제가 좀 더 편안하고 자신 있게 일하려면 당신의 회사를 되도록 많이 아는 편이 나을 것입니다.

5. 아직은 계획일 뿐이지만, 제가 조만간 뉴욕으로 이사하게 될지도 모르겠습니다. 아직 확실치는 않습니다. 만약에 뉴욕으로 이사하게 된다면 당신과 같이 일하는 데 문제가 될까요?

이상이 당신의 웹 사이트를 살펴보며 떠오른 질문입니다. 다른 질문이 더 생길 수도 있고, 당신이 저에게 질문할 사항도 있으리라 생각합니다. 혹시 불쾌하거나 어리석게 느껴지는 질문이 있었다면 용서를 구합니다. 이 분야에 대해 제가 아직 잘 모르기 때문이며, 앞으로 더 열심히 해서 경험과 지식을 쌓아 나가고 싶습니다. 제가 이 일을 해낼 능력이 부족한 것처럼 보이지 않기를 바랍니다.

빠른 답장 기다리겠습니다.

OOO 드림

우리는 이 일본인이 다섯 가지 문화 척도의 어느 부분으로 기울어져 있는지 알아볼 수 있다.

내게 '피터슨 씨'라는 존칭을 쓴 것으로 보아 이 일본인은 위계적인 방향으로 기울어져 있다. 민감한 문제를 요령 있게 설명하려 노력

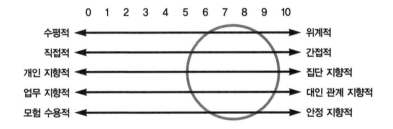

<table>
<thead>
<tr><th></th><th>0 1 2 3 4 5 6 7 8 9 10</th><th></th></tr>
</thead>
</table>

수평적	←——————————————→	위계적
직접적	←——————————————→	간접적
개인 지향적	←——————————————→	집단 지향적
업무 지향적	←——————————————→	대인 관계 지향적
모험 수용적	←——————————————→	안정 지향적

하고, 내가 하는 작업을 칭찬한 점, 예의 바르고 겸손하고 사교적인
어조를 사용하고 있다는 점에서는 간접적인 성향이다. 세일즈 팀에
대한 언급, 함께 일하는 사람들과 개인적인 인맥에 대한 내용, 우리
회사에 대한 질문 등은 그의 집단 지향적 성향을 보여 준다. 전반적
으로 이 편지는 '곧장 업무로 들어가는' 대신에 비즈니스 관계를 개
발하려는 쪽에 가까우며, 꼼꼼하고 자세하게 질문한 것을 보면 그는
안정 지향적일 가능성이 크다.

이제 이와 비교해서 동일한 목적을 가진 네덜란드 인의 이메일을
읽어 보자. 여기에 편지 전문이 있다.

신속하게 답장해 줘서 고맙습니다. 당신은 '행동'하는 남자로군요! 당신
의 긍정적인 답변도 마음에 듭니다. 우연히도 나는 '지금' 비즈니스 홈페
이지 만드는 일에 착수한 상태입니다. 작업 진행에 걸리는 시간이 다소
짧다는 얘기죠. '팩스'로 대략적인 레이아웃을 보내겠습니다. 아직 검토
단계이긴 하지만 '페이지'는 미리 만들고 있는 중입니다. 나를 당신 회사
의 서부 해안 지역 대리인으로 삼는 것을 고려해 주십시오. 내 '페이지'
에 당신의 사이트를 링크해 놓을 수 있습니다. 나를 매개로 성사된 비즈

니스에 대해서는 커미션을 주십시오!

이 네덜란드 인은 다섯 가지 문화 척도에서 일본인과는 반대되는 방향에 속해 있을 것이다.

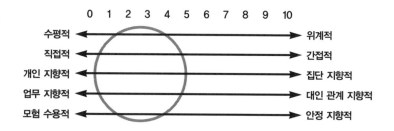

네덜란드 인이 격의 없는 어조를 사용하는 방식은 수평적인 관계에 익숙하다는 뜻으로 해석할 수 있다. 그는 형식에 구애받거나 존경을 표해야 한다는 부담 없이 동등한 위치에서 이야기한다. 일본인과 달리 그는 편지에 서두를 도입하거나 예의상의 표현, 칭찬은 하지 않고 있다. 대신에 직접적으로 비즈니스를 제안하고 커미션 문제도 언급한다. 우리 회사나 팀 또는 그가 협력해야 하는 사람들에 대한 언급은 없으며 나에게 개인 사업가로서 접근하고 있다. 서두나 마무리말도 없이 우리가 어떻게 거래할 것인가에 대한 문제로 곧장 들어가기 때문에 네덜란드 인의 편지는 백 단어를 넘지 않는다. '검토 단계'라는 사실을 인정하면서 계속하고 싶다는 뜻을 분명히 밝혔다는 면에서 그가 모험을 두려워하지 않는 성향임을 알 수 있다.

그의 메일은 그저 자신의 몇 가지 생각을 알려주는 한 단락으로 씌어 있다. 편지의 길이는 일본인이 메일에서 자신을 소개하는 데 할애한 정도밖에 되지 않는다.

물론 모든 일본인이나 모든 네덜란드 인이 이 두 사람처럼 쓰는 것은 아니다. 하지만 의사소통과 교류 유형에 대한 사례로 이 편지를 본다면, 다섯 가지 문화 척도를 활용해 그들의 차이점을 이해하고 그들에게 각각 어떤 방식으로 대응하는 것이 문화적으로 적절한 방법인지를 파악할 수 있다.

주어진 상황에서 이 편지들이 '문화적으로 적절한지' 생각해 보자. 그들이 서로에게 이런 편지를 썼다면, 일본인은 네덜란드 인의 공격적이고 제멋대로인 듯한 스타일에 화가 났을 것이고, 네덜란드 인은 일본인의 장황함과 아첨하는 듯한 태도에 짜증이 났을지 모른다. 하지만 그들은 내게 편지를 쓴 것이고, 나는 양쪽 스타일 모두 편안하게 받아들일 수 있었다(다행히도 내가 이전에 세계의 다양한 문화를 접한 덕분이다). 그들의 편지는 그들이 달성하고자 하는 목표에 효과적인 것이었고, 그들 각각의 문화에서는 적절한 방식이었다.

그들의 편지에 답장을 보낼 때, 나는 그들에게 어울리는 스타일로 내 스타일을 수정했다. 일본인에게는 서두와 말미에 좀 더 예의를 갖춰 이메일을 보냈다. 네덜란드 인에게는 그보다는 격식을 차리지 않은 답장을 보냈다. 하지만 나는 일본인이 되려고 애쓰지도 않으며(네덜란드 인도, 다른 누구도 되려고 하지 않는다), 상대가 일본인이라고 해서 나도 일본인처럼 편지를 쓰거나 의사소통하려고 하지도 않는다.

내가 내 스타일을 바꾸는 것이 이익이 될 것이라는 것은 알고 있지만, 나는 어차피 미국인이고, 그들도 미국인과 거래하고 있음을 알기 때문에 내가 일본인이 되기를 기대하지 않을 것이다. 내가 너무 일본인 같은 답장을 쓰는 것이 오히려 어색해 보일 수 있다. 나는 결코 일본인을 완전하게 이해하지 못하고, 진짜 일본인이 될 수도 없기 때문이다.

또 하나 고려해야 할 부분은, 내가 그들에게 기대하는 것보다 그들이 내게 기대하는 협력과 긍정적인 답변에 대한 욕구가 더 강하다는 점이다. 물건을 살 때는 자기의 언어로 살 수 있지만, 물건을 팔 때는 '그들의' 언어로 팔아야 한다고 하지 않던가. 문화적 측면에서도 마찬가지다. 당신이 그 거래를 얼마나 원하느냐에 따라 자기 스타일을 어느 정도 수정할지 결정할 수 있다. 입장이 바뀌어 내가 일본인이나 네덜란드 인과 협력 관계를 맺으려 한다면, 나는 그들의 문화에 맞도록 내 스타일을 수정하는 데 좀 더 주의를 기울일 것이다.

비즈니스를 하는 사람들은 자신이 접하는 특정 문화와 맡은 임무에 따라 적절하게 활용할 수 있는 의사소통 전략이 필요하다. 간단한 편지나 이메일을 쓸 때는 물론이고, 마케팅 견본을 디자인하고, 상품을 팔고, 고객의 불만을 해결하고, 결정하고, 사무실을 차리고, 사회적인 관계를 수립하고, 인력을 관리하는 등의 문제에서도 의사소통 전략은 매우 중요하다. 세계의 비즈니스 파트너들과 원활하게 의사소통하는 데 직관에만 의지할 수는 없다.

모든 문화는 어딘가에 속해 있다

앞에서 말한 바와 같이, 미국이 성공하는 데에는 미국 문화의 어떤 특질들이 작용하는 것이라고 생각한다. 평등을 존중하는 사고와 직접적인 스타일, 개성, 눈앞의 과업에 대한 집중력, 모험을 기꺼이 수용하는 자세 등은 미국인들에게 여러 모로 효과를 발휘해 왔다. 미국은 그림 A에서 나타나는 것처럼 다섯 가지 문화 척도의 왼쪽 끝부분 어딘가에 있다.

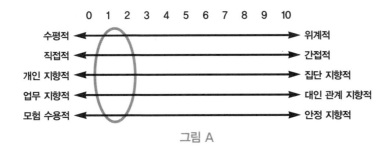

그림 A

하지만 미국과 정반대의 성향을 가진 다른 많은 나라들도 그들의 문화적 특질을 살려 무리 없이 움직이고 성공을 누린다. 일반적으로 말해서(철저하게 과장하고 단순화해서), 세계의 많은 나라들은 그림 B에서 보이는 것처럼 미국의 오른쪽 지점 어딘가에, 다섯 가지 척도의 다양한 지점에 있다.

극단적인 단순화라는 점은 인정하지만, 모든 나라나 모든 기업 그리고 모든 상황에 대해 정확하고 결정적인 해답을 찾을 수 없다면,

우리의 목적을 위해 일반화하는 방식도 분명 유익하다. 내가 미국과 세계의 다른 나라를 단순하게 비교하는 이유는, 미국의 직장인들이 '지금의 내가 하는 대로 행동하면 어느 나라 출신과도 잘 지낼 수 있다.'는 잘못된 믿음에 빠져서는 안 되기 때문이다. 문화 차이로 일어날 수 있는 다양한 상황에 대한 준비를 갖춰야 한다.

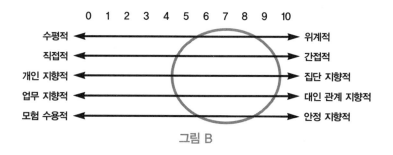

그림 B

"온 세계가 미국화되어 간다."는 주장에도 일부 옳은 측면이 있다. 그림 B에 있는 동그라미는 점점 왼쪽으로 이동하고 있는 것 같다. 미국식 비즈니스가 유포되면서 사람들은 차츰 업무 지향적 성향에 적응해 간다. 모험을 받아들이려는 의지, 직접적인 스타일, 격식을 따지지 않고 평등을 지향하는 태도, 좀 더 개인적 생활방식과 경력 지향적 성향을 편안하게 느끼고, 이런 선택들이 갈수록 익숙하고 유용한 선택으로 바뀌고 있다.

그와 동시에, 그림 A에 있는 동그라미는 오른쪽으로 이동하면서 넓어지고 있다. 미국인들은 전보다 더 집단 지향적 특징인 팀워크를 추구하고, 비즈니스로 곧장 뛰어들기보다 인간관계 구축 방법을 배워 나가고, 다른 나라 출신 동료들과 조화를 이루기 위해 노력하는 간접적 스타일, 즉 다른 나라 사람들에게 존칭을 사용하거나 이름에 미스터(Mr.), 미시즈(Mrs.), 닥터(Dr.)를 붙이는 등의 위계적인 면도 받아들이고 있다. 또한 인내심을 기르고, 안정 지향적 비즈니스 파트너에게 적절한 정보와 확신을 제공하는 등의 노력을 기울이고 있다.

나는 문화적인 차이를 과소평가해서는 안 된다고 생각한다. 이를 과장하는 태도도 유익하지 않다. 세계는 여러 면에서 비슷한 방향으로 움직이고 있지만, 다른 면에서는 그들만의 독특함을 유지하고 있다. '세계 문화'를 이야기하는 것은 현실적으로 맞지 않으며, 문화적 획일화는 생각만으로도 끔찍하다. 문화적 차이는 참으로 매력적이기 때문이다. 그러므로 세계를 무대로 해 일하는 직업인들은 문화의 차이를 예상하고 준비해 포용해야 한다. 그러다 문득 문화적 유사성을 발견하게 되면 기분 좋은 놀라움을 경험할 수 있다. 문화적 유사성만을 예상했다가 뜻밖의 차이에 충격을 받는 경우보다 이편이 훨씬 낫다.

Part 2

일상생활과 비즈니스에서 차지하는 문화의 중요성

당신이 골동품 가게 한가운데 있다고 상상해 보자. 당신은 온통 '잡동사니'에 둘러싸여 있을까, 아니면 '보물'에 둘러싸여 있을까? 아마도 당신이 골동품의 연대와 기능, 역사에 대해 잘 알고 있다면 골동품 가게 안의 보물을 알아보게 될 것이다. 그러나 그것에 관한 아무 지식도 없다면 그저 잡동사니로 보일 뿐이다.

　문화를 보는 방식도 이와 비슷하다. 똑같은 것을 두고도 어떤 사람들은 낭패감(잡동사니)을 느끼고 어떤 사람들은 매력(보물)을 느낀다. 우리 중에도 어떤 이는 손을 내저으며 골동품 가게 자체를 거들떠보려 하지도 않는 것과 마찬가지로 상당수 사람들이 다른 문화를 거들떠보려 하지 않는 이유는 충분한 사전 지식 없이 그 문화를 판단하기 때문이다.

　특히 비슷한 문화에 더욱 무관심 할 때가 많다. 어떤 이들은 "미국인, 영국인, 캐나다 인은 뭐가 다르지? 모두 같은 언어를 사용하잖아?"라고 생각하기도 한다.

공통으로 사용하고 있는 언어로 치자면 맞는 말이다. 영국인, 미국인, 호주인과 캐나다 인들이 서로의 문화에 적응하는 편이, 아시아나 아프리카 또는 중동 지방 문화에 적응할 때보다는 훨씬 쉬울 것이다. 그러나 이런 비슷한 문화 안에서도 차이점은 분명히 있고, 오히려 친숙함을 기대하기 때문에 예상보다 더 많은 문제가 도사리고 있을지 모른다.

다양한 문화가 혼재하는 회사나 팀, 조직이 뛰어난 능력을 발휘할 가능성이 높다는 사실은 당연하지만, 구성원의 서로 다른 문화적 차이점은 성공적인 업무 수행에 장애가 될 수 있다. 진정한 성공을 지향하는 국제단체들은 언뜻 보기에는 별것 아닌 듯 보이는 문화적 차이라도 이를 이해하고 중재하는 일이 중요하다는 사실을 알고 있다.

여러 국가가 섞여 있는 국제적 조직에서 영어가 제1언어라고 해도, 깊은 곳에 있는 차이점들은 실제로 보이지 않는 큰 어려움으로 다가온다. 예를 들어 문화적·역사적 차이는 위험을 감수하는 방식, 선호하는 계획 방식, 의사소통 방식, 변화 적응 정도, 갈등 해결 방식, 격식의 정도나 기타 요인에 대한 다른 시각을 낳을 수 있다.

내 클라이언트가 겪은 일을 예로 들어 보겠다. '엔지니어'라는 직함이 미국보다는 영국에서 더 높게 평가되는 모양이다. 영국인 직원 방문단이 사업차 미국에 왔을 때 미국인들은 그들을

> " 같은 자리에 있는 모든 사람이 영어로 말한다고 해도 문화적 차이는 서로를 이해하는 데 커다란 장애가 된다. "

반겼고 따뜻하게 맞았지만 엔지니어들에게 방문단 내의 다른 사람들과 구별되는 특별한 대우를 해주지는 않았다. 미국인들은 특별 대우가 딱히 필요하다고 생각하지 않았고 오히려 격에 맞지 않으리라고 생각했다. 그러나 영국 엔지니어들은 다른 방문자들과는 달리 더 좋은 호텔을 배정해 준다거나 하는 식으로 특별 대우를 해주지 않은 데 대해 기분이 상하고 말았다.

이런 상황이 대수롭지 않은 작은 문제처럼 보일 수도 있고, 만난 지 얼마 안 되어 일어난 일 정도로만 생각할 수 있다. 하지만 바로 이러한 일들이 사업 관계의 시작을 삐걱거리게 만든다. 외국인 동료가 당신과 일하는 것을 즐겁게 생각하는 편이 좋지 않겠는가? 그 엔지니어들이 회의 시간에 둘러앉아 자신들이 당했다고 생각하는 모욕에 대한 불만을 털어놓게 된다면 이들에게 도움을 기대하기란 힘들다. 기한에 맞추기 위해 애써 열심히 일하지 않을 수 있고, 업무는 계속 늦춰질지 모르며, 무의식중에 벌어지는 무례나 실수가 계속되어 불만으로 쌓여 간다면 결국 매출 저하로 이어질 수밖에 없다.

사업 관계의 실패는 보통 잘못된 악수 방식이나 언어 소통의 실패, 또는 회의 때 입은 부적절한 복장 등과 같은 표면적 실수로 인해 갑작스럽게 일어나지 않는다. 외국인 직원들은 이보다 좀 더 미묘하고 보이지 않는, 앞의 영국인 엔지니어들이 느낀 모욕감과 같이 무의식적인 문화적 요소에 의해 서서히 혼란스러워지고 당황스러워하다 짜증을 느끼게 된다. 이러한 보이지 않는 요소는 더 심층적인 문화적 프로그래밍(cultural programming)에서 온다. 엔지니어들의 경우, 위계질서와 사회적 위치가 중요했던 것이다.

　문화적 차이는 국제적으로 이루어지는 사업만이 아니라 그 조직 내부의 사람들을 관리하는 방식에도 영향을 미치게 된다. 세계 여러 나라나 여러 민족 사람들이 섞여 있는 직장과 관련이 있을 뿐 아니라 그러한 고객이나 소비자, 파트너들과 함께 일하는 국내 조직과도 관련이 있다. 당신이 병원 원무과에서 근무하는 사람이든 자동차 제조업자 또는 대학 교수이든 간에, 다양한 문화적 배경을 지닌 고객이나 환자, 파트너, 학생, 소비자를 상대한다는 것은 다양한 기회와 도전이 뒤따른다는 사실을 의미한다. 각기 다른 문화적 배경을 지닌 사람들에게 제품이나 서비스를 제공하려면 마케팅, 판매, 고객 서비스, 고객 유지, 신규 고객 확보 등의 측면에서 각기 다른 전략이 필요하다.

　사람들과 같이 일하는 데에는 다양한 측면과 다양한 방식이 있고, 어떤 사업을 하건 문화가 미치는 영향력을 피할 수 없는 것이 오늘의 현실이다. 직업인이라면 다른 문화를 그저 최소한으로 이해하는 데서 그쳐서는 안 된다. 서로의 다름이 부여하는 잠재성에 매력을 느끼는 전문가가 되어야 한다(바로 골동품에 매력을 느끼는 이들처럼 말이다). 본질적인 문화의 차이는 분명히 존재하며, 특히 다른 문화권에서 온 사람들과 함께 하는 직장 생활과 일상생활에서 중요한 역할을 한다.

문화 프로그래밍

우리 모두는 컴퓨터처럼 프로그래밍이 되어 있는 상태이다. 컴퓨터는 반드시 소프트웨어가 있어야 실행할 수 있고, 인간은 인생을 사는 데 없어서는 안 되는 '문화 프로그래밍'이 되어 있지만 겉으로는 대부분 인식하지 못한다.

우리의 문화 프로그래밍은 얼마나 중요한가?

매킨토시나 윈도 운영 체계는 언뜻 보기에 비슷해 보인다. 둘 다 아이콘들이 몇 개 떠 있는 데스크톱 형태의 모니터가 있고 둘 다 마우스와 키보드 같은 입력 장치가 있다. 둘 다 컴퓨터의 핵심인 플라스틱 본체 뒤에 전기 코드와 케이블이 나와 있다. 두 체계 모두 같은 모습과 느낌이라서 기본적으로 같다고 말할 수도 있다.

매킨토시와 윈도 체계는 상호 정보 전달도 잘 이루어진다. 내가 맥으로 이메일을 보내려고 할 때 수신자가 매킨토시를 사용하는지 아니면 윈도를 사용하는지 걱정할 필요는 없다. 수신자가 어떤 체계를 사용하든 이메일을 열어 볼 수 있다. 하지만 매킨토시 프로그램을 윈도 컴퓨터에 설치하려 하면 오류 메시지가 뜬다. 프로그래밍 단계에서 둘의 운영 체계는 확연히 다르기 때문이다.

이를 인간의 경우로 유추해 볼 수 있다. 내가 진행하는 비교 문화 프로그램 참가

> 윈도에 매킨토시 프로그램을 설치한다면? 싱가포르에 미국인을 보낸다면?

자의 대다수가 전 세계 사람들은 기본적으로 같다고 생각하는 듯했고, 사실 언뜻 보기에 비슷해 보이는 것도 사실이다. 예를 들어 사람은 기본적으로 같은 외모(우리 모두 인류 아니던가!)에 같은 걱정거리(건강, 안전, 음식, 보금자리 등)와 같은 감정(사랑, 분노, 공포, 증오 등)을 경험한다. 또한 컴퓨터처럼 우리 모두 표면적이긴 해도 그럭저럭 다른 문화 간 의사소통이 가능하다. 편지, 팩스, 이메일을 보내고 전화를 하고 가끔 얼굴을 맞대고 앉아 대화한다.

그러나 좀 더 깊이 들어가 보면, 컴퓨터가 운영 체계 단계에서 그렇듯 세계 각국의 사람들은 각기 확연하게 다른 문화로 프로그래밍되어 있다. 유럽 인 파트너들과 미국식 비즈니스 회의를 진행해 보면 모든 사람들이 같은 운영 체계를 갖추고 있지 않다는 사실을 깨닫게 된다. 일부 유럽 인들은 '돈' 이야기를 하기 전에 서로를 좀 더 알기 원하기도 하고, 서로를 지칭할 때 직함이나 성을 사용하거나 적어도 좀 더 공손한 방식을 선호하며, 옷차림에 신경 쓰며, 모험은 피하고자 하고, 과거 실적 기록과 같은 기본 정보를 원할 수 있다. 미국인들은 사업 요점으로 바로 들어가기를 원하고, 몇 년 사귄 친구라도 되는 듯 상대방을 성이 아닌 이름

> 우습게도 '세계는 하나'라거나 '어디에 있든 사람은 기본적으로 모두 같다'고 생각하는 미국인일수록 자신이 사는 도시, 지역, 주 또는 국가와 같은 영토 또는 지역에 대한 의식이 강하다. 자신의 주변에서 커다랗게 느껴지는 차이점은 알지만 세계 각지에 존재하는 더 커다란 차이에 대해서는 알지 못한다.

으로 부르며, 옷을 입거나 말하는 데 격식을 차리지 않고, 재빨리 움직이고, 모험을 마다하지 않는다.

도시 사이에도 서로 다른 점이 있다. 동네마다 고유의 정서가 있고, 같은 도시에서 성장하더라도 자란 동네가 다르면 전혀 다른 세계에서 자란 것과 같을 수 있다.

이 말이 사실이라면, 파리에서 하는 생활과 캘커타에서 하는 생활이 완전히 똑같지는 않다는 결론에 이르게 된다. 캘커타 시민은 파리 시민과 문화적으로 다르게 프로그래밍 되어 있다. 그것은 외관상으로도 쉽게 알 수 있다. 동인도인과 프랑스 인의 옷 입는 방식이 다른 이유는 그들이 기후가 다른 지역에서 살기 때문이다. 그들은 다른 음식을 먹고 다른 교통수단을 이용하고 다른 여가생활을 즐긴다.

조금 더 깊이 들어가면, 가족이나 결혼에 대한 규정이나 종교적인 믿음이 다르고, 여러 주제에 관한 지식과 의견이 다를 수 있다.

더 깊이 들어갈 경우, 핵심적인 가치관도 다를 것이다. 살아 있는 한 쉽게 변하지 않는 강한 확신(겸손, 체면, 독립심 등)이나 우정 등이 그 예가 된다. 이보다 더 깊은 문화 프로그래밍 차원에서 보면, 그들의 세계관은 상당히 다르다. 시간을 얼마든지 있는 것으로 생각할 수도 있고 부족한 것으로 생각할 수도 있으며, 신이 운명을 정한다거나 아니면 자신의 운명은 스스로 정한다고 생각할 수도 있다.

세계 여러 지역 간에 문화 프로그래밍에서 중요한 차이점이 있다는 사실은 의심할 여지가 없다. 이를 '차이의 척도'로 분류해 보는 일도 가능하다.

차이의 척도

차이의 척도는 우리 자신의 문화와 다른 문화의 차이를 설명하는 기본적 수단이다.

캐나다와 미국은 많은 부분에서, 특히 외관상으로 비슷한 부분이 많다. 미국인이 캐나다를 여행하고는 "세상에! 캐나다는 정말 놀라운 나라야! 사람들이며 삶이며 모든 게 너무나 다르더군!"이라고 말할 일은 없을 테니 말이다.

0에서 10까지 차이의 척도에서 미국인이 자기네 나라를 0에 놓고 본다면 캐나다는 아마도 1에서 1.5 정도에 있을 것이다. 하지만 실제로 캐나다 인은 미국인과 꽤 다르다. 가장 두드러진 차이는 캐나다는 2개 국어를 사용하고, 인구 밀도는 미국보다 훨씬 낮으며, 미국인들과는 다른 스포츠 경기를 좋아한다는 사실 등이다. 좀 더 들어가 보면 캐나다는 자신들만의 역사가 있고, 정치인을 보는 시각이나 대우가 다르며, 캐나다만의 독특한 외교 정책이 있고, 세계 경제에서 자신들만의 역할을 수행한다. 더 깊이 보면 캐나다 인은 미국인만큼 극단적으로 개인주의적이지 않으며 사고방식이나 가치관이 미국인과 같다고 할 수 없는 점이 많다. 이러한 사고방식이나 가치관의 차이들은 여러 가지 방식으로 뚜렷이 나타난다. 캐나다 인은 자신들을 세계 경찰이기보다는 평화 조정자나 외교가로 보며 미국만큼 군국주의적이지 않다. 캐나다 인은 미국과 비교해 자신들이 온건하다고 생각하고 미국을 극단의 나라라고 생각한다(미국에는 낙태 반대론자들부터 낙태를 합법화하자는 옹호론자까지, 호전주의자에서부터 평화 운동가까지, 세계 굴지의 갑부에서부터 한 푼 없는 노숙자까지 총망라해 있기 때문이다). 캐나다 인들은 어떤 것을 얻기 위해 다른 무언가를 희생할 줄 알고, 총기류에 대해 미국보다 엄격하게 관리하며, 거리는 훨씬 안전하다. 세금은 훨씬 많지만, 국가 차원의 무료 건강보험제도가 있어서 그 덕분에 캐나다 인의 평균 수명은 미국보다 훨씬 길다. 캐나다와 미국은 이민 정책에서도 차이가 난다. 일부 캐나다 인들은 미국을 문화적 정체성이 사라져 버린 용광로라고 비난하면서, 캐나다는 문화적 차이가 각기 조화롭게 기여하고 존중받는 마치 무늬 있는 양탄자와 같다고 생각한다. 범죄자 처벌 방식도 캐나다와 미국의 사고방식이나 체계의 차이점이 확연히 드러나는 부분이다. 그리고 당연히 프랑스계 캐나다 인들은 영어를 사용하는 캐나다 인들보다도 미국인들과 더 뚜렷하게 대비된다.

다음 척도는 세계 각 지역에서 나타나는 차이의 단계를 나타낸다. 미국의 관점에서 본 척도이므로 다른 나라 입장에서 비교해 보려면 분류 방식을 섞거나 거꾸로 해보아야 한다.

캐나다에 다녀온 미국인들이 "우와! 캐나다는 정말 정신이 쏙 빠질 정도로 놀라운 나라야!"라고 말할 일은 없겠지만 나이지리아나 인도를 다녀온 미국인들은 이 말을 하게 될 것이다. 갠지스 강에 시체가 둥둥 떠다니는 모습을 본다면(매장의 한 방식이다.) 그 자리에 멈춰 서서 잠시 생각을 하게 될 것이다. 미국에서 흔히 볼 수 있는 종류의 일이 아니니까. 많은 아프리카 인들은 애니미즘 신앙을 가지고 있다. 즉 나무, 사슴, 산 등 모든 사물에 영혼이 있다고 생각한다. 자신들이 이슬람교도이든 기독교인이든, 의식 밑바닥 어딘가에는 여전히 애니미즘을 믿고 있고 그에 따라 행동한다. 이상하다고 생각되는가? 그런데 서양인들이 당연하다고 생각하는 점을 다른 이들은 이상하다고 생각하는 경우도 많다.

예를 들어 미국인들이 자유를 그렇게 중요하게 여기면서도 자신들의 소소한 자유에 가해지는 여러 가지 규제를 받아들인다는 점은 좀 모순적이지 않은가? 대부분의 술집은 새벽 1시에는 반드시 문을 닫아야 하고 이를 따르지 않으면 주류 면허를 잃으며, 많은 지역에서 식료품점이나 편의점에서는 주류를 팔지 못하게 되어 있다. 다른 나라의 경우와 달리 미국인들은 더 이상 아무 데서나 담배를 피울 수 없다. 다른 많은 나라에서 식당이나 술집은 몇 시가 되든 손님들이 다 먹고 마신 후에야 문을 닫는다. 다른 몇몇 나라는 여전히 어린아이들도 식료품점에서 집안 어른을 대신해서 와인을 살 수 있고, 식당에서 '흡연석'이나 '금연석'으로 나누어 사람들을 몰아넣지도 않는다. 미국인이 아닌 사람들은 종종 미국 도로의 낮은 제한 속도에 놀라워하고 미국 운전자들이 제한속

마이크가 캐나다에 갔다가
얼마나 놀랐는지 몰라요!

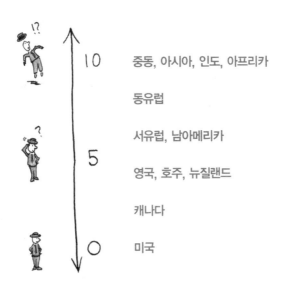

10	중동, 아시아, 인도, 아프리카
	동유럽
	서유럽, 남아메리카
5	영국, 호주, 뉴질랜드
	캐나다
0	미국

도 50킬로미터 구간에서 56킬로미터로 달렸다고 범칙금을 물어야
한다는 사실에 경악한다. 게다가 미국인들은 정말로 무단횡단으로
도 벌금을 낸다. 다른 많은 나라에서는 자신의 행동은 자신이 책임지
도록 되어 있으며 그에 따라 자신들의 운전 방식은 자신이 통제하고
물론 무단횡단도 자신의 책임이다. 이렇게 미국인들이 수용하는 여
러 가지 통제의 예는 다른 이들에게 무척 이상해 보일 수 있다. 그렇
다면 미국인들은 자신들이 생각하는 만큼 자유를 누리고 있지 않은
것인지도 모른다.

　그 밖에 다른 나라의 다양한 사고방식이 대부분의 서양인들에게
는 상당히 낯설게 보일 수 있다. 예를 들어 대부분의 서양인들은 배
우자가 어떤 해에 태어났는지 심각하게 생각하지 않지만 중국인들

은 이를 매우 진지하게 고려한다. 대부분의 서양인들은 배우자의 생일이 음력인지 양력인지 고민할 필요가 없지만, 중국인들은 이를 중요하게 생각한다. 중국의 달력은 12년 주기로 돌아가며 해마다 그 해에 해당하는 동물이 있다. 각각의 해는 띠라고 불리는 동물과 연관되어 있다. 어떤 동물과는 궁합이 잘 맞고 다른 동물과는 그렇지 않다는 것이다. 내 중국인 친구는 어느 해에 태어났는지에 따라 바로 어떤 띠인지를 말할 수 있다. 그러나 토끼띠가 호랑이띠와 궁합이 맞는지 안 맞는지와 같은 문제는 미국인들이 남녀 관계에서 심각하게 고려하는 문제가 결코 아니다.

캐나다 인이 공항으로 나를 데리러 나왔다면, 나와 처음 만나는 자리에서 만난 지 얼마 안 되어 "결혼하셨나요? 자녀는 있나요? 여자친구가 있나요? 예쁜가요? 여자친구는 몇 년 생인가요?"와 같은 질문을 하지 않는다. 중국인들은 만난 지 몇 분 만에 바로 이와 같은 질문을 한다.

10년 넘게 만나지 못했던 프랑스 인 친구들을 만난 적이 있는데, 그들은 내게 "와! 살도 찌고 나이도 더 들어 보이네!"라고 말했다(이전에 이들을 만났을 때 나는 빼빼 마른 열아홉 살 대학생이었다). 이들에게 '살쪘다'는 말은 미국인이 생각하는 식의 인신공격이 아니었다.

이러한 말들은 단지 대화하는 방식이 다르기 때문이라고 말하는 이도 있다. 그러나 나는 우리가 하는 질문이나 대화, 적절하다고 생각하는 대화 주제 그리고 그 주제에 접근하는 방식 등이 모두 우리 내면에 존재하는 문화 프로그래밍을 보여 주고 있다고 말하고 싶다.

비즈니스를 하는 두 사람의 문화적 프로그래밍이 상당히 다르다면, 이들은 결국 서로 거래하지 않는다는(또는 거래할 수 없다는) 결정을 하게 될지도 모른다.

> 66 미국인들이 해외에서 '미국식으로' 행동해도 되는 때가 있었다. 하지만 국제적인 파트너를 선택할 수 있는 폭이 넓어진 지금은 문화적 호환성을 기르지 않으면 다른 이들에게 뒤처지고 만다. 99

비즈니스에서 선택의 기본

질문 당신이 두 사람 중 한 사람과 거래를 하려 하고 있고, 두 파트너 모두 그 가능성은 거의 동일하다고 가정해 보자. 즉 당신이 누구를 선택하든 이익도 같고 수당도 같으며 시장 점유율도 거의 같은 결과가 나올 것이다. 누구를 선택하든 사업 결과가 같을 거라고 가정했을 때, 당신은 어떤 선택을 하는가? 모든 조건이 동일하다면 무엇이 결정 요인이 되는가?

대답 내가 비교문화 프로그램을 진행하면서 동·서양 출신 참가자들에게 이 질문을 하면, 대체로 다음 두 가지 중 하나의 대답이 나온다. 자신이 '믿는' 사람 아니면 자신이 '좋아하는' 사람을 고르겠다는 답이었다.

우리가 사람을 믿거나 좋아하거나 또는 불신하거나 좋아하지 않는 문제는 문화적 스타일이 비슷한가 아닌가와 관련이 있다. 차이의 척도에서 당신과 멀리 떨어져 있는 사람일수록 그 사람과 쉽게 관계를 맺을 가능성은 희박해진다. 경우에 따라 이러한 차이는, 어느 장소에 들어가고 나올 때 그 자리에 있는 모든 사람들과 악수를 하는 것과 같은 단순한 차이일 수 있다. 때로는 미국인들이 모험을 마다하지 않고 빨리 행동으로 실천한다는 특성과 같은 좀 더 심층적인 차이일 때도 있다. 이것은 정반대의 행동을 선호하는 사우디아라비아 인에게는 불신을 심어 주는 원인이 될 것이다. 차분하고 절제할 줄 알고 침착하다는 일본인들은 감정적이며 정열적으로 자신을 표현하기 좋아하는(그리고 대화하는 동안 손짓이 어깨와 허리 사이에 머물러 있지 않는) 브라질 인들에게 별로 좋은 인상을 주지 못한다. 형식에 구애받지 않는 호주 사람들은 격식을 갖추기 좋아하는 독일인을 답답하다고 보고 위선적이라고까지 생각할지 모른다.

일반적으로 사람들이 불편하게 느끼는 문화적 결합은 상당히 많으며 다른 사람들을 이상하다고 생각하게 되는 방식도 여러 가지이다. 이런 현상은 누구의 탓도 아니다. 그런데 다른 문화권 사람들이 만났을 때, 서로 다른 문화적 차이 때문에 무언가 딱 맞아떨어지지 않는 경우가 많다. 그리고 누군가와 무엇이 맞아떨어지지 못하면 그 사람을 좋아하지 않거나 피하게 되고 당연히 믿지도 못하게 된다.

이와는 정반대 상황을 생각해 보자. 당신 자신과 비슷한 사람을 만났을 때의 안도감과 개운함을 생각해 보자. 해외에서 오래 살다

> 당신은 어색한 상황을 자연스럽게 받아들이는가?

가 같은 나라 사람을 만
나 모국어를 듣고 친숙한
방식으로 대화를 나누면
얼마나 위안이 되는지 잘
알 것이다. 대부분의 사
람이 불편하고 다르고 어
색한 상황을 굳이 찾지

> 당신의 문화적 스타일로 본국에서 멋
> 지게 성공했다고 해서 해외 고객, 클라이언
> 트 또는 파트너까지 그 매력에 빠진다는
> 보장은 없다. 사실상 그와 정반대라고 생각
> 하는 편이 더 맞을지도 모른다.

않는 것은 너무도 당연한 일이다. 다른 문화권 사람들과 어색함을 느
끼고, 상대방도 어색해하고, 그들과 맞아떨어지는 무언가가 없다면
결국 비즈니스 관계로 이어지기를 원하지 않게 될 수도 있다.

비즈니스 파트너를 선택하는 일도 이와 유사하다. 우리는 편안하
고 신뢰할 수 있는 사람을 비즈니스 파트너로 선택한다. 우리가 문화
적 차이를 극복해 서로를 신뢰할 정도로 학습하지 않으면 비즈니스
의 기회는 물거품이 될지도 모른다. 미래 비즈니스 파트너의 문화적
스타일이 내 비위를(그 반대가 될 수도 있지만) 거스른다는 이유로 말
이다.

우리가 누군가를 믿거나 믿지 않거나 또는 그 사람을 좋아하거나
싫어하는 판단은, 앞에서 말한 바와 같이 막연한 느낌을 기반으로 한
다. 이 막연함에 더하여, 다른 문화에 대한 인식이 우리의 직장이나
일상생활에 중요할 수밖에 없는 분명한 이유가 있으며, 앞으로 그 이
유를 이야기할 것이다.

광범위한 변화의 영역

"세상은 좁다. 성공하기 위해서는 범세계적으로 생각해야 한다." 오늘날 이러한 말이 흔하게 쓰이고 있고, 사실 상식적으로도 맞는 말이다. 우리의 세계가 왜 작아지고 있는지 몇 가지 이유를 예로 들어 보면 이해하기 쉽다.

과학 기술

갈수록 더 많은 사람들이 더 많은 과학 기술을 누리고 있다. 나는 과학 기술을 '우리가 무엇인가를 하는 데 도움을 주는 모든 것'이라고 정의하고자 한다. 연필도 과학 기술이고 스쿠터, 노트북 컴퓨터, 휴대폰도 과학 기술이다.

정수기와 얼음 제조기가 달린 냉장고를 가지고 있는 인도 델리의 누군가도 세계적인 과학 기술의 보급 혜택을 누리고 있다(그리고 누군가는 그 냉장고 제조와 가동으로 인한 오염에 시달리고 있다고 말하는 사람도 있다). 볼펜을 사용하는 어느 노르웨이 인도 마찬가지이다. 대도시에서 언제 어디서든 사용할 수 있는 유비쿼터스 휴대폰은 과학 기술이 전 세계에 퍼져 있음을 뚜렷하게 보여 준다. 몇십 년 전만 해도 우리가 현재 일상생활에서 당연하다고 생각하는 아주 기본적인 일들을 하게 해주는 과학 기술은 존재하지 않았다. 만일 어딘가에 냉장 트럭 수십 대를 전해준다면 그 지역 주민들의 먹는 습관까지도 변하게 할 것이다. 세계적 과학 기술의 보급은 우리가 무엇을 먹고, 어떻게 출근하고, 어떤 일을 하고, 무엇을 입고, 여가를 위해 무엇을 하고, 누구와 대화하고, 누구를 알고 지내는지 등의 셀 수도 없는 많은 영역에 영향을 미친다.

대중매체

대중매체(영화, 텔레비전, 라디오, 음악 CD, 비디오, DVD, 광고, 신문, 책, 잡지, 웹 사이트 등 읽거나 들을 수 있는 모든 것)는 사람들로 하여금 이전과는 비교할 수 없을 정도로 자세히 지구 구석구석을 볼 수 있게 해준다. 이를 접하는 사람들은 빠른 속도로 증가하는 새로운 형태의 대중매체가 세계 각지에서 벌어지는 사건들과 다른 사람들에 대해 더 자세히 알게 해준다는 사실을 인식하고 있다. 다른 나라에 사는 사람들이 어떻게 사는지 더 빠르고 쉽게 알 수 있다는 점에서 세계는 확실히 작아지고 있다. 그러나 이러한 관찰이 한 방향으로만 진행되고 있는 듯한 상황은 안타까운 일이다.

대중매체에 노출되는 내용은 자국만이 아니라 세계적인 시각이 반영된 것이어야 한다. 하지만 현실은 전혀 그렇지 않다. 예를 들면, 미국인들도 남들이 그들을 보는 만큼 세계를 봐야 한다. 여기서 다시 한 번 미국인들에게 자국 중심주의에 빠져들지 말라는 말을 하고 싶다. 대중매체 노출에 대한 예를 들어 보자. 독일인, 칠레 인, 중국인, 누구든 상관없이 이들은 미국인들이 자신들을 아는 것보다 미국에 대해 더 많이 알고 있다. 미국인보다도 영어를 더 잘 구사하는 스웨덴 인을 만난다 해도 놀라운 일이 아니다. 이들은 미국 TV 프로그램

〈댈러스〉나 〈스타스키와 허치〉 같은 드라마를 통해 영어를 배우며 자랐을지도 모른다. 미국인은 스웨덴 어를 공부한 적이 있을까? 스웨덴의 방송 프로그램을 본 적이나 있을까? 스웨덴 정부 지도자가 누구인지 알고 있을까? 프랑스, 이탈리아, 브라질, 오스트리아의 정치 지도자가 누구인지는 알까? 그렇다면 미국과 좀 더 가까운 멕시코의 대통령이 누구인지는 알고 있을까? 캐나다의 총리는? 이들 나라 어느 거리에서 누구를 붙잡고 물어봐도 대개 미국 대통령이 누구인지는 안다. 다른 나라에 대해 좀 더 배우고 알아야 한다. 이건 생각보다 중요한 문제이기 때문이다.

미국의 '국제' 뉴스는 부끄러울 정도로 미국 중심적이다. 미국 이외의 다른 나라에서 방영하는 국제 뉴스는 상당 시간을 할애하여 다양한 국가와 세계적인 관점에서 보도하며 정말로 '국제' 뉴스를 다룬다. 캐나다조차도 미국보다 훨씬 더 넓은 시각으로 세계를 바라본다.

미국이 이렇듯 자국 중심적인 이유에 대해 완전히는 아닐지라도 부분적으로나마 이해해 줄 수 있는 이유는 미국의 땅덩어리가 워낙 광대하고 지리적으로 고립되어 있기 때문이다. 그러나 개중에는 거만한 미국인들도 많고, 자

당신이 그들을 아는 것보다 그들이
당신에 대해 더 많은 것을 알고 있는가?

신들이 제일이고 최고이며 가장 똑똑하므로 해답을 모두 가지고 있다고 믿는 경우도 있다.

생활 방식의 선택

대중매체로 인해 생활 방식의 선택 폭도 넓어졌다. 점점 많은 제품과 기기를 일상적으로 사용하게 되고, 수많은 광고가 상품을 선전하면서 우리의 눈과 귀를 공격하고 있다. 그로 인해 사람들은 다양한 생활 방식을 선택하거나 다른 여러 지역을 방문하는 기회가 많아지고 있다. 미국인들이 한자나 음양 문양을 발목이나 어깨에 문신으로 새기는가 하면, 아시아 인들은 영어로 "Freeway Feeling(자유를 만끽하라)", "The Epochal Scooter(신세기 스쿠터)" 또는 "Join Us to Riding Joy(함께 달리는 기쁨)"와 같은 문구를 단 스쿠터를 타고 달린다. 이 문구들은 스쿠터에 부착된 것을 내가 실제로 목격한 것이다. 우리는 다른 문화를 보며 매력을 느끼고, 대중들은 이러한 작은 부분에서부터 서로를 모방하기 시작했다.

미국인들은 여유로운 휴가 날짜를 선택할 수 있는 유럽 인, 특히 북유럽 인들을 부러워한다. 그리고 사실상 일부 미국인들은(분명 나도 그 가운데 하나이지만) 이전처럼 무시무시한 속도로 끊임없이 일하지 않으려 하며, 좀 더 유럽적인 방식으로 살려고 한다.

다른 이들이 어떻게 살고, 말하고, 걷고, 입고, 일하고, 노는지 더 많이 알수록, 원하기만 한다면 더 많이 그들을 모방할 수 있다.

장거리 통신

모든 사람들이 휴대폰을 가지고 있다면 분명 휴대폰이 비싸지 않다는 뜻일 것이다. 장거리 통신 비용이 저렴해졌다. 대량 생산되는 초소형 정보 통신 기구(이메일 송수신이 가능한 휴대폰, 노트북 컴퓨터)는 외부와 끊임없이 연결해 주며 사람들은 이것을 사용하는 데에도 익숙해졌다

인터넷이 공동체를 이뤄 준다는 주장을 지지하는 사람들은 인터넷이 다른 이들과 대화할 수 있게 해주고, 다른 삶의 방식에 대해 알게 해 사람들을 한데 모으게 한다고 한다. 비판자들은 많은 십대 아이들이 방 안에 고립된 채 햇빛을 언제 보았는지 모를 정도로 장시간 동안 마우스를 클릭하고 키보드를 두드리며 살게 된 현실을 안타까워한다.

나는 '공동체와 접속'한다는 말을 좋아한다. 이 부분의 글을 쓰고 있는 현재, 나는 타이베이의 한 인터넷 카페에 있다. 그리고 여기에 있는 동안 이메일도 몇 통 작성했다. 하나는 캐나다에서 온 새로운 사업 문의에 대한 회신이고, 또 하나는 미국 직장 동료에게 그가 맡게 될 훈련 프로그램에 대해 쓴 이메일이었다. 미국에 있는 친구에게도 이메일을 보냈고, 타이베이에 사는 어떤 사람이 여기서 내가 하고 있는 일에 관해 문의해 온 편지에 대한 답장도 써 보냈다. 인터넷이 이 사람들과 나를 공동체로 묶어 주지는 못하더라도, 장거리 통신의 발전 덕분에 가능해진 이 귀중한 '접속'을 내가 누리고 있다는 사실만은 확실하다.

속도

변화의 정도와 생활의 속도가 꾸준히 빨라지고 있다는 사실은 대중매체를 접하고 있는 사람이라면 모두 아는 내용이다.

> 인터넷이 공동체를 만드는가 아니면 접속을 형성하는가?

18개월마다 속도가 두 배나 빨라진 컴퓨터 칩이 나온다. 컴퓨터가 꾸물거리며 프로그램 하나를 실행하는 데 10초 가까이 걸리게 되면 집어던지고 싶은 마음을 가까스로 참게 된다. 우리는 이전보다 두 배 정도 빠른 작업을 할 수 있기를 바란다.

옛날처럼 편지를 보내는 경우(기억이나 하는지?) 다른 도시로 가는 데 이틀에서 사흘은 걸렸다. 수신자가 답장을 하는 데 하루에서 이틀은 걸렸고, 처음 보낸 이에게 답장이 도착하기까지 또 이틀에서 사흘 정도 걸렸다. 닷새나 엿새 가까이 걸리는 일이 팩스와 이메일의 출현으로 그 즉시 가능해졌다. 이러한 발전으로 어떤 문화권에서는 비즈니스 의사소통이 더욱 빠르게 진행될 것이라는 기대감이 커졌다.

물론 모든 문화권에서 이와 같이 일이 진행되지는 않는다. 빠른 속도로 사업을 성공시키겠다는 목적으로 정신없이 일하는 미국 직장인들은 세계 모든 나라 사람들이 자신들과 같은 스케줄로 일하지 않는다는 현실을 직시해야 한다. 대부분의 사람들은 좀 더 느긋하고 차분하게 일하면서 목표를 달성해 간다. 그리고 어떤 이들은 꼼꼼하게 심사숙고하며 계획을 짜고, 섣불리 판단하기 전에 다시 한 번 생각한다. 그들이 받은 이메일에 즉시 회신을 하지 않을 수도 있다는 뜻이다. 게다가 모든 문화권에서 미국처럼 이메일이 일상화된 것도 아니다. 마감 기한이 그다지 급박하지 않기 때문에 초과 근무를 하거나 주말까지 일하지도 않는다. 더구나 빠르게 진행되는 당신의 업무 속도에 맞춰 주지도 않을 것이다.

빨라진 속도가 좋은지 나쁜지 논란의 여지가 있지만, 이 현상이 전 세계로 확산되고 있는 추세이며 국제 비즈니스상 중요한 요소인 것은 틀림없다. 어떤 이들에게 이것은 상대편의 느린 업무 속도에 당황하지 않도록 조심해야 한다는 뜻이고, 또 다른 이들에게는 속도를 내지 않으면 뒤처질지 모른다는 것을 의미한다.

과학 기술의 발전과 대중매체는 우리가 선택할 수 있는 일상생활 방식을 다양화시켰고 비즈니스 진행 속도도 높여 놓았다. 이러한 근본 요소들이 비즈니스 세계를 좁아지게 만드는 데 일조하고 있음은 분명하다. 이전에 불가능하던 새로운 비즈니스 모델이 이제 표준이 되고 있는 것이다.

기본적인 수준의 전문 기술과 비전을 지닌 소규모 회사라도 밤에 일하는 팀을 인도에 두고, 낮에 일하는 팀을 캘리포니아에 두고 있다면 24시간 작업을 진행할 수 있다. 캘리포니아 팀이 그날의 업무를 마치고 집에 돌아가 잠을 자고 다음 날 아침 사무실에 오면, 그때쯤 자고 있을 인도 팀에 의해 업무 프로젝트가 하루치만큼 더 진행된 것을 보게 된다. 그리고 인도 팀이 아침에 출근해서 보면 지난

> "'빨리'는 좋지도 나쁘지도 않다. 그저 '빠를' 뿐이다."

밤 자는 동안에 또 하루치 업무가 진행되어 있다. 이러한 방법으로 10일 걸리는 일을 5일 만에 끝낼 수 있다.

한시가 급한 마감 기한이나 꼭 이겨야 할 경쟁사가 있다면 이는 과학 기술과 세계 시차에 의한 이점을 창의적으로 극대화할 수 있는 방법이다. 물론 미국인들만큼 모두가 이렇게 정신없이 돌아가는 직장이나 끊임없는 업무 진전을 중요하게 생각하지는 않으므로 정말 24시간 회사 업무를 진행하는 것이 과연 가치가 있는지에 대해 자문할 필요는 있다.

그러나 이렇게 강도 높은 속도로 일하지 않는 회사나 개인에게도 세계 여행과 장거리 통신 기술의 발전으로 세계는 더욱 작아지고 더욱 값싸게 접근할 수 있게 되었다. 이는 물론 더 많은 세계 무역의 기회를 의미한다.

이 글을 쓸 즈음에 미국의 최대 온라인 컴퓨터 판매 회사가 인도에서 1,800명 직원들로 고객 지원 센터 운영을 개시했다. 많은 다른 회사에서도 이와 유사한 형태로 운영한다. 인도인들에게 미국이나 영국의 문화를 교육하고, 인도 기준으로 봉급을 주면서, 장거리 전화 요금을 지불하는 것이 현지에서 일을 진행하는 것보다 더 적은 비용이 든다. 개개인이 이를 이익으로 보든 불이익으로 보든, 이러한 새로운 비즈니스 모델은 계속

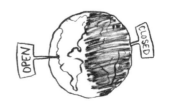

무역 장벽이 없어짐에 따라
문화는 덜 중요해지는 것이 아니라
더욱 중요해지고 있다.

해서 나타날 것이다. 기업들이 새롭게 등장하는 과학 기술과 그로 인한 기회를 활용할 수 있는 새로운 방법을 만들어 내면, 경쟁 업체들은 이를 따르거나 아니면 뒤처질 수밖에 없다.

지역 경제는 발전이 느려지거나 붕괴될 수 있다. 세계 경제도 때로 불경기에 빠진다. 2001년 9월 11일의 테러 공격이 일부 미국인들에게 고립감을 심어 주었다는 것도 분명하다. 그러나 좀 더 장기적으로 크게 본다면 국제 무역은 필연적으로 증가하게 될 것이다.

내가 지금까지 언급한 과학 기술은 모두 주로 제1세계, 즉 소위 선진국들이 지배하고 있고, 수억에서 수십억의 사람들은 세계 무역에서 중심적인 역할을 하지 못할뿐더러 그 혜택을 누리지도 못하고 있다는 주장은 분명 맞는 말이다.

또한 세계 무역으로 빈부 격차가 더욱 심화될 것이라는 주장도 일리가 있다. 세계 무역을 반대하는 이들은 그것이 세계 무역이 가난한 많은 나라를 착취하기 때문이라고 주장한다.

한 지역에서 성공을 거둔 많은 회사들이 살아남기 위해서는 결국 전국적으로 규모를 넓혀야 한다는 사실을 깨닫게 되고, 전국적인 성공을 거둔 뒤에는 국제적으로 경쟁할 필요가 있다는 것을 알게 된다. 이제 기업과 경영자들에게는 전 세계를 상대로 하지 않으면 파산으로 갈 뿐이라는 논리가 기정사실이 된 것 같다.

경제학자들 사이에서 앞으로 세계 경제에 어떤 일이 일어날지에 대해서는 의견이 분분하겠지만, 세계 경제가 결국 몰락하게 될 것으로 보는 이들은 많지 않을 것이다. 우리는 세계화에 의한 경제·사회적 장점과 단점을 보아 왔는데, 싫든 좋든 그러한 경향은 계속 될 것이다.

> 지방 〉 지역 〉 국가 〉 국제 〉 세계 (…… 〉 대기권 밖 〉 월계 〉 행성계 〉 태양계 〉 은하계 〉 ……)

그러므로 지금은 오늘의 현실에 초점을 맞추도록 하자. 미국의 기업들은 세계 각지의 전보다 훨씬 많은 기업들과 경쟁해야 하고, 나날이 세력을 넓혀 가고 있는 유럽연합과 환태평양 지역의 여러 감각 있는 신생 기업들과 벌이는 경쟁에서 지지 않으려면 국경을 넘어서 생각해야 한다. 우물 안 개구리식의 사고방식과 행동은 더 이상 통하지 않는다.

비즈니스의 세계화

비즈니스를 세계무대로 확장시킬 경우, 성공이 뒤따르기도 하지만 극복해야 할 도전에도 부딪히게 된다. 너무나 많은 회사들이 신중한 국제적 전략 없이 외국으로 진출해 예상치 못하게 맞닥뜨리는 문화 문제로 곤혹을 겪는다.

미국의 유명 기업에서 일하는 관리자가 내 대학원 수업 초청 강사로 초빙된 적이 있었다. 그가 도쿄에 주재하는 2년 동안 문화 차이로 인해 겪어야 했던 황당한 이야기들을 들려준 후에, 한 학생이 다음과 같은 질문을 했다.

학생 선생님처럼 외국으로 파견되는 직원들에게 비교문화 교육 훈련을 추천하시겠습니까?

매니저 물론입니다. 교육 없이는 절대 파견을 보내지 않겠지요!

학생 그러면 XYZ회사에서는 어떤 종류의 교육을 받으셨습니까?

매니저 전혀 받지 않았습니다.

전혀 받지 않았다!

많은 사람들이 뒤늦게나마 외국으로 진출하기 전에 '실행하기 전에 잘 살피는 것'이 좋다는 사실을 분명히 깨닫고 있다. 이 관리자는 자신의 업무를 잘 수행했고, 그가 제대로 일하지 못했더라도 그의 회사가 파산하지는 않았을 것이다. 그러나 외국으로 파견되기 전에 비교문화 교육 훈련을 받았더라면 자신이나 회사에 훨씬 더 큰 이익이 되었으리라는 사실을 뒤늦게 깨달았다.

기업들은 국제적으로 성공하기 위해 다양한 방법으로 사업을 확장할 수 있다. 다음은 외국으로 뻗어가기 위한 여섯 가지 대표적 사업 전략이다.

1. 초국경(cross-border) 확장 – 기업이 한 국경 또는 여러 국경을 넘어 확장한다. 예를 들어 공장이나 영업 사무소를 다른 나라에 설립할 수 있다.
2. 인수 합병 – 기업이 다른 기업을 인수하거나 다른 기업과 융합한다.

3. 합작 투자 – 두 기업이 제3의 기업, 또는 완전히 별개로 분리된 새로운 벤처 기업을 세운다. 예를 들어 도요타(Toyota) 사와 제너럴모터스(General Motors) 사는 두 회사 공동으로 제3의 회사 누미(Nummi)를 설립했다.

4. 전략적 제휴 – 각각 독립 기업으로 남아 있지만 서로를 독점 배급사 또는 공급자로 한다. 예를 들어 각 기업이 다른 국가에 있더라도, A가 스포츠 용품을 제조하기 위한 원자재를 특정 상대 B에게서만 사는 데 합의한다. 그리고 B는 A에게만 독점적으로 원자재 이용 권리를 허락하며 이로 인해 서로는 국경을 넘은 합의에 따라 이득을 얻는다.

5. 해외 마케팅과 배급 – 기업이 대표 제품을 다른 나라로 직접 판매하고자 한다.

6. 해외 인가 – 기업이 다른 나라에 지역 판매 대리점을 설립한다.

위 사항들만 보아도 문화가 중요하다는 사실을 알 수 있다. 다른 문화와 접촉하는 데 미국과 캐나다 사이의 전화 몇십 통으로 끝날 수도 있고, 본국과는 전혀 다른 나라에서 몇 년을 보내야 하는 상황일 수도 있다.

인수 합병, 합작 투자, 전략적 제휴에도 두 단계의 문화 충돌 가능성이 있다. 즉 기업 문화와 국가 문화의 충돌이다. 예를 들어 크라이슬러(Chrysler, 미국)와 다임러벤츠(Daimler-Benz, 독일)가 합병해 다임러크라이슬러가 되었을 때 두 회사는 매우 다른 기업 문화(신뢰 형

테드! 비교문화 교육 같은 거
훈련받지 않아도 도쿄에서
잘 해낼 수 있을 거야!
한 40 정도까지만 세고
낙하산 줄을 잡아당기라고.

성, 상하 관계, 직원들의 동기부여 등에서 전혀 다른 운영 방식)와 국가 문화로 인해 야기되는 문제를 해결하고 융합해야 했다.

국내에서 발생하는 합병, 제휴 또는 인수가 실패율이 높은 민감한 일이라면, 언어 장벽이나 국제 문화가 문제를 두 배, 세 배 어렵게 하리라는 것쯤은 쉽게 짐작할 수 있다. 국제 사업 확장 전략 전문가 데이비드 배스티언(David Bastien) 박사는 기업이나 국가 문화가 합쳐지면서 일어나는 충돌이 심각하고 부정적인 결과를 초래할 수 있다고 지적했다. 그는 다음과 같은 경향을 설명하고 있다.

- 국제적 인수 합병의 실패율 70~88퍼센트
- 모든(국내, 국제) 인수 합병, 전략 변화(담당 부서 이전과 같은 조직 내 변화)의 실패율 65~80퍼센트

베스티언 박사는 다음과 같은 것을 실패로 간주한다.
- 기대했던 재정 목표 달성 실패
- 매각 · 철수(합병 후 2년 내에 매각되는 경우)
- 파산(발생 가능성은 극히 적음)

- 모(母)회사가 취약해서 하게 되는 합병

다음은 눈에 띄지 않는 실패이다.
- 직원들의 효율성이 떨어지는 업무 형태
- 직원들의 사기 약화
- 외국 주재자들의 이른 귀국
- 익숙지 않은 문화로 인한 사업 기회 누락
- 문화적으로 부적절한 마케팅에 의한 브랜드 신용 상실
- 실제로 발생한, 또는 발생했다고 생각되는 윤리적 문제로 인한 기업 평판의 손상
- 기업에 대해 불쾌감과 실망을 안고 퇴사하는 직원들

외국 진출 비용

기업이나 국가 차원에서 벌어지는 두 단계의 문화적 충돌은 위에서 밝힌 위험 요인에 큰 영향을 줄 수 있으며, 이것이 바로 조직이나 단체가 가능한 한 철저하고 세심한 비교문화 전략에 투자해야 하는 이유이다.

어떤 형태의 외국 비즈니스에 관련되든 그 비용은 만만치 않다. XYZ회사의 직원을 도쿄로 2년간 보내는 일도 회사로 보면 꽤 많은 비용을 들여야 한다. 도쿄

> **해외 비즈니스 실패의 대가는 크다. 마찬가지로 성공의 대가 또한 크다!**

에서 주택을 구하는 일은 어렵기도 하지만 무척이나 비싸다. 회사는 그 직원이 외국에 주재하는 동안 미국에 있는 그의 집안 살림살이를 보관하는 비용을 지불해야 하고, 도쿄에 있는 그의 가족에게 필요한 물건들을 컨테이너 하나 정도에 실어 보내 줘야 한다(물론 주재 업무가 끝났을 때는 다시 미국으로 가져와야 한다). 게다가 그 직원은 장려금의 형태로 인상된 연봉뿐 아니라 도쿄에 있는 동안 필요한 생활비를 받게 된다. 가족들은 일본에서 회사 차를 사용하게 될 것이고, 회사는 그 직원이 도쿄에 있는 동안 그와 부인의 귀국이나 출국에 따른 항공 비용을 대게 된다.

개인이나 가족을 외국으로 이전시키는 비용은 직원의 지위나 연봉, 이주 국가, 주재 업무 기간, 산업, 기업이나 조직, 환율 그리고 그 밖에 주재 기간 중 벌어질 수 있는 여러 상황(전쟁, 불매 운동, 파업, 테러 공격 등)에 따라 달라지겠지만, 대체로 5만 달러에서 50만 달

축하합니다! 외국 기업에서 당신을 데려가기로 했어요! 18개월 동안 그곳 동료들과 고군분투하고 중상모략을 당한 후에는 다시 최종 입찰자에게 형편없는 가격에 팔릴 겁니다!

러 정도 든다.

만약 파견된 직원이 업무 수행에 실패하여 본인과(대체로 해외 파견 직원은 여자보다 남자가 많다.) 그 가족을 귀국시킨 뒤, 그 자리에 다른 직원(새로 파견하는 직원의 가족과 살림살이 포함)을 보낼 준비를 하는 등의 일을 생각해 보면 예상 비용은 걷잡을 수 없이 치솟게 된다.

여기서 묻고 넘어갈 기본적인 질문은 "얼마나 잃을 각오가 되어 있는가?"이다. 나 같으면 5,000달러를 그냥 잃는 것보다 어딘가에 5만 달러를 투자하는 쪽을 택하겠다. 잘만 운용된다면 5만 달러를 투자한 일에 후회하지 않을 수도 있지만, 그대로 사라져 버린 5,000달러는 쉽게 잊을 수 없을 것이다. 그러나 대부분의 기업들이 외국으로 진출하려 할 때 몇천 달러를 올바르게 전략적으로 투자하는 데 실패하고, 결국 그 돈을 잃고 마는 경우가 허다하다.

성공한 기업의 고위 간부들인데도 외국으로 사업을 확장하기 위해서는 짜임새 있고 일관된 국제적 전략이 필요하다는 사실을 깨닫지 못하는 경우를 자주 본다. 나는 이런 사람들에게 전략

프레드, 여기서 더 일할 필요 없어요. 당신을 앞으로 몇 년간 홍콩 지사로 보낼 계획이거든요.

"잠깐! 소방서에 전화하지 마.
사내 문제는 우리끼리 다 해결해야지."

적 컨설팅을 해주면서 시간과 에너지를 낭비하고 싶지는 않다. 이상하게도 명성이 자자한 거대 기업들이 종종 허를 찔리는 경우가 있는데, 이는 확고한 비교문화적 전략이 없기 때문이다. 아마도 이는 거대 기업일수록 수십만에서 수백만 달러 또는 직원 몇 명 정도 잃는 일쯤은 대수롭지 않다고 생각하기 때문일지 모른다.

국제적인 비교문화 전략과 훈련이 필요하다는 것을 알고 있는 기업들도, 그것을 자체적으로 교육할 능력이 없는데도 회사 내에서 해결하려는 경우가 많다. 이렇게 비유해 볼 수 있다. "소방서 같은 건 없어도 돼. 불이 나면 우리끼리 해결하면 되지." 물론 작은 소화기 하나면 충분한 작은 불일 경우 이러한 계획이 통한다. 하지만 더 큰 불에는 더 큰 소화기가 필요하다. 국제적인 사업 목표가 크지 않고 작은 사업체로 만족한다면, 비교문화에 대비한 대책은 회사 내에서도 충분할 것이다. 하지만 정말로 진지하게 국제적·전략적 성공을 목표로 한다면 제대로 된 자료와 정보를 얻고, 앞으로 접하게 될 문화에 대해 이해할 수 있도록 노력해야 한다. 자신을 위한 투자를 해야 한다.

외국 비즈니스가 실패할 경우, 기업들이 생각하는 것보다 훨씬 더 많은 비용이 들기도 하지만, 성공했을 때 거둬들이는 수확도 그만큼 크다는 사실을 기억하는 것이 중요하다.

문화적 차이는 언제나 중요한 문제

앞에서 나는 세계가 점점 작아지고 더 빨라지는 한편 더 저렴하게 통신하는 여러 가지 방식이 있다고 밝혔다. 또한 외국으로 진출해야 할 필요성에 대해서도 설명했다. 그러나 세계로 뻗어 나가는 데 가장 어려운 점은, 과학 기술, 정보 통신, 대중매체 등을 통해 빠르게 작아지고 있는 세상에서 문명의 이기를 어떻게 잘 이용할 수 있을지를 배우는 것이 아니다. 가장 어려운 점은 바로 문화적 차이점을 어떻게 해결하느냐이다.

회의와 협상의 중요성은 여러 나라에서 공통적으로 잘 이해하고 있다. 세계 여러 나라에서 사업을 하는 방식이나 생산 기술, 회사 구조까지도 언뜻 보기에는 대체로 보편적이다. 그러나 이러한 표면적 개념과 같은 '큰 그림'은 여러 나라가 공통적으로 이해하고 있는 반면, 직업적으로나 일상생활에서 교류하는 일에 관한 법칙과 내적인 과정에 대해서는 잘 이해하지 못하고 있다. 업무 회의에서 얼굴을 맞대고 앉아 사람들이 교류하는 방식, 사무실에서 아침 인사를 하는 방식, 동료들을 부를 때의 격식이나 형식, 업무상 동료들과 빨리 친해

지려고 사용하는 말, 팀 안에 갈등이 있을 때 적절하다고 생각하는 솔직함의 정도, 동료들과 해도 되는 농담과 해서는 안 되는 농담, 어떤 사람과 편하거나 불편한 이유 등 모든 '작은 문제들'은 각 문화마다 독특하다.

이러한 '작은 문제들'은 사실상 '큰 문제'이다. 이들이 중요한 이유는 이로 인해 계약이 성사되기도 하고 허사가 되기도 하며, 사업 관계를 부드럽게도 하고 어렵게도 하기 때문이다. 게다가 이것은 구석구석에 스며들어 있다. 이러한 작은 요소가 모여 큰 그림을 만드는 것이다.

이것을 유추하는 방법으로, 흡연이나 음식을 씹는 방식 또는 포크를 어떻게 사용하는지, 무엇을 먹는지와 같이 언뜻 보기에 별로 중요해 보이지 않는 행동에 대해 생각해 보자. 큰 그림으로 볼 때, 분명히 이로 인해 어떤 결과가 나타날 것처럼 보이지는 않는다. 그러나 탁자에 마주 앉아(바로 사업이 이루어지는 한 방식이다.) 있을 경우에는 매우 중요한 문제가 된다(신경에 거슬리거나 기분이 좋거나 둘 중 하나이다). 장기적으로 보면 연인이나 부부도 갈라놓을 수 있는 문제이다. 그리고 습관이나 행동은 쉽게 변하지 않는다. 작은 문제가 정말로 결정적인 문제가 되며 절대 그냥 사라지는 법은 없다는 얘기이다. 문화적 차이가 언젠가 사라진다고 생각한다면 큰 오산이다. 실례로 나 자신이 각 나라의

> 뉴스 속보! 지난 50년간 일본에서는 엄청난 변화가 있었지만 일본인은 일본인입니다!

문화적 차이가 없어지기를 원하
는 일은 절대 없을 것이다. 이탈
리아 인들에게서 이탈리아 고유
의 모습이 쏙 빠진다면 너무나
끔찍한 일이다. 아르헨티나 인

> " 점차 작아지는 이 세상에서
> 문화는 덜 중요해지는 것이 아니
> 라 더욱 중요해진다. "

들은 아르헨티나 인으로 남아 주기를 진심으로 바란다!

그렇다. 대중매체, 과학 기술, 교통수단들은 계속해서 세계를 작아
지게 하고 어느 면에서는 통합을 이뤄 나가고 있지만, 문화적 차이는
결코 사라지지 않는다. 사라지기는커녕 우리가 다른 문화와 접하고
관계하는 기회가 많아질수록 그 차이는 점점 더 뚜렷해질 것이다. 이
렇게 서로의 세계에 더욱 쉽게 접근하게 됨에 따라 문화는 비즈니스
세계에서 사소한 역할이 아닌 훨씬 더 커다란 역할을 하게 된다. 문
화 지능의 중요성은 작아지지 않고 점점 더 커지게 될 것이다.

분명 '단일한 지구의 문화'라는 개념은 결코 통용되지 않을 것이
다. 일본인은 일본인으로, 프랑스 인은 프랑스 인으로, 미국인은 미
국인으로 남게 된다. 만일 프랑스 인들이 미국화되었다고 잘못 생각
하여 프랑스 인을 '미국인'처럼 간주한다면 뒤에 어떤 일이 벌어지
게 될지는 상상에 맡기겠다. 아마도 프랑스 인들이 차마 글로 표현
못 할 말들을 퍼부어 당신 귀를 시끄럽게 하기 전에 얼른 자리를 피
해야만 할 것이다.

Part 3

문화 지능이란 무엇인가?

‘문화 지능(cultural intelligence)’이라는 용어의 사용이 점차 확산되고 있다. 인터넷 검색을 해봐도 ‘문화 지능’이라는 용어를 그대로 사용하는 문서나 사이트 검색 결과가 여러 페이지에 걸쳐 나온다. 아마도 이 용어가 너무나 일반적으로 사용되다 보니 고유 주소로 등록할 수가 없었던 모양이다. 이 용어나 개념은 군대나 비영리 단체, 기업, 컨설턴트 등이 사용해 왔고 무수히 많은 방식으로 해석되고 있다.

　나는 1980년대 후반에 교육 프로그램에서 이 용어를 처음 사용했는데, 아마도 내가 사용하기 전에 분명히 이 용어가 있었을 것이라 생각한다. 아무튼 이 용어가 오늘날 이렇게 폭넓게 사용되고 있다는 것은 기분 좋은 일이다.

　그렇다면 역시 광범위하게 사용되고 있는 ‘문화 역량(cultural competence)’은 어떤가? 나는 이 ‘역량’이라는 용어를 쓰는 것이 망설여진다. 왜냐하면 이것은 우리가 궁극적으로 추구해야 하는 것이 아니라 오히려 그것을 뛰어넘어야 하는 것이기 때문이다. 직원 업무 평가서나 추천서에 그저 '업무 능력 있음'이라고만 씌어 있다고 생각해 보자. 이 얼마나 큰 모욕인가! 의학 분야에서라면 더더욱 부적격성이 분명하게 드러난다. 학계와 같은 다른 분야에서는 명백하게 드러나지는 않는다. 의사들은 의료 사고에 대한 보험을 들지만, 교수는 그렇지 않다(그러나 몇몇 교수들에게는 필요할지도 모르겠다). 역량은 기본적인 최소 요구 사항에만 맞으면 되는 것이지만 지능은 좀 더 고도로 개발된 능력을 말한다. 그러므로 역량이 있고 없고를 논하기보다는 더욱 깊이 있는 통찰력과 현명한 행동을 내포하는 각자의 문화 '지능'을 드러낸다는 좀 더 높은 목표를 두어야 한다.

문화 지능의 정의

1부에서 '문화'라는 단어가 얼마나 광범위하게, 얼마나 다양하게 해석되어 사용되는지에 대해 논했다. 이 책의 제목이자 내용으로서 이제 '문화 지능'이라는 용어를 정의하고 검토하기에 앞서, '문화'라는 단어와 마찬가지로 '지능'이라는 단어가 상당한 논란과 논쟁의 한가운데 있을 뿐 아니라 수없이 많은 해석의 대상이 되고 있다는 사실을 먼저 짚고 넘어가려 한다.

어떻게 지능 지수를 측정할 것이며, 지능 지수를 높일 수 있는지 여부에 대한 의견이 분분하다. 표준화된 지능 검사의 유효성에 대해서도 어떤 이들은 의문을 제기하는데, 그 이유는 표준화된 지능 검사가 문화적으로 편향되어 있을 수도 있기 때문이다. 석탄 통 그림이나 벙어리장갑이 나오는 이야기가 담긴 지능 검사는, 석탄 난로를 전혀 모르거나 벙어리장갑이 필요 없는 기후에 사는 사람에게는 분명 혼란을 주기 때문이다.

지능이라는 개념에 숨어 있는 또 하나의 난제는 지능 지수가 표준 (지능 지수 점수)에 맞추어 측정된다는 사실이다. 점수나 등급은 어느 정도 영구성을 가진다고 인식되게 마련이다. 이러한 등급이 사람의 지능을 지능 지수 숫자로 고정시켜 버릴 수 있다고 사람들을 오해하게 만든다면 문제가 된다. 어떤 사람이 적어도 평균 수준의 지능을 갖고 있는데, 지능 검사에서 '평균 미만'이라고 못 박아 버릴 경우에 어떻게 될지 상상해 보라 (시험 당일에 몸이 안 좋을 수 있다). 평생 그 꼬리표를 달고 살아야 할지도 모르는 일이다. 그보다는 지능 지수 검사에서 실수로 '높은' 점수를 받아 평생 그 꼬리표가 자신에게 꼭 맞는다고 믿으며 그렇게 행동하며 사는 편이 낫다!

문화 지능 지수(cultural intelligence quotient, CQ)를

당신의 문화 지능 지수는 149입니다!

측정하기보다는 이를 정의하고 지능을 높이는 데 초점을 두자고 말하고 싶다. 사실 "문화 지능 지수 149를 받았다!"고 떠들고 다녀 봤자 무슨 소용이 있겠는가? 'CQ' 같은 그럴 듯한 이니셜도 사용하지 않을 생각이다. 언제든 복잡한 개념을 하나로 분류해 버릴 위험이 있는 지나친 단순화의 함정에 빠지는 일은 피하고 싶다.

'문화 지능'에 대한 한 가지로 규정된 정확한 정의는 없지만 독자들에게 도움을 주기 위해 문화 지능에 대한 정의를 내려 보려고 한다.

> 문화 지능은 자신과 교류하는 상대의 문화적인 가치 기준과 태도에 적절하게 반응할 수 있는 기술(예를 들면 언어 능력이나 대인 관계 기술)과 자질(예를 들면 모호함을 견뎌 낼 수 있는 정도나 융통성 등)을 발휘해 행동할 수 있는 능력을 말한다.

위 정의에 몇 가지 개념을 적용할 수 있다. 이번 장에서는 그것에 대해 살펴보고, 문화 지능을 높일 수 있는 방법을 알아보려고 한다.

다중 지능 이론

심리학자 하워드 가드너(Howard Gardner)는 지능에 대한 사람들의 생각을 바꿔 놓았다. '다중 지능(multiple intelligence)'이라는 용어를 만들고, 지능에는 표준 지능 지수 검사에서 전형적으로 측정하는 논리적 · 언어적 · 수학적 지능 이상의 어떤 것이 존재한다고 밝혔다. 예를 들어, 음악가는 피아노에 관해서는 천재일지 모르지만 수리 능력이나 언어 능력이 떨어질 수 있다. 지능 지수 검사에서 낮은 점수를 받았다고 해서 이 음악인을 '지능이 낮음'이라고 분류하기에는 무리가 있다. 무용수나 가라데 고수는 동작이나 공간 기술이 뛰어날 수 있을지 모르지만, 피아노에 대해서는 아는 바가 전혀 없을 수 있다. 지능 지수 검사에서 천재라는 판정이 나왔다 하더라도 가라데 고수와 한판 겨뤄 볼 엄두는 내지 못할 것이다. 결국 머리가 좋다는 데는 한 가지 길만 있는 것이 아니다. 가드너는 이렇게 지능을 정의하는 유용한 분류 방식을 제안했다.

다음은 가드너가 분류한 다중 지능의 범주이며, 각 범주에 가장 가까운 직업군 또는 인물을 표시했다.

표준 지능 지수 검사로 측정됨

1. 언어적 지능(언어 교사, 통역사, 편집자)
2. 이론 – 수학적 지능(컴퓨터 프로그래머, 회계사, 과학자)

표준 지능 지수 검사로 측정되지 않음

3. 공간적 지능(엔지니어, 외과 의사, 조각가, 화가)
4. 음악적 지능(모차르트, 지미 헨드릭스, 루치아노 파바로티)
5. 신체 · 운동 감각적 지능(무용수, 운동선수, 외과 의사)
6. 대인 관계 지능(판매원, 정치가, 교사, 협상가, 지도자)

7. 자기 이해 지능(작가, 배우, 발명가, 기업가)

1995년 대니얼 골먼(Daniel Goleman)이 감성 지능(emotional intelligence) 또는 'EQ'라는 개념을 도입했다. 아주 단순하게 보면 감성 지능은 가드너의 자기 이해 지능과 유사해 보인다. 자신이 누구인지 알고, 중심이 잡혀 있고, 균형감 있으며, 다른 사람과의 관계를 유지한다는 의미이다. 문화 지능을 생각할 때 우리는 가드너와 골먼에게서 배울 점을 발견하게 된다.

'문화 지능'은 특히 언어적·공간적·대인 관계적(또는 감성적) 그리고 자기 이해 지능과 같은 네 가지 분야의 다중 지능 이론과 감성 지능 이론의 다양한 측면을 넘나드는 독특하고 중요한 요소이다.

언어적 지능

다른 문화권 사람과 성공적으로 교류하기 위해서는 당연히 언어적인 능력이 필요하다. 고객의 모국어로 상담할 수 있는 판매원은 고객들의 관심을 끌고 판매를 성공적으로 이끌 가능성이 더 많다. 고객의 언어를 조금이라도 구사할 수 있는 고객 지원 담당자나 안내 데스크 직원은 그렇지 못한 경우보다 더 긍정적인 인상을 심어 줄 수 있다. 이와는 반대 상황을 생각해 보자. 당신이 어떤 물건을 사려 하는데 그것을 팔려는 사람이 당신이 사는 도시 이름도 제대로 발음할 줄 모르고, 더욱이 당신 이름조차 제대로 발음하지 못한다면 기분이 어떻겠는가?(어느 면에서 이름은 그 사람을 알 수 있는 가장 중요한 정보이다.)

상대편 외국 회사와 관련된 일이 많을수록 그들의 언어를 조금이라도 알려고 노력하는 것이 현명하다. 비즈니스 파트너에게 그의 모국어를 배우려고 노력하는 것과 같은 진심 어린 관심을 보이는 일보다 더 좋은 인상을 주는 방법이 또 있을까? 조금도 배우려고 노력하지 않는 태도보다 더 모욕적인 일은 없다.

전 세계인이 영어를 배우고 있으므로 외국어를 배우지 않아도 된다고 하는 미국인도 있다. 그들의 생각은 틀렸다. 물론 많은 사람이 영어를 할 줄 아는 것은 사실이지만 그것은 그들이 영어를 배우려고 돈과 시간을 투자했기 때문이다. 영어가 널리 사용되고 있다 하더라도 외국 거래 회사나 고객의 모국어를 아는 일은 여전히 중요하다. 굳이 대화를 할 수 있을 정도의 외국어 능력까지 필요하지는 않을지 모르나 그들의 언어를 안다는 자체는 당신을 경쟁자보다 분명 우위에 있게 해준다. 다른 나라의 경우도 마찬가지이다.

언어적 지능은 영어가 단일 사용 언어라 해도 여실히 드러날 수 있다. 소위 국제 비즈니스 영어를 효율적으로 사용할 줄 안다면 더욱 큰 성공을 거둘 수 있다. 이를 위한 도움말은 6부에서 설명하도록 하겠다. 또한 얼마 안 되는 어휘만으로도 제2외국어를 효과적으로 활용할 수 있는 구체적인 전략에 대해서도 설명할 것이다.

> 문화 지능을 높이기 위해 제2외국어를 유창하게 할 필요는 없다.

공간적 지능

공간적 지능은 문화 지능에서 중요하다고 지적한 구성 요소 중에서도 가장 직접적인 요소라고 할 수 있다. 다른 문화권 출신 사람들과 접할 때, 자기소개 때나 업무 회의, 식사 시간 등에서 웃지 못할 상황이 벌어지지 않도록 최소한의 예의 바른 행동이 무엇인지 정도는 알고 있어야 한다. 이에 따라 공간적 지능은 대화를 할 때 상대방과 얼마나 떨어져 있어야 하는지, 회의 때 최상급자는 어디에 앉아야 하는지, 의자는 어떻게 배열해야 하는지, 머리를 숙여 인사해야 하는지, 악수를 해야 하는지 등 적절하게 몸동작을 이해하고 예상하는 것들과 관련되어 있다.

예를 들어 남미인은 말을 걸 때 친절함이나 친밀감을 나타내고자 팔이나 어깨를 강하게 두드리기도 한다. 악수를 할 때는 온정과 성심을 보이기 위해 두 손을 모두 사용하기도 한다.

아시아에서는 이와 비슷한 어떤 일도 일어나지 않았다. 남미인이 친밀감을 나타내기 위해 그랬듯이 내가 동양인의 팔이나 어깨를 두드린다면, 그 동양인과 내가 가까워지거나 신뢰를 쌓는 데는 결코 도움이 되지 않을 것이다. 반대로 동양인들은 나를 위해 문을 열어 준다든가 살짝 고개를 숙이고 인사를 하고 내가 방에 먼저 들어가도록 비켜서는 등의 행동으로 나에 대한 호의를 나타낸다. 내가 남미인들 사이에서 이와 같은 아첨하는 듯한 행동을 보인다면 그들은 황당하고 웃기는 행동이라고 생각할지도 모른다.

공간과 관련된 한 예를 들어 보겠다. 미국인들은 거리낌 없이 팔

다리를 쭉 펴고 의자에 앉거나 기차 좌석 위에 발을 올려놓는 등의 행동을 한다. 미국이 워낙 광활하고 탁 트인 넓은 나라라는 점을 생각하면 이해할 만한 일이다. 차, 거리, 집, 냉장고, 이런 모든 것들의 크기가 대개의 다른 나라들보다 크다. 미국인들이 앉거나 서거나 손짓을 할 때면 다른 이들보다 더 많은 공간을 차지한다.

또 다른 전형적인 예를 들어 보자. 콜롬비아 출신 대학원생이 내 첫 강의를 듣다가 중간 휴식 시간에 내게 다가왔다. 한 손에 강의 요강을 들고 그것에 대한 질문을 하려고 했다. 그 학생은 질문하는 동안 나와 상당히 가깝게 서 있었는데, 내가 그 상황에서 취했을 거리보다 훨씬 가까운 거리였다. 나는 그냥 그 자리에 서 있었다. 내가 거리를 넓히려고 한 걸음 물러서면 그 학생은 그 거리를 좁히기 위해 또 한 걸음 다가올 것이 분명했고 그러다가는 결국 교실 전체를 가로지르며 탱고를 추는 상황이 되리라는 사실을 잘 알고 있었기 때문이다.

몸, 목소리 또는 공간을 사용하는 다양한 방식을 근본적으로 좋거나 나쁘다고 규정할 수 없다. 그저 차이가 날 뿐이다. 우리의 공간적 행동에 대한 순응이나 거부가 상대편 외국인 동료를 편하게도 하고 안절부절못하게도 할 수 있으며, 이는 다른 문화와 직접적 교류를 성공시키거나 실패하게 하는 데 영향을 미치게 된다.

자기 이해 지능
문화 지능과 가장 큰 연관이 있는 가드너의 지능 네 가지 항목 중

> **다른 이들의 문화를 돋보기로 관찰할 때 자기 자신의 문화도 거울에 비춰 보고 조사하는 태도를 잊지 말자.**

에 자기 이해 지능은 가장 불분명하다. 그러나 내가 여기서 말하고자 하는 바는 가장 기본적인 것이다. 다시 말해 자신의 문화 유형을 알 필요가 있다는 것이다. 자기 자신의 문화 유형을 인식하면 자신과 다른 이들을 쉽게 비교할 수 있고, 그리고 나면 다른 문화를 접하게 되는 상황에서 자신의 행동을 적절히 바꿀 수 있게 된다.

문화 지능의 한 측면으로서 자기 인식은 내가 이 책의 여러 부분에서 다루는 모든 주제와 범주들을 기반으로 한다. 머리말에서 대부분의 사람들이 분명히 문화가 있는데도 자신의 문화가 없다고 말한다는 점을 밝힌 바 있다. 5부에서 '당신의 문화 유형은 무엇인가?'라는 질문을 거론할 때 이러한 잘못된 통념을 깨뜨리기 바란다. 내가 연구하고 조사한 바에 따르면, 사람들은 더 커다란 주제(빙산의 수면 아래 있는 부분)들이 어떻게 그들 자신의 문화와 연관되는지를 거의 인식하지 못하고 있었다.

당연한 말이지만, 자신을 아는 일은 끊임없는 실천과 발전을 수반하는 일생에 걸친 과업이다. 나는 계속해서 사람들에게 자기 자신에 대해 알도록 격려하는 것 말고는 일반적인 조언을 해주기는 어렵다는 사실을 알았다. 사람들은 모두 여러 면에서 제각기 독특하기 때문이다.

대인 관계 지능

다른 문화권 사람들과 성공적으로 교류하는 것은 문화 지능의 핵심적인 문제이다. 다른 문화에 대해 아는 것도 도움이 되지만, 그것이 학술적이거나 지적 차원의 접근 방식에 의해서만 이루어져서는 안 된다. 사람들과 어떻게 성공적으로 교류할 수 있는지를 알아야 한다. 당신은 다른 문화권 사람들을 사로잡는가, 아니면 실망시키는가? 다양한 문화권 출신 고객이나 동료들과 같이 있을 때 당신은 자신의 태도를 적절한 방식으로 상황에 맞게 바꿀 수 있는가?

가드너는 대인 관계 지능을 다른 이들과 적절하게 대응할 수 있는 능력이라고 설명했다. 그는 언어 사용이 불가능한 상황에서도 의사소통할 수 있는 능력을 지닌 사람으로서 헬렌 켈러의 스승인 앤 설리번을 예로 든다. 헬렌 켈러의 시각 장애와 청각 장애는 최악의 의사소통 장애를 나타내지만, 언어와 의사소통 방식, 세계관이 전혀 다른 두 문화가 서로 만나게 되는 상황도 그 경우와 아주 다르지는 않은 것 같다. 내가 이렇게 비교하는 이유는 과장하려는 것이 아니다. 이것이 여러 문화를 만나게 되는 상황에 대한 유용한 비유이기도 하지만, 당신이 거래하는 상대편 다국적 회사에 대해서뿐 아니라 당신 자신이 문화의 차이점을 보지 못하는 눈멀고 말 못하는 장애인은 아닌지 인식하기를 바라기 때문이다.

가드너는 더 나아가 대인 관계 지능은 의사소통의 언어 측면이나 의사소통 이상의 무엇이라고 주장한다. 대인 관계 지능은 '다른 이들의 의도와 욕구가 숨겨져 있을 때도 이를 읽어 낼 수 있는 능력'이라고 설명한다. 가드너는 이러한 기술이 특히 각종 치료사, 교사, 정치 지도자들 사이에서 크게 발달한다고 밝혔다. 사람들의 마음을 읽고 동기와 욕구를 예상하는 능력은 외국과 다양한 접촉을 하는 직업인들에게 더없이 중요한 대인 관계 지능의 한 단면이다. 언어 장벽이 있는데도 어디가 아픈지, 가족이 바라는 점은 무엇인지 예측할 수 있는 응급실 의사의 능력이 이것이고, 다른 문화권 사람들과 협상하면서 어떤 제품의 판매를 중단할지 예상할 수 있는 해외 영업 사원의 기술도 여기에 속한다.

또한 일반적인 조언을 제공하기가 어려운 분야이기도 한데, 인간 상호 관계란 예측 불가능하며, 각 문화 사이의 관계가 강화되거나 약화되는 데는 너무나 다양한 상황이 제각각 펼쳐지기 때문이다.

문화 지능의 이러한 면을 향상시키는 최선의 방법은, 다른 문화에 대해 배우게 되는 자신의 계기나 동기를 면밀히 검토하는 것이다. 특히 2001년 9월 11일에 있었던 테러 사건 이후 많은 미국인들은 "그냥 사이좋게 지내는 건 불가능한가?" 또는 "왜 미국인들을 미워하나?"라고 묻는 일이 많아졌다. 세계관을 넓히고 다른 나라 사람들이 미국인을 어떻게 인식하는지를 안다면, 다른 이들이 미국인들을 불편해하는 이유도 이해할 수 있을 것이다. 9·11 테러 이후 미국이 주도한 이라크 전쟁에 대해 미국 정부가 이를 악한 행동이라고 생각하지 않는 만큼 9·11 테러리스트들도 그들 자신이나 그 행동에 대해 악하다고 생각하지 않을 것이다. 9·11 테러와 이라크 전쟁 모두에 대해 전 세계인들이 분노를 느꼈다. 그래도 분명 두 사건의 소수 주동 인물들은 자신들의 대의는 숭고하고 의도는 선하다고 굳게 믿었을 것이다. 미국은 군사적·경제적 힘을 행사한 데 대해 국내외적으로 분명하고도 논리적으로 조목조목 비판받았다. 미국인 개개인은 큰 틀의 미국 국방 정책이나 경제 관행에 대해 할 말이 없을지 모르지만 미국인 각자가 개인 차원에서 관계 개선을 위해 노력할 수는 있을 것이다. 그러나 이것은 우리와 다른 이들을 움직이는 것이 무엇인지에 대한 우선적인 이해 없이는 불가능하다. 이러한 이해를 바탕으로 성공적인 상호 교류의 기술을 쌓아 나갈 수 있다.

내가 십대이던 시절, 미국이 리비아를 공습하던 때 나는 처음으로 외국에 살고 있었다. 외국의 뉴스 보도를 통해 레이건 대통령 모양의 인형과 성조기가 불에 타고 리비아 인들이 거리에 모여 구호를 외치며 공중에 기관총을 쏘아 대는 모습을 보았다. 난생 처음으로 그러한 모습을 보게 된 그때 내가 어려서 그랬던 건지, 아니면 미국의 독특한 보도 관행 때문이었는지는 모르겠지만 나는 그때 처음으로 미국이 무조건적으로 다른 세계 각국의 호감을 사고 존경을 받고 있지는 않다는 현실에 눈을 떴다. 이것이 내게 다른 나라 사람들과 좋은 관계를 유지할 수 있도록 최선을 다해 노력해 보리라 결심하는 계기가 되었다.

그러한 동기나 계기가 평화를 위한 것이든 이윤이나 국제적 이해를 위한 것이든, 문화 간 대인 관계 지능을 발전시키기 위해서는 각자 자기 나름의 이유를 찾아야 한다.

가드너의 다중 지능 이론은 문화 지능을 고찰하는 데에서 간단하면서도 다양한 범주를 설정할 수 있게 해준다. 앞에서 밝힌 가드너의 네 가지 범주 가운데 짚고 넘어가야 할 사항을 다음과 같이 요약해 볼 수 있다.

다른 문화권 출신 사람들과 잘 어울리기 위해서는 1) 그들의 언어를 어느 정도 알고 2) 마주할 때 어느 정도의 거리를 두고 서야 하는지 등 비언어적인 행동에 대해 파악하고 3) 자신의 문화 유형을 이해하고 4) 다른 이들의 문화 유형과 자신의 문화 유형이 어떻게 맞물릴지에 대해 알 필요가 있다.

이 네 가지를 이해하는 일이 문화 지능을 정의하는 데 좋은 출발점이 되겠지만 이와 같은 분류보다도 더 많은 기술적인 사항이 필요하다. 따라서 다음 항목에서는 문화적으로 우수한 지능을 지닌 직업인들의 특징을 기술하면서 비교문화 지능에 대한 정의를 확대해 보고자 한다.

우수한 문화 지능을 지닌 전문가

업무에 필요한 다양한 기술에 능숙한 사람인데도 자기 직업에 대해 만족하지 못하고 같이 일하기에 별로 '즐겁지 않은' 사람을 만난 적은 없는가? 업무 수완은 우수하지만 육체적·정신적으로 그저 국내에만 머물러 안주하고 싶어 하기에 외국에서는 그다지 잘 해내지 못할 것처럼 보이는 사람도 있다. 당연히 문화 지능 중 일부는 국제적 상황에서 잘 해내고자 하는 자기 의지 또는 의향과도 관련이 있다. 편견 없이 개방적이라든가 새로운 일을 시도해 보려는 욕구와 같은 특징들도 역시 문화 지능의 중요한 부분이다. 다음 쪽에 더 높은 문화 지능으로 발전할 수 있는 다양한 특성들을 모아 놓은 표가 나온다. 여러분은 자신을 어떻게 분류하겠는가?

표에서 당신은 자신을 어떻게 평가했는가? 당신의 동료는 어떤가? 그들은 당신을 어떻게 평가했는가? 표는 360도 피드백이 가능하도록 되어 있다. 당신이 자신과 다른 이들을 평가한 내용과 동료들이 평가한 내용이 일치하는지 검토해 보자.

이 항목들은 내가 지금까지 비교문화 연구를 하면서 보아 온 여러 나라 직장인들의 경험이며, 국내외를 막론하고 모든 상황에서 유용성을 입증했다. 다른 외국 비즈니스 저술가와 연구자들도 이와 유사한 항목을 제안했고 다른 특성을 포함시키기도 한다.

이 내용들 중 일부는 어떠한 상황에서도 유용하고, 국제 환경에서 일하는 경우에 특히 중요하다. 다른 어떤 상황보다도 이러한 특성들이 더 많이 동시다발적으로 요구되기 때문이다. 또한 다음에 당신의 인내심이나 융통성이 필요한 어떤 일들이 벌어질지 예측할 수 없는 경우가 많기 때문이다.

표의 항목 중 한 가지 예로 '겸손하다'는 항목을 생각해 보자. 여러 나라 사람이 뒤섞인 상황에서 이것이 얼마나 중요한지 알아보자. 자기 나라에 사는 경우, 일상생활이나 직장 생활에서 필요한 일은 무엇이든 할 수 있다. 어디서 우표를 사야 할지 알고, 휘발유 값이 어느

나는 어디에 속할까?	개선이 필요함	그렇다	매우 그렇다
생각이 개방적이다.			
태도와 행동에 융통성이 있다.			
내 행동을 수정할 수 있다.			
차이를 인정한다.			
불확실성을 두려워하지 않는다.			
낯선 사람과 거래할 때 그 사람을 신뢰할 수 있다.			
원원(win-win)을 추구한다.			
겸손하다.			
외향적이다.			
창조적이다.			
요령이 있다.			
반론을 기꺼이 받아들인다.			
평소에 활용하던 자원에서 도움을 받지 못할 때 독립적으로 결정할 수 있다.			
차이점을 긍정적으로 생각한다.			
익숙지 않은 조건에서 익숙한 상황을 볼 수 있다.			
일이 뜻대로 되지 않아도 참을 수 있다.			
새로운 환경에서 오는 스트레스를 감당할 수 있다.			
미묘한 차이점을 민감하게 알아차린다.			
타인을 존중한다.			
배우고 성장하며 자신을 변화시킨다. (다른 사람들을 내게 맞도록 변화시키는 것이 아니라)			
타인과 공감할 수 있다.			
유머 감각이 있다.			

정도인지도 알고, 어느 주유소가 더 싼지도 알며, 다양한 업무 기능을 어떻게 처리해야 하는지도 안다. 외국에 나가면 이러한 친숙함은 모두 사라져 자신감도 줄어들고 홀로 남는다. 자국에서 근무하던 대기업에서는 부서나 팀 전체를 호령했지만, 외국에 나가니 우표 하나 살 수가 없고 주유소조차 못 찾아간다. 자연스럽게 겸손을 알게 된다. 겸손함 없이 성급하게 외국에서 휘젓고 다니는 미국인들은 '추한 미국인(또는 추한 일본인 등)'이라는 곱지 않은 눈길을 받게 될 것이다. 겸손이라는 미덕과 전문가 행세에서 초심자 행세로 자신을 바꿀 수 있는 능력은 국제적 환경에서 어느새 분명한 이점이 되었다.

겸손은 국내에서 벌어지는 국제적인 교류에서도 필요성이 더 커지고 있다. 국내에서는 외국인 고객이나 소비자와의 관계에서 배짱을 부리며 실수를 저지를 수도 있겠지만, 그렇게 해서는 신뢰를 얻을 수 없고 사업을 유지할 수도 없다. 예를 들어 미국 내 라틴 아메리카 사회에서 서비스를 제공하고 제품을 판매하고자 한다면, 라틴계 사람들의 정서를 이해해야 할 뿐 아니라 그들을 존중해야 한다. 그들을 알고, 교류하고, 그들을 소비자로 유지하는 일은 주류 사회에서보다 더 큰 노력이 필요하다. 익숙하지 않은 상황에 더 많이 접하고 더 많이 배워야 하기 때문에, 미국 내에서도 라틴계, 아시아계, 또는 외국인 직원들을 대할 때 오만한 전문가인 양 행동해서는 안 되며, 겸손하게 접근해야 한다. 여러 외국 고객들이 거래할 수 있는 회사가 당신 회사만 있는 것이 아닌 이상, 그들을 존경과 겸손으로 대하지 않는다면 그들을 경쟁사에게 빼앗기는 결과를 맞게 된다.

문화 지능을 높일 수 있을까?

나는 다양한 퍼즐과 문제가 들어 있는 지능 지수 검사를 포함해서 많은 테스트 유형을 보았고, 또한 이런 테스트를 치르는 방식을 배워 점수를 올리는 것도 가능하다는 사실을 알고 있다. 문화적 배경이 다양한 사람들을 그 문화적 환경 안에서 만나 보았고, 대인 관계 기술의 개선도 가능하다는 사실을 알고 있다.

다양한 문화권 사람들과 하는 비즈니스 회의에서 적절하게 행동하는 방식을 배울 수 있으며, 다른 많은 문화에 대한 비교 능력도 학습할 수 있다. 직장인과 그 밖의 다른 전문가들이 다른 문화를 인식하고 느낄 수 있도록 훈련하는 교육 산업도 나날이 성장하고 있다. 스스로 책을 찾아 읽는 방법도 병행하면서(부록의 추천 도서 참고) 이러한 교육을 통해 문화 지능을 높일 수 있다.

문화 지능을 높일 수 없다는 잘못된 생각은 하지 말자. 물론 알고 있던 것을 잊어버릴 수는 있다. 대학에서 제2외국어를 배운 사람들에게 그 당시에 배운 언어를 지금 얼마나 말할 수 있는지 물어보라. 외국어와 마찬가지로, 새로운 것이든 기존에 있던 것이든 다른 문화권 사람과 만나는 데에 필요한 기술을 다시 되찾을 수 있도록 훈련해야 한다.

> " 문화 지능은 불변하는 것이므로 높일 수 없다는 식의 잘못된 생각은 하지 말라. "

문화 지능을 높이는 과정

앞에서 저글링의 예를 들며 문화에 대해 제대로 배우기 위해서는 우리의 인식과 지식뿐 아니라 기술 또한 높여야 한다고 말한 바 있다. 저글링을 배우는 데 시간이 걸리듯 문화 지능을 높이는 데에도 시간이 걸린다. 현재 직업과 그 일을 하는 데 필요한 모든 기술을 생각해 보자. 당신은 일하는 능력을 타고난 게 아니라 그 일을 하는 조직에 고용된 상황이며, 할 일을 익히고 효과적으로 일할 수 있기까지 상당한 시간이 걸렸다. 메모지가 어디에 있고 어디서 복사할 수 있는지와 같은 세세한 일부터 시작해서 갖가지 다양한 일을 배워 온 것이다.

신입 사원으로서 맡은 임무를 수행하기 위해 철저하게 익혀야 했던 그 엄청나 보이던 정보의 양을 기억하는가? 문화 지능을 높이는 과정도 이와 유사하다. 새로운 나라에서 꽤 긴 시간을 보내야 하는 사람들은 대체로 도착하자마자 무엇이든 알고 싶어 하고, 무엇이든 즉시 할 수 있게 되기를 원한다. 전화선을 연결하는 일에서부터 새로운 문화 규칙을 알고, 회의 진행법을 배우며, 새로운 친구를 사귀는 일까지, 이 모든 일을 1주일 안에 해낼 수 있다면 얼마나 좋겠는가?

불행히도(다행일 수도 있다!) 일이 그렇게 쉽게 풀리지는 않는다. 때로 힘들고 좌절하게 되지만 삶과 학습이 쉽지 않은 일이라는 점이 다행스럽기도 하다. 외국의 도시에 도착해서 내가 꼭 하는 일이자 제일 좋아하는 일은, 내가 머무는 호텔이나 숙소를 시작으로 점점 반경을 넓혀 가며 거리를 돌아다니는 일이다. 편리하게 가야 할 방향을 알려 주는 시내 지도나 내비게이션 시스템이 없어도 된다. 직접 어려움을 겪으며 그 지역에 대해 알아 가는 과정을 통해 나는 그곳을 더 잘 기억하고 더 좋아하게 된다. 사람, 언어, 문화적 차이점을 습득하는 경우는 더욱더 그렇다.

세계를 보는 여러 가지 방법

다른 문화에 대해 배울 때 사람들이 자신의 인지 능력을 확실하게 높일 수 있는 방법 중 하나는, 인생을 이해하고 살아가면서 '내 방식만이 유일한 방식이다'라는 생각을 '여러 가지 다른 방식도 있다'는 사고방식으로 바꾸는 것이다. 이 과정에는 사고방식만을 바꾸는 것뿐만 아니라 자신의 행동을 적절히 바꾸는 자세도 포함된다.

문화는 사람들이 세계와 삶에 참여하고 그것을 해석하는 방법에 지대한 역할을 한다. 당신이 다른 문화의 관점과 문화적 행태를 많이 접할수록 상당히 다른 견해가 있다는 사실을 알게 된다.

위의 척도에서 볼 때 보통사람들은 당연히 왼쪽 편에서 시작한다. 사람들은 다른 이들의 세계관을 보기 전까지는 자신의 세계관만을 알고 있기 때문이다. 그러나 왼쪽에만 머무르는가 오른편으로 움직일 것인가, 이 점이 중요하다.

배우고 발전하며 다른 견해를 알아 가면서 위 척도의 오른쪽으로

한 가지 방식	여러 가지 방식
내 방식만이 옳은 방식이다. 내 방식을 바꾸지 않는다.	여러 가지 가능한 방식이 있다. 내 방식을 바꿀 준비가 되어 있다.

옮겨 갈 수 있으며 이는 매우 바람직하다. 그러나 반드시 그렇게 되리라고 장담할 수는 없다. 낙관적 관점에서 보면, 다른 문화에 대해 배워 감에 따라 자연스럽게 마음을 열게 된다고 말하고 싶다. 그러나 인생을 살다 보면 자연스럽게 더 좋아하거나 좋아하지 않는 것들이 생기게 된다. 그렇게 좋아하거나 좋아하지 않는 것으로 완전히 굳어 버릴 수도 있다. 그럴 리 없다고 생각하는가? 혹시 '다시는 시보레 차를 타지 않겠어!(또는 '나는 시보레만 탈 거야!')라는 식으로 생각한 적은 없는가? 어떤 방식으로 일이 진행되어야 하고 인생에서 어떻게 만족을 얻을 수 있는지 스스로 잘 안다고 생각할 때, 해결책이나 새로운 견해를 받아들이지 않는 것은 자연스러운 일이다. 자동차 열쇠를 찾은 뒤에는 더 이상 그 열쇠를 찾지 않는 것과 마찬가지로, 완벽하게 돌아가는 문화 유형과 세계를 이해하는 방식이 있다면 다른 문화적 관점을 찾는 노력은 자연스럽게 중지되게 마련이다. 해답을 찾았을 때는 그 해답에 이의를 제기하는 어떤 것도 거부하게 된다.

　나는 문화를 생각할 때 다양한 관점과 다양한 삶의 방식에 적응할 수 있는 능력이 있어야 한다는 점을 전제한다. 그러나 모든 사람들이 본성적으로 자신의 세계관을 넓히고 싶어 한다고 생각하지는 않는다. 세계관을 넓히는 일은 어려운 과정이다. 앞의 척도 오른편으로 성공적으로 나아가고자 한다면 신중하게 의식적으로 노력해야 한다. 오른쪽 방향으로 어떻게 나아가는가(물론 당신이 원할 경우에)의 문제는 당신 자신에게 달려 있다. 다음에는 척도의 왼쪽에서 오른쪽으로 가는 동안 어떤 일이 벌어질지에 대해 알아보고자 한다. 이 과정에 대한 논의에 도움이 될 만한 여러 이론들이 있겠지만 그 중 세 가지 논점을 간단하게 살펴보자.

지능적·윤리적인 발전

심리학자 윌리엄 페리(William Perry)는 사고 과정의 진화를 설명하기 위해 다음과 같은 구조를 제시했으며, 나는 그것을 앞의 '한 가지 방식/여러 가지 방식' 척도에 적용해 보았다.

이원주의_ 세상을 흑과 백으로 보는 방식이다. '우리 방식' 대 '그들의 방식' 또는 '미국식' 대 '스웨덴식' 또는 '자본주의 방식' 대 '공산주의 방식'이 그 예가 될 것이다. 이 발전 단계는 앞의 척도의 왼쪽에 가깝다. 이러한 양상에서는 열등하다고 생각되는 쪽의 방식으로 행동을 바꾸려 하지 않을 것이다. 다른 방식이 존재하는지조차 모르는 경우는 왼쪽 끝 또는 그 이상 더 왼쪽으로 넘어가 버리는 단계라고 할 수 있다. 이 단계에 속하는 사람들은 순진하게 '내 방식만이 유일한 방식'이라고 믿는다.

다중성_ 척도의 오른쪽으로 갈수록 다양한 견해가 존재한다는 것을 인식하고 받아들이기 시작한다. 척도의 오른쪽 끝까지 아직 채 도달하지 않았는데 이 단계에서 원래의 견해를 쉽게 버리고 금방 새로운 견해를 받아들이거나 너무 이상화하게 되면, 다시 이원주의처럼 보일 수 있다. 쉽게 말해서 사람들이 해외여행을 가서 '원주민처럼 행동하는' 경우를 말한다. 미국인이 이탈리아의 생활방식을 접하고는 너무나 멋진 생활방식이라 생각해 미국식 생활방식에 대해서는 온갖 부정적인 면만 말하는 것도 그 한 예이다. 이 단계에서는 새로운 관점이 긍정적으로 받아들여지지만, 여전히 한쪽 방식이 다른 쪽보다 낫다는 관점은 사라지지 않는다.

상대주의_ 좀 더 오른쪽으로 가서, 세계와 삶을 보는 방식이 여러 가지라는 사실을 받아들인다. 이 단계에서는 다른 문화와 그에 따른 결과를 받아들이고 이해한다. 다양한 관점도 가능하다는 사실을 이해하고, 신중한 생각을 거치지 않은 상태에서는 문화적 특질을 부정적으로 평가하지 않으려 한다.

확고한 상대주의_ 마침내 오른쪽 끝에 다다랐다. 이 최고 단계에 이르면 무수하게 많은 생활방식과 사고방식이 존재한다는 사실을 알 뿐 아니라 자신에게 어떤 방식이 가장 적절한지에 대해 정확한 판단을 할 수 있다. 다른 사람에게는 다른 방식이 맞을 수 있다는 것을 인식하며, 사실상 특정 문화 환경 안에서 나와 다른 방식이 더 낫다는 사실을 이해하면서 동시에 자신의 인생과 문화 환경 안에서는 어떤 방식이 적절하고 좋은지도 확실하게 알 수 있게 된다.

밀턴 베넷(Milton Bennett)은 페리의 사상을 비교문화 문제에 적절히 적용해, '자민족 중심주의'(왼쪽)와 '확고한 민족 상대주의'(오른쪽)라는 이름을 붙였다.

로렌스 콜버그(Lawrence Kohlberg)는 사람들이 어떻게 옳고 그름에 대한 판단을 내리는지와 관련된 도덕적 발달의 일곱 가지 단계를 제시했다. 이들 단계를 '한 가지 방식/여러 가지 방식' 척도에 적용할 수 있다. 왼쪽은 콜버그의 단계 중 가장 낮은, 옳고 그름, 선과 악, 규칙을 생각하는 단계이다. 페리의 이원주의에서 문화를 흑과 백으로 보는 생각과도 관련이 있다. 문화 지능의 논지에서 보면, 다른 문화적 관점을 나쁘고 후진적이며 비정상적이라고까지 규정하는 단계이다.

중간 정도로 나아가면, 콜버그의 단계는 사회적 압력과 사회 규범에 따르고자 하는 욕구에 근거해 의사 결정을 내리는 단계가 된다. 다시 말해 다른 사람이 우리를 어떻게 생각하는지를 기반으로 옳고 그름을 결정한다. 이러한 결정은, 지켜야 할 사회 규범이 있고, 다른 사람들이 우리를 주시하면서, 우리에 대해 판단을 내린다는 사실을 인식하고 있을 때만 일어난다.

이 단계는 페리의 다중성 단계와 관련이 있다. 문화 지능은 여기서 어느 정도 높아져 다른 문화를 아직 받아들이지는 않았더라도 최소한 그것에 대한 인식은 시작한 것이다.

척도의 오른편(콜버그의 최고 단계로 분류할 수 있는)에서는 사람들이 다양한 관점을 고려한 후에 저절로 합당한 결론을 내리게 된다. 이것은 우리가 다른 의견을 고려한 후 자신의 해결책을 선택하는 페리의 '확고한 상대주의'와 크게 다르지 않다.

베넷, 콜버그 또는 다른 학자들의 용어 중 어느 쪽에 더 연관성을 느낄지 모르겠지만, 기본적인 것은 문화 지능이 '한 가지 방식 / 여러 가지 방식' 척도의 왼쪽에서 오른쪽 방향으로 발전한다는 것이다. 1) 흑백 이분법적인 사고방식, 다른 방식을 받아들이지 않으려 하거나 받아들이지 못하는 쪽에서 2) 회색 지대와 접할 줄 알고 차이점에 대해 마음을 열 수 있는 쪽으로 3) 어떤 문화 환경에서도 성공적으로 적응할 수 있는 쪽으로 4) 마지막으로 자기 나름의 정확한 의사 결정을 내릴 수 있는 쪽으로 발전하는 것이다.

태도와 행동의 변화

여기서 중요한 문제는 왼쪽에서 오른쪽으로 옮겨 감에 따라 무엇이 변하느냐 하는 것이다. 저글링의 비유에서 말한 바와 같이 우리는 무엇인가에 '대하여' 배울 수 있고, 실제로 그것을 '하는 방법을' 배울 수 있다. 대부분의 학습이 이 두 단계를 포함하고 있다. 우리는 우리의 행동(문화 빙산의 수면 위)에 문제를 제기하기 전에 자신의 사고방식(1부에서 언급한, 문화 빙산의 훨씬 커다란 아랫부분에 있는 우리의 태도와 가치 기준)에 의문을 제기해 보아야 한다.

간단히 말하면, 다른 문화를 배우려고 할 때는 먼저 새로운 태도와 가치에 대해 배워야 하지만, 궁극적으로는 외국에서든 국내의 다국적 상황에서든 자신의 문화 환경에 맞추기 위해 그것을 행동으로 적 응시켜 실천해야 한다.

'한 가지 방식 / 여러 가지 방식' 척도의 왼쪽에서는 다른 태도와 가치를 인식하고 오른쪽으로 가면서 다른 문화 또는 다른 문화에서 온 사람들과 효과적으로 교제할 수 있는 방식으로 우리의 행동을 적 절히 바꿀 수 있다.

페리의 '확고한 상대주의' 개념과 연결하면, 척도의 오른쪽 끝으 로 갈 경우에 다양하고 올바른 문화를 바탕으로 한 선택할 만한 가치 들이 있다는 것을 깨닫게 되고, 자신의 문화를 바탕으로 한 가치 기 준이 무엇인지를 정확히 이해하며 주어진 문화 안에서 효과적으로 자신의 행동을 변화시킬 수 있게 된다. 이 설명은 앞에서 제시한 문 화 지능의 정의와도 밀접하게 연결된다.

문화 조정 과정

여기서 분명히 짚고 넘어가고자 하는 점은, 아무리 자신의 직업 상 황과 발전 상황에 맞춰 문화 지능을 규정하려고 해도 이에 도달하는 것은 과정이지 고정된 순간이 아니라는 점이다.

당신은 내가 다른 언어나 문화에 대해 상당히 낙관적이고 이들에 게 배울 기회를 마다하지 않는다는 인상을 받았을지 모른다. 대부분 은 대체로 맞다. 그러나 때로는 나도 문화를 알아 가는 과정을 두려 워하는데, 그 이유는 문화 충격이 어떤지를 잘 알기 때문이다.

'문화 충격'이라는 용어는 다들 알고 있다. 나는 이 표현을 그다지 좋아하지 않는데, 그것은 이 말이 마치 어떤 갑작스런 동요나 공격처럼 들리기 때문이다. 다른 문화에 적응하는 길고도 힘든 과정에서 기인하는 용어인 만큼 '문화 통증'이나 '문화 우울증' 정도로 부르는 편이 나을 듯하다. 사실 사람들이 다른 문화 속에서 겪게 되는 좋은 일과 나쁜 일에는 예상 가능한 주기가 있다. 문화 지능을 하룻밤 사이에 얻지 못하듯이 다른 나라에서 생활이나 문화 접촉으로 인한 좌절감을 하룻밤 사이에 경험하지는 않는다.

미국을 떠나 내가 여행하고, 살고, 일한 나라들 중에 프랑스에서 보낸 시간이 가장 많기 때문에 나는 프랑스 어나 프랑스 문화에 꽤 익숙하다. 프랑스 어는 내가 영어 다음으로 가장 유창하게 말할 수 있는 언어이다. 그런데도 나는 프랑스에 갈 때마다 항상 새로운 이유로 인해 좌절을 겪는다. 프랑스에서 사는 동안 나는 곧잘 짜증을 내거나 투덜거리곤 했는데, 내가 은행 계좌를 새로 개설하건 무언가를 사려 하건 간에 프랑스 인들은 우선 "Non(안 돼요)." 또는 "C'est Impossible(불가능해요)."이라고 말한 뒤에 천천히 "예, 가능할 것 같군요."라고 말하는 것처럼 보였기 때문이다. 미국인들은 이와 반대인 경우가 많다. 우선은 무엇이든 가능하다고('뭐든지 할 수 있다'고 하는 부류의 사람들) 보고 불가능한 일은 끝까지 애써 해결 방법을 찾아내려 한다. 한번은 프랑스에서 은행 계좌를 개설하는 데 11일이 걸렸다. 그 후에 미국에서는 비슷한 종류의 계좌를 개설하는 데 11분이 걸렸다.

내가 여러 나라에서 고생하고 좌절했던 경험을 나열하면 끝이 없다. 아시아 도시에서는 여기저기 다니는 스쿠터며 나쁜 공기에 짜증이 났고, 브라질에서는 체념한 듯 폭력과 극빈층을 내버려두는 듯한 태도를 이해할 수 없었다. 거기에다 '괴상한 전화 시스템'은 말할 것도 없다(이건 여러 곳에서 그러했지만).

이러한 불편함에 대해 투덜거리며 효율적인 미국 은행 시스템이나 스쿠터 없는 거리 또는 익숙하고 쉬운 전화 시스템과 같은 고국의 것들을 그리워한다는 사실을 깨달을 때, 지금 문화 적응 과정을 겪는 중이라는 생각하면 도움이 된다. 물론 '한 가지 방식 / 여러 가지 방식' 척도의 오른쪽 끝을 내가 어렴풋이 경험하긴 했지만 불평불만을 토로하는 순간 나는 항상 왼쪽 끝, 페리의 이원주의 단계로 미끄러질 위험에 노출되어 있다는 사실을 깨닫는다.

'문화 충격'은
'문화 우울증'이라고 불러야 해.

그럴 때면, 프랑스는 위험을 수용하는 데 신중한 방식을 택하고 언쟁이나 대화로 멋지게 일을 해결하며, 눈이 전혀 오지 않고 인구 밀도가 높은 열대 도시에서 스쿠터는 완벽한 교통수단이고, 모든 나라의 전화 시스템은 당연하게 그 나라의 그 시대에 가장 적합한 (또는 최선의) 시스템이라는 사실을 계속 상기하려고 노력한다.

이런 식으로 생각하면, 사람들의 일

상생활, 직장 생활, 대화, 존재, 활동에는 여러 가지 효과적인 방식이 있다는 사실을 더 잘 받아들일 수 있게 된다. 내가 내 문화 환경에서 이러한 방식들을 선택하지 않을지는 몰라도 지구 반대편에서는 왜 그런 방식으로 돌아가야 하는지 이해할 수 있다.

문화 지능을 높이는 과정은 오로지 '과정'일 뿐이다. 때로는 모래밭 언덕을 걸어 올라가는 것과도 같다. 두 걸음 옮기면 한 걸음 후퇴한다.

이제 3부를 마치고 4부로 넘어가면서 당부하고 싶은 점은, 문화 지능을 높이기 위한 노력을 포기하지 말고, 여러분이 누구든, 어떤 문화를 접하든 그리고 다른 나라에서 접하든 국내에서 접하든, 그 과정에서 좋을 때도 있고 나쁠 때도 있으며 앞으로 나아가는가 하면 뒤로 미끄러지기도 한다는 사실을 인식하기 바란다. 다른 어떤 학습 경험과 마찬가지로, 그 끝에서 경험하게 되는 풍요로움은 그곳에 닿기까지 애썼던 모든 수고를 보람 있게 할 것이다. 그리고 모든 여행이 그렇듯이 반드시 그곳에 도착하리라는 생각만 하고 있다면 여정의 즐거움은 두 배가 된다.

Part 4

일상생활과 비즈니스에
적용하는 문화 지능

　1부에서 제시한 다섯 가지 문화 척도는 평소에 만나게 되는 문화 차이를 인식할 수 있도록 도와주는 기초 구조였다. 이제 좀 더 면밀하고 구체적인 척도로 나타낼 수 있는 문화적 특질의 형태를 살펴보고, 우리의 일상생활, 특히 직장 생활이 우리 자신과 다른 이들의 문화적 성향에 의해 어떤 식으로 영향을 받는지 알아보기로 하자.

　문화적 특질을 살펴보기 전에, '왜 특질이니 뭐니 하는 것들을 알아야 하나? 그냥 각각의 문화에서 내가 해도 되는 일과 하면 안 되는 일들을 알면 되지 않나?'라고 생각하는 이들을 위해, 해도 될 일과 해서는 안 될 일에 대한 간단한 나열만으로는 충분치 않은 이유를 설명하려고 한다.

행동 지침만으로는 안 된다

우리가 국제 비즈니스에서 지켜야 할, 빙산의 윗부분 수준의 '해야 할 일과 하지 말아야 할 일'에 대해 꽤 재미있게 설명해 주는 책과 기사와 퀴즈는 수없이 많다.

어느 미국인 여성이 태국에 있을 때 파티에서 비즈 공예 줄을 선물로 받았다. 그 여성은 선물을 준 주인에게 공손히 감사를 표한 뒤 그 비즈 공예 줄을 목에 걸었다. 목에 거는 순간 뭔가 잘못됐다는 것을 눈치 챘고, 나중에 그 비즈 공예 줄이 속옷이나 란제리용이었음을 알게 되었다.

이 여성은 분명 이런 특정한 상황에서 다시는 이런 실수를 저지르지 않을 것이다. 또한 이 책을 읽고 있는 독자들 중 99.44퍼센트가 이런 상황을 겪게 되지는 않겠지만, 이와 비슷한 상황들이 당신을 기다리고 있다는 사실도 분명하다.

긴 행동 지침 목록을 외운다고 해서 여러 특정 상황에서 도움이 되지 않을뿐더러 장기적으로 중요한 사업이나 국제 교류에도 도움이 되지 않는다.

해야 할 일과 하지 말아야 할 일

행동 지침서에만 의존하는 데는 두 가지 문제가 있다. 첫째, 어느 한 나라에 적용할 수 있는 행동 지침 목록을 모두 외웠다고 해서 그것이 국경을 넘어 다른 나라에서도 적용된다고

할 수는 없다. 일본에서 필요
한 행동 지침이 싱가포르에서
모두 통하지는 않는다. 이탈리
아라면 더욱 통하지 않을 것이
다. 둘째, 당신이 겪으리라 예
상되는 수천 가지 상황을 모두
외우는 것은 불가능하다.

  그래도 다른 문화권 사람에
게 어떻게 행동해야 하는지 알
필요는 있다. 예를 들어 많은
미국인들이 일본인 비즈니스 파트너에게 명함을 건넬 때는 두 손으
로 내밀며 "하지메마시테"('처음 뵙겠습니다'라는 뜻이지만 대체로 제
대로 발음하지는 못한다.)라고 해야 한다고 배운다. 때로 허리를 굽혀
인사해야 한다는 말도 듣는다. 너무 깊이 숙이지는 말고 적당히 숙여
야 한다지만 제대로 못하기는 마찬가지이다. 또한 뒷주머니에 명함
을 쑤셔 넣는다든가 그 위에 무언가를 쓰지 말라고 한다. 명함에 무
언가를 적는 것은 상대방의 체면을 손상하는 것이기 때문이다.

  "하지메마시테"라고 발음하는 노력이 사실 일본인들의 호의를 살
수 있고, 그들을 만나 기쁘다는 뜻과 한마디라도 배우려 할 정도로
그 나라 언어에 관심이 있다는 뜻을 전달할 수도 있다. 그러나 이 사
실을 행동 지침서의 한 부분에서 찾는 대신 이 행동 뒤에 숨겨진 일
반 원칙을 생각해 보자. 일본인 사업가와 명함을 주고받으며 당신은

그 명함과 상대방에 대한 존경을 표한다. 대부분의 동양인들은 누군가에게 서류를 건넬 때 두 손으로 전하면서 존경을 표한다. 중요한 서류를 건네는 데 한 손으로 아무 생각 없이 주지는 않는다.

두 손을 사용함으로써 서류를 정중하게 건네고 있음을 보여 준다. 두 손으로 무언가를 전하기 위해 앞으로 몸을 기울이는 데에는 약간의 수고가 필요하다. 몸통 윗부분이 앞으로 쏠리니 등에도 좀 무리가 온다. 바로 상대방을 위해 '자신을 낮추는' 정중한 행동이기 때문이다.

명함을 몇 초라도 더 자세히 보거나 소리 내어 읽어, 진심으로 관심이 있다는 표시를 할 필요도 있다. "아! 영업부 과장님이시군요!"라고 말하며 상대방의 직함을 인정해 주는 것도 좋다. 이는 지위나 역할을 중요시하는, 수면 아래 드러나지 않은 문화적 특징을 보여 주는 것이다. 또한 명함의 이름을 소리 내어 읽는 것은 상대방의 이름을 제대로 발음할 수 있는지 여부를 알 수 있는 좋은 기회도 되는데, 상대방의 이름은 그 사람에 대해 알 수 있는 것 중에서 가장 중요한 정보이다.

서양인들은 이러한 작은 존경의 표시를 미처 생각하지 못한다. 명함은 그저 이름과 직함, 연락처나 알려주는 실용적이며 간편한 도구일 뿐이지 본인을 대변하지는 않는다는 생각 때문이다.

이 명함의 예는, 우리가 특정 행동 지침을 외우고 그것을 기계적으로 실행하기보다는 그 뒤에 숨은 존경이나 직위에 관한 일반 원칙을 알 필요가 있다는 사실을 가르쳐 준다. 외국인 학생들이 깨끗하고 반듯하며 깔끔하게 구성된 보고서를 제출하는 반면에 미국인 학생들은 꾸깃꾸깃한 종이를 아무렇게나 책상에 던져 놓고 가는 모습과도 무관하지 않다.

여기서 다루는 특질 중 어떤 것들은 1부에서 다뤘던 다섯 가지 문화 척도와 정확하게 맞아떨어지는 것도 있고 그것과 상관없는 특질도 있지만 모두 국내와 국외에서 벌어지는 국제 업무 환경에 영향을 미치는 문제와 연관되어 있다.

예를 들어, 이 장의 첫 번째 문제 '관리자의 역할'은 1장의 첫 번째 문화 척도인 '수평적 / 위계적' 척도와 연결된다. 또는 세 번째 척도 '개인 지향적 / 집단 지향적' 척도와도 연관이 되는데, 관리자가 내리는 결정이 집단 지향적 문화에서는 협력을 얻을 수 있는 여지가 있는 반면에 개인 지향적인 문화에서는 명령형이 될 수 있기 때문이다.

이번 장의 내용을 읽으며 이를 직장 생활에 적용해 보면, 기업 문화가 국가의 문화보다 더 강하게 영향을 미친다는 사실을 발견하게 된다. 예를 들면, 어느 나라에 있는 군부대이든 의사 결정의 경우 명령형을 따른다.

척도를 정하는 것도 특정 상황에 따라 다르다. 예를 들어 당신이 회사의 5개년 사업 계획안을 기획 중이라면 천천히 좀 더 많은 사람을 포함시키는 의사 결정 형태를 따르겠지만, 만일 사무실에 불이라도 난다면 책상에 앉아 어떻게 할지 한 사람 한 사람에게 물어보지는 않을 것이다. 한 사람은 소화기를 가져오고 다른 사람은 소방서에 연락하며, 또 다른 사람들은 화재 경보기를 울리는 등의 행동을 할 것이다.

앞으로 소개되는 내용은 당신의 스타일, 함께 일하는 다른 문화권 사람들의 스타일을 알아보는 출발점으로 유용하다. 이 정보를 당신과 당신의 회사 또는 조직과 연관시켜 독창적인 방식으로 재해석하기 바란다. 여기에 나열되어 있는 각각의 특질이 어떻게 자신의 특정 상황과 연관되는지 생각해 보기 바란다. 다른 문화와 접촉할 필요가 있는 팀에서 일하고 있다면 여기에 제시한 구조적 틀을 팀 구성원들과 의논해 볼 필요도 있다. 여기에 제시한 주제는 100명에게 100가지의 다른 방식으로 적용할 수 있다. 상황이나 우선순위는 항상 바뀌므로 여기서 알게 된 것을 6개월 후의 상황에는 적용할 수 없을지도 모른다. 그러므로 이 안내서를 때에 따라 다시 살펴보기 바란다.

1부의 다섯 가지 문화 척도에서도 그랬듯이 이 부분의 다양한 주제 가운데 몇 가지는 서로 중복되기도 할 것이다. 예를 들어 다음에 나오는 첫 번째 주제인 '관리자의 역할'은 두 번째 주제인 '의사 결정 방식'과 구별되지만 연관도 된다. 즉 좀 더 수평적이고 덜 위계적인 조직의 관리자는 더 많은 직원의 의견을 수용하는 의사 결정 방식을 선호할 것이다. 페이지를 넘겨 갈수록 다양한 특질을 알아 가게 되고, 이전의 문제들과 계속 연관된다는 사실을 발견하게 될 것이다. 문화를 논의할 때 몇몇 주제는 정확하게 구분할 수도 있지만 모든 것이 자로 잰 듯 구분되지는 않으며, 겹치거나 예측 불가능한 결합이 있을 수도 있다는 것을 인식하기 바란다.

다음 접근법도 생각해 보자. 우선 척도를 모두 읽어 보고 무엇이 자신과 가장 관련 있는지 알아본다. 독일인을 상사로 두고 있는 미국인 직원의 경우 첫 번째 '관리자의 역할' 표를 보면 '격식'이라는 단어가 가장 눈에 띌 것이다. "맞아! 부허 씨가 바로 이렇지. 반농담조로 말하긴 해도 팀원을 이름이 아니라 성으로 부르기를 좋아하는 듯해. 게다가 회의 진행 방식도 더 꼼꼼하고 엄격한 것 같고……. 한 사람만 말하는 방식은 마음에 들지 않아. 나는 여러 사람이 자기 생각을 자유롭게 말하는 쪽이 더 좋아. 내가 운영한다면 좀 더 편안한 분위기에서 할 수 있을 텐데."라고 생각할 수도 있다.

당신은 당신이 일하는 병원에 오는 외국인들을 이해하는 데 도움을 얻기 위해 이 책을 읽고 있을 수도 있다. 아니면 여러 나라 사람들이 섞여 있는 팀의 관리자로서 팀원들과 토의하기 위한 출발점으로 여기 제시한 표를 참고해 보

자, 이제 나가서 여러분 스스로 생각해 봅시다!

려고 할지도 모른다. 여기 제시한 문제들은 여러 나라의 문화가 뒤섞인 다양한 상황에 적용할 수 있다.

각각의 표 밑에는 이해하기 쉽게 간단한 설명과 예시를 제시했다. 당신은 이것이 자신과 어떻게 연관되는지를 염두에 두어야 한다. 필요한 경우에는 당신이 접하는 각 나라별로 숫자에 동그라미를 치며, 그 대답을 증명해 줄 예를 생각해 보기 바란다. 그러고는 당신이 동그라미 친 숫자와 팀 구성원들이 동그라미 친 숫자를 비교해 보고 당신이 생각하는 방식과 어떻게 다른지 토론해 보라.

각각의 주제 뒤에 나오는 응용문제는 더욱 심도 있는 토론으로 이끌어 줄 출발점이 될 것이다. 몇몇 구체적인 질문은 당신의 팀이나 조직에 관련된 주제를 살펴보는 데 도움을 주기 위한 것이다. 이 질문들은 각 개인이 회사 문화에 어떻게 잘 적응하는지를 알아보는 데도 유용하다. 모든 응용문제를 읽어 보고 답변을 몇 개씩 종이에 적어 볼 것을 권한다. 답변을 작성한 뒤에는 동료들이 작성한 것과 비교해 보기 바란다. 팀 단위로 진행할 경우, 진지한 답변을 위해 서로가 자신의 답변을 설명하도록 하는 것이 좋다.

매니지먼트 문제

관리자의 역할

```
          0  1  2  3  4  5  6  7  8  9  10
상사 ◄─────────────────────────────► 팀원
```

- 위계적이며, 분명하게 정해진 역할을 기대한다.
- 결정 사항을 지시한다.
- 피라미드형 조직 형태가 존재한다.

- 수평적이며, 융통성 있는 역할이 주를 이룬다.
- 의사 결정 방식은 공유하는 과정이다.
- 수평적 조직 형태가 존재한다.

이 척도는 관리자의 역할에 수평적/위계적 특질을 적용한 것이다. 이 척도에서 왼쪽은 상사나 간부, 감독자 등이 모든 의사 결정을 하며 부하 직원들은 이를 따르게 되어 있다. 상사는 의사 결정을 해 부하 직원들이 이를 책임지고 수행하도록 위임하는 일이 주 업무이며, 부하 직원들은 상사의 결정을 지시 사항에 따라 이행하는 일이 주 업무이다.

반대로 척도의 오른쪽에서는 상사는 어떤 일이 진행되어야 할지 결정할 수 있지만 그 결정은 직원들의 의견을 수렴해 이루어지고 그 결정 사항을 어떻게 이행할지는 직원들의 몫일 때도 있다.

오른쪽 경향의 상사가 왼쪽 경향의 직원들에게 문제를 해결하도록 하고 알아서 결정하도록 내버려 둘 경우 문화 충돌이 일어나게 된다. 그럴 경우 상사는 최소한의 지시만을 내리며 직원들은 많은 시간을 우왕좌왕하다가 아무 일도 하지 않게 되고, 그러는 사이 상사는 모든 일이 원만히 진행 중이라고 생각하겠지만 전혀 그렇지 않은 상

황을 맞게 된다. 엄격한 상사 밑에서 일하는 데 익숙해진 직원은 "이번 팀장님은 대체 뭘 어쩌려는 거야? 내게 책임을 뒤집어씌우려는 건가? 결정을 내리라고 월급 받고 있는 사람 아닌가? 일이 어떻게 진행되어야 할지 결정하는 건 내 업무가 아니잖아, 상사가 하라는 대로 하는 게 내 일이지." 결국 아무 일도 진행되지 않는다는 결론이다.

반대의 경우, 즉 왼쪽 성향이 강한 상사가 직원들에게 자체적인 결정을 내리지 못하게 하거나 지시 사항대로 업무를 이행하는 것 외에는 다른 방식으로 일하지 못하게 하면, 자질구레한 일까지 간섭하는 독재자로 인식된다.

또 하나의 차이점은 수평적인 조직이 피라미드형 조직보다 역할에 융통성이 더 많다는 점이다. 요구 사항이 있어 위계적 성향을 지닌 조직에 전화를 걸 경우, 그 일을 담당하는 사람이 자리에 없으면 해결이 불가능할 때도 있다. 요구 사항이 이행되려면 담당자가 사무실로 돌아올 때까지 기다려야 하는데, 그 일은 그 담당자 외에 다른 사람이 할 수 있는 일이 아니기 때문이다. 수평적 조직에서는 융통성이 있어 동료가 자리에 없을 경우, 다른 이가 그 업무를 맡을 수 있다.

일반적으로 수평적인 조직에 익숙한 미국인들은 외국인 동료와 일할 때, 업무 담당자가 돌아올 때까지 그저 손놓고 기다리고만 있는 상황에 놀라워한다. 미국인들은 "당신이 이 업무 좀 대신할 수 없습니까?"라고 묻게 된다. 그리고 답변은 대체로 "안 됩니다. 그건 카르멘 씨의 소관입니다. 14일에는 돌아올 겁니다."이다.

위계 구조가 확실한 조직과 일을 하게 될 때는 그 업무에 맞는 담당자를 찾는 일이 중요하다. 또한 의사소통도 지정된 경로를 통한다는 점이 중요하다. 일부 미국 기업에서는 문제나 논쟁점, 또는 질문이 있을 때 '가장 윗분'에게 직접 가는 것이 가능하다. 다른 대부분의 나라에서는 반드시 상급자를 거친 뒤, 부장, 이사 등의 수직적 구조를 모두 거치고 나서야 마침내 '가장 윗분'을 만날 수 있다. 이들을 거치지 않고 '윗분'에게 바로 간다면, 그것은 이들을 모욕하는 것이나 마찬가지이다.

기업 문화는 이런 척도에서 뚜렷하게 국가 문화를 앞선다. 이전에 서술한 바와 같이 모든 나라의 군대 조직은 피라미드형 조직 체계이며 그에 따르는 계급이 있다. 기업 문화의 뿌리를 보면 이러한 측면에 대한 통찰력을 얻을 수 있다. 예를 들어, 역사가 오래된 몇몇 항공사들은 2차 세계대전 이후 전직 군인 출신들이 설립한 경우가 많다. 그러나 최근에 설립된 다른 항공사들은 조직 구조가 좀 더 수평적이며, 경영 방침도 다르다.

응용 _

1. 당신의 직장은 이 척도의 어디에 있는가?

2. 당신의 회사가 수평적 조직 또는 피라미드형 조직에 가깝다고 생각하는 구체적인 예는 무엇인가?

3. 그런 이유의 어느 정도가 조직 문화 때문이고, 어느 정도가 국가 문화 때문인가?

4. 결정 사항을 이행하거나 지시를 받을 때 대립하거나 혼란을 겪은 적이 있는가?

5. 지점, 특히 외국 지사에서 상사에 대한 역할과 기대가 다르다는 점을 잘 알고 있는가?

6. 위 정보를 바탕으로 당신의 회사 안의 다양한 업무의 역할을 어떻게 재정립할 수 있는가?

7. 부하 직원을 두고 있는 상사로서 당신의 역할을 재정립한다면 개인적으로 어떤 이점이 생기는가?

8. 당신의 상급자가 자신의 역할을 재고하고 당신도 역할을 바꿀 수 있다면 더 이롭겠는가? 어떻게 이롭겠는가? 그것을 어떻게 시작할 수 있을까?

의사 결정 방식

대개의 미국인들은 형식에 연연하지 않기 때문에 최종 의사 결정 자가 상사이더라도 모든 사람이 자기 의견이나 견해를 제기할 수 있는 브레인스토밍이나 열린 토론을 선호한다. 이 척도의 중앙이나 왼

쪽으로 향해 있다고 볼 수 있다.

다른 여러 나라에서는 브레인스토밍을 활용하거나 모든 사람의 의견을 듣는 경우가 많지 않다. 한 사람이나 소수의 핵심 인물이 결정하며, 따라서 이 척도의 중앙이나 오른쪽에 해당된다.

앞에서 언급했듯이, 여기에는 1부에서 설명한 다섯 가지 문화 척도의 요소가 반영된다. 개인 지향적/집단 지향적인 세 번째 문화 척도를 예로 들면 다음과 같다. 일본처럼 집단 중심적인 문화권은 합의의 의사 결정 방식을 택하는 것으로 유명하다. 그런데 일본은 첫 번째 척도인 수평적/위계적 척도에서 위계질서를 중시하는 사회라서 상사의 지시로 결정하기도 한다는 점이 혼란을 야기한다.

이러한 혼란은 상황에 따라 다양한 의사 결정 방식이 가동된다고 생각하면 해소될 수 있다. 갑자기 다급하게 마감 날짜가 발표될 경우, 어느 문화에서건 상부에서 결정해 지시를 내리는 편이 최선일 것이다. 장기적인 계획을 세우고 합의를 이루기 위해 둘러앉아 얘기하는 대신 한 사람이 이런 식으로 결정을 내린다. "미네코, 원자재 주문 상황을 창고에 알리세요! 도모, 운송부에 연락해서 화요일까지 120 상자를 더 준비하라고 해요!"

이처럼 어떤 결정을 내려야 할지에 따라 일본인들은 합의를 중시하는 의사 결정자가 되기도 하고 지시적인 의사 결정자가 되기도 한다. 1부에서 가치 기준과 행동을 이야기할 때 지적한 것처럼, 의사 결정자의 출신 국가를 안다고 해서 그 사람이 어떤 결정을 내릴 것인지 예측할 수는 없다. 그러나 그 사람이 속한 문화권에 대한 우리의 지식을 기반으로 해서 그 사람이 왜 그러한 특정한 방식으로 특정한 결정을 내리는지 좀 더 이해할 수 있고, 때로는 문화 유형에 대한 지식을 기반으로 해 상대방이 어떠한 결정을 내릴 가능성이 있는지 또는 심지어 가장 적절한 결정이 무엇인지 예상할 수도 있다.

상황을 단순화하기 위해 이 척도의 왼쪽에서 오른쪽으로 이르는 다양한 형태의 의사 결정 방식을 알아 두고 이것을 바탕으로 여러 나라 사람이 섞여 있는 상황에서 의사 결정을 이해하거나 계획하면 좋을 것이다. 또 하나 명심해야 할 중요한 사항은, 4부에 나오는 어떤 주제이건 그와 관련된 모순되고 복잡한 상황이 전혀 이상할 게 없는 정상적인 상황이라는 사실이다.

한마디로 말해 당신이 어떤 의사 결정 방식을 기대하고 있는데 상대 국가의 파트너나 클라이언트가 다른 의사 결정 방식을 사용하면 충돌이 일어날 수 있다는 점을 기본적으로 염두에 두어야 한다.

응용 _

1. 당신의 조직은 이 척도의 왼쪽, 가운데, 오른쪽 중 어느 쪽에 부합되는가? (당신은 이 척도의 어디에 있는가?)
2. 합의, 협의, 지시 중에서 일상적으로 사용하는 의사 결정 방식은 무엇인가?
3. 당신이 속한 조직이나 분야에서 선호해 온 의사 결정 방식이 있는가?
4. 조직의 문화가 당신의 의사 결정에 영향을 미치는가? 영향을 미

친다면 어떤 식으로 영향을 미치는가?

5. 출신 문화권이 당신의 의사 결정 방식에 영향을 미치는가? 그렇다면 어떤 식으로 영향을 미치는가?

6. 상대 국가의 직원들이 특정 상황에서 당신과 다른 의사 결정 방식을 취하는가? 그런 상황은 어떤 때인가?

7. 의사 결정 방식의 차이를 어떻게 해결할 수 있을까?

   ㄱ. 차이에 대한 인식이 첫 단계이다. 서로 다른 방식을 인식해야 할 사람은 누구인가?

   ㄴ. 절차나 시스템 변경은 더 중요한 단계이다. 어떻게 변경할 수 있을까?

8. 당신과 상대 국가 직원의 의사 결정 방식의 차이를 조절하려면 정보의 흐름을 어떻게 변화시켜야 할까?

   ㄱ. 의사 결정 과정을 개선하려면 어떤 정보를 지금과 다른 어떤 방식으로 제공하거나 구해야 할까?(예 : 사내 이메일 이용)

   ㄴ. 간소화하거나 좀 더 많은 참여를 유도하고 정보를 공유함으로써 의사 결정 과정을 개선할 수 있을까?

갈등 대처 유형

```
            0  1  2  3  4  5  6  7  8  9  10
직접적   ◀━━━━━━━━━━━━━━━━━━━━━━━━━━▶   간접적
```

● 말하는 내용과 속에 담긴 의미가 일치한다.　　● 체면 유지, 화합과 존중하는 자세가 중요하다.
● 갈등이 발생해도 괜찮다.　　● 갈등은 피해야 한다.

전형적으로 동서양의 갈등이 발생하는 부분이 여기이다. 서양인들은 말하는 내용과 속에 담긴 의미가 대개 일치한다. 미국인이 화요일까지 선적할 수 있다고 말하면 그것은 거의 확실하게 약속된 시간에 물건을 선적하겠다는 뜻이다. 화요일에 선적하지 못하면 회사나 개인의 평판이 나빠진다. 미국인이나 캐나다 인이 '좋다'고 말하면 실제로 좋다는 의미일 가능성이 크고, '싫다'고 말하면 싫다는 뜻이다. 반면에 중국인과 일본인들은 '좋다'고 말을 하더라도 그것이 '모호하다'는 의미일 수도 있고 실제로는 '싫다'는 뜻일 때도 있다. 실제 의미는 '싫다'인데 '어렵다'거나 심지어 '좋다'고 말하기도 한다. 그들이 정직하지 않아서라기보다 간접적인 성향이 강하기 때문이다.

직접적/간접적 갈등 대처 유형은 어떤 주제를 토론할 것인지, 어떤 주제를 토론하지 않을 것인지를 결정한다. 직접적인 갈등 대처 유형인 사람들은 문제를 공개하는 데 거리낌이 없는 반면에 간접적인 사람들은 민감한 주제에 대해서는 잘못된 점을 이야기하기보다 말하지 않는 쪽을 선호할 수 있다. 아니면 좀 더 정보가 생기고 시간이 지나고 더 많은 결정이 이루어지는 등 조건이 무르익을 때까지 토론을 미루고 기다리는 편이 낫다고 생각한다.

응용_

1. 이 척도에서 당신의 위치는 어디인가? 스스로 사교적인 사람이라고 생각하는가?

2. 상대 국가의 직원들이 예상보다 더 직접적이거나 간접적으로 행

동하는 상황이 있는가? 어떤 경우인가?

3. 상대 국가의 직원들을 대할 때 그들의 스타일에 맞추기 위해 평소보다 직접적 또는 간접적으로 행동한다면 어떤 이점이 있는가?(아니면 그들이 당신의 스타일에 맞추기 위해 스타일을 바꿔야 할까? 그렇다면 어떻게, 왜 맞춰야 할까?)

4. 이 척도에서 스스로 규정한 위치가 직업의 성격이나 사내 분위기에 영향을 받은 것인가? 말하자면 회사에서 일할 때, 다른 곳에서보다 더 직접적 또는 간접적으로 행동하는가? 그런 경우, 회사 밖에서 자연스럽게 행동하는 방식이 더 효율적인 측면이 있는가?

5. 간접적일 필요가 있거나 그 편이 낫다고 여기는 업무 상황이 있는가? 공개적으로 토론할 생각이 없거나 토론할 수 없는 문제가 있는가?

업무 유형

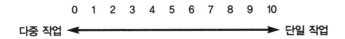

0 1 2 3 4 5 6 7 8 9 10

다중 작업 ◀━━━━━━━━━━━━━━━▶ 단일 작업

● 직원들이 동시에 여러 가지 일을 처리해야 한다고 여긴다.

● 직원들이 한 번에 한 가지 일만 하려는 성향이 강하다.

내가 이 개념에 대해 이야기하면, 워크숍에 참가한 사람들 대부분은 자신이 멀티태스킹을 한다고 대답한다. 일을 많이 한다고 느끼고 있으며 실제로 많은 일을 동시에 진행해야 하기 때문이다. 하지만 당신의 나라가 어떤 유형인지 짐작할 수 있는 단서가 있다. 줄을 서서 기다리는 모습을 살펴보면 된다. 계산대 주위로 몰려드는가, 한 사람씩 앞으로 나아가는가? 영국인들은 주로 줄을 서는 편이고, 남아메리카, 중동, 아시아 인들은 계산대 주위에 모여 동시에 계산해 달라고 요구한다. 영국에 줄을 서야 한다는 법 규정은 없다. 그냥 그렇게 할 뿐이다. 차례대로 줄을 서야 한다고 문화 프로그래밍이 되어 있기 때문이고, 미국인인 나도 그렇다. 식료품점인 델리(deli)에서 소시지나 햄 등을 사려고 할 때 번호표를 받아 놓고 차례가 되기까지 기다리기도 하고, 은행에서는 한 줄로 서서 내 차례가 되기를 기다린다. 오히려 이런 체제를 좋아하는 편이다. 나보다 늦게 온 사람이 앞줄에 서지도 않고, 내 차례가 되면 서비스를 받을 거라고 믿을 수 있기 때문이다. 더구나 계산대 직원도 동시에 세 명씩 처리하는 멀티태스킹을 하지 않아도 된다.

한 가지 업무에 집중할 것인가 아니면 여러 업무를 동시에 할 것인가에 대한 선호도는 업무 태도에 많은 영향을 미친다. 나의 문화 프로그래밍을 토대로 생각해 보면, 나는 대체로 회의 중에 회의에 참석한 사람이 업무적이든 개인적이든 중간에 전화 받는 것을 좋아하지 않는다. 그러나 어떤 나라에서는 한 사람이 한 번에 여러 방문객과 대화를 나누기도 한다. 사무실을 방문했는데도 상대방이 전화를 받거나 한두 사람씩 더 불러들여 그 회의에 참여시킨다 해도 기분 나빠 할 필요는 없다. 오히려 이득이 될 수도 있다. 그런 방문자들 중 한 사람과 훗날 친분이 두터워질 수도 있으니까 말이다.

응용_

1. 많은 사람이 자신은 여러 가지 일을 병행할 수 있다고 생각한다. 그러나 정말로 당신이 해야 하는 일은 무엇인가?(당신의 직장 환경은 이 척도의 어디에 위치하는가?)
2. 업무 현장을 떠나서 당신은 이 척도의 어디에 위치하는가?
3. 당신의 상대방 외국 회사 직원과 당신의 위치는 어떻게 다른가? 이런 차이점이 어떤 갈등이나 어려움을 만들어 내는가?
4. 그러한 갈등이나 어려움을 어떻게 극복하는가? 이러한 차이점을 조절하거나 최소화할 수 있는 체제나 절차가 있는가?

직원 동기부여와 보상

0 1 2 3 4 5 6 7 8 9 10
개별적 ◀━━━━━━━━━━━▶ 일반적

● 상품권 또는 공로 표창과 같은 개인적 보상 이나 원하는 보상
● 내재적인 동기부여

● 현금과 같은 일반적이거나 표준화된 보상
● 외재적인 동기부여

우수한 성과를 내게 하려면 어떻게 직원들에게 동기부여를 해야 할까? 어떤 직원들은 팀 성과 평가 상으로 티셔츠나 벽걸이 액자를 받고 기뻐하는 이도 있을 것이다. 어느 프랑스 인이 미국 본사에서 팀 성과 평가 상으로 가슴 한복판에 글이 새겨져 있는 티셔츠를 받고

는 아예 "안녕하세요! 나는 바보입니다!"라고 써 놓지 그랬나 싶더라고 하는 얘기를 들은 적이 있다. 같은 상황에서 미국인들이 선물이나 저녁 식사 상품권 정도로 만족하는 반면, 프랑스 인들은 현금을 선호하기도 한다. 한 미국인 간부는 "내가 직원에게 100달러짜리 저녁 식사 상품권을 주면 100달러 보너스보다 더 큰 효과가 있습니다. 100달러 보너스는 안 주느니만 못하지요. 100달러 보너스는 월급에 섞여서 티도 안 나지만 근사한 저녁 식사 한 끼는 기억에 오래 남지 않습니까?"라고 말했다.

직원 동기부여에 대한 논의는 업무를 성공적으로 수행한 결과에서 오는 기쁨과 만족에 대한 욕구를 바탕으로 한 '내재적인 동기부여'와 탁월한 성과를 거둬 받게 되는 현금 보너스 등의 '외재적인 동기부여'에 초점을 맞출 수 있다. 흔히 직원이 외재적 보상에만 너무 치중하게 되면 업무 수행을 위한 내재적 동기를 잃는다고 생각한다. 이 직원들은 "오로지 돈 때문에 일한다."고 말할지도 모른다.

이러한 개념은 여러 나라 사람들이 섞여 있는 환경에서 동기부여와 보상에 대한 두 가지 난점을 이해하는 데 도움이 된다. 첫째, 우리는 어떤 외재적 보상을 주어야 할지 모두 알지는 못한다. 상식적으로 생각해 봐도 현금을 기대하고 있는 프랑스 인에게 티셔츠를 주는 것과 같이 잘못된 보상을 할 경우, 직원들의 사기는 단번에 떨어진다. 둘째, 외국인 직원들에게 어떤 내재적인 동기부여가 가능할지에 대해서도 알 수 없다. 예를 들어, 스페인 인 직원은 왜 자기 직업을 좋아할까? 러시아 인에게 만족스런 성과를 가져다준 일이 필리핀 인에게는 만족스럽지 않을지도 모른다.

간단히 말해 당신의 문화권에서 효과적인 보상이 다른 모든 문화권에서도 통해 사람들에게 동기부여를 할 수 있을 것이라고 생각하지 말라는 말이다. 보상 체제는 문화나 회사, 상황마다 모두 다르며 동기부여도 마찬가지이다. 그 지역의 상급자는 어떻게 직원들의 사기를 북돋워 주는지 직접 직원들에게 물어보라. 가장 좋은 방법은, 쉽지는 않아도 그 사람을 제대로 알고 무엇이 그 직원에게 동기부여를 하는지 파악하는 것이다. 예를 들어, 필리핀 인 직원을 알아 가면서 그들이 무엇을 좋아하고 무엇이 내재적 동기부여를 하게 되는지 그리고 외재적으로는 어떻게 보상받기를 원하는지 알아내는 것이다. 필리핀 인 직원들의 사기를 북돋울 마법 같은 해답은 없다. 그러나 그들을 더 잘 알아 갈수록 그들이 이룩한 우수한 성과를 인정해 줄 특별한 방법을 찾아내게 된다.

응용 _

1. 당신의 직업에서 무엇이 당신의 내재적 동기를 높이는가?

2. 외국인 직원의 외재적 동기와 당신의 외재적 동기가 어떤 식으로 다른지 알아낼 수 있는가?(즉시 답변을 하기를 바라고 하는 질문이 아니다. 당신의 연구 과제 목표로 생각하기 바란다.)

3. 당신이 직원들에게 동기부여하거나 보상을 주는 크고 작은 방식은 무엇인가?

4. 문화적 배경으로 인해 당신이 선택한 방법으로는 동기유발이 되

지 않을 사람은 누구인가?

5. 보상하는 방식을 바꿔야 할 필요가 있는 상황을 나열할 수 있는가?

6. 이러한 사람들과 상황을 조율하기 위해 어떻게 해야 하겠는가?

업무의 우선순위

```
        0  1  2  3  4  5  6  7  8  9  10
일하기 위해 산다 ◀━━━━━━━━━━━━━━━▶ 살기 위해 일한다
```

미국인들은 때로 "나는 1주일에 60시간에서 70시간을 일한다."고 불만을 토로한다. 그런데 이렇게 불평하는 것이 거의 자랑처럼 들릴 때도 있다. 살기 위해 일한다고 여기는 문화권에 있는 사람에게 주 60시간 노동은 전혀 자랑거리가 아니다. 솔직히 나는 1주일에 30시간에서 40시간 일한다고 자랑하는 첫 미국인이 되어 이를 유행으로 만들고 싶다는 생각도 든다. 아예 15시간에서 20시간으로 줄이고 싶을 정도이다.

모든 사람들이 노동의 가치를 똑같이 평가하지는 않는다. 북유럽인들은 오후 5시에 칼같이 퇴근하는 것으로 유명하다. 미국인들이 1년에 2주 정도밖에 되지 않는 휴가로 만족하는 것에 대해 세계의 많은 나라 사람들이 놀라워한다. 1부에서 밝혔듯이 일부 국가의 이제 막 직장 생활을 시작한 직원들은 미국인들이 은퇴할 시기에 받는 휴가보다 더 많은 휴가를 받는다. 이런 사실에서 얻을 수 있는 것은 무

엇인가? 외국인 동료가 당신이 일하는 근무 시간만큼 일하거나 1년에 2주 정도밖에 되지 않는 휴가에 만족하리라고 기대하지 말라는 것이다.

미국인들은 꽤 자주 그리고 기꺼이 미국 전역으로 전근을 간다. 대부분의 다른 나라 사람들은 미국인들이 일을 위해 가족 전체가 끊임없이 이사를 하고 가족, 친구, 여가 시간, 거기에 자신의 건강조차도 기꺼이 희생할 것처럼 보이는 데 놀라워한다.

대부분 나라의 사람들에게 일은 인생의 한 부분이지 인생 자체가 아니다. 그렇게 생각하는 나라들도 문제없이 잘 살고 있다. 식료품점에는 먹을거리가 가득 차 있고 경제도 튼실해 보인다. 그 나라 인구 전체가 미친 듯이 일하고 있지 않은데도 말이다.

응용 _

1. 이 척도에서 자신을 어디에 놓겠는가?

   ㄱ. 야근과 주말 근무를 하는가?

   ㄴ. 직장 생활을 하는 동안 어느 정도의 휴가 기간을 받는 데 익숙한가?

   ㄷ. 외국인 동료들은 어느 정도의 휴가 기간을 받는 데 익숙한가?

2. 누군가가 당신에게 누구냐고 물으면 대답으로 직업을 말하는가? 자신을 밝히는 데 직함이 당신을 말해 주는 주된 방식이 되었는가? 직장이나 직함을 떠나서는 어떻게 자기 자신을 정의하겠는가?

3. 이 척도에서 당신의 상대방 외국인 동료를 어디에 놓겠는가? (예를 제시하라.)

4. 일에 대한 우선순위의 차이가 직장 내 갈등을 유발한 적이 있는가?

5. 어떤 산업이나 직업이든 본질적으로 어느 정도 일의 가치에 몰입할 것을 요구한다. 그렇다면 이 부분에서 당신이 강조하는 점을 바꿈으로써 어떤 이익을 얻을 수 있을까? 다른 이들이 변해야 하는가? 그렇다면 어떻게, 왜 변해야 하는가?

전략 문제

다른 나라에서 제품을 팔거나 국내에 있는 특정 외국인 집단에 제품을 팔고자 할 때는 수없이 많은 문제를 고려해야 한다. 문화적 차이는 사람들이 광고와 마케팅 방식에 어떻게 반응할지에 대한 것에 영향을 미치고, 제품의 가격과 품질 결정을 좌우한다. 쇼핑 습관이나 소비자 행동과 같은 문제는 전 세계에 걸쳐 다양하며, 제품을 디자인해서 판매하는 순간까지 고려해야 한다.

한 예로, 유럽 인들은 미국인들보다 주방용 가전제품, 즉 스토브, 냉장고, 전자레인지 등의 크기가 작다. 이를 통해 보면, 많은 유럽 인들이 하루치 장을 보며 소량을 구입한다는 사실도 이해가 된다. 이와는 반대로 미국의 많은 가정이 1주일 또는 2주일에 한 번씩 대형 슈

퍼마켓에서 장을 본다. 미국인들은 대형 차량에 어마어마한 냉장고와 넉넉한 찬장, 게다가 음식을 저장해 둘 수 있는 냉동고도 따로 있기 때문이다. 입맛도 나라마다 가지각색이다. 일본인들이 먹는 음식에는 미국인들이 먹는 음식처럼 지방이 많지 않다. 그 대신 일본인들의 나쁜 식습관은 음식을 짜게 먹는다는 것이다. 나라마다 점심 식사가 다르고 저녁 식사가 다르며 먹는 시간과 의미, 선호하는 식단도 다르다. 직장인들의 점심 식단에 술이 포함되는가? 점심 식사가 두 시간 정도 걸리는가, 아니면 30분 정도인가? 해외 수출을 생각하는 식품 회사라면 이러한 모든 면과 그 밖의 문제들을 고려해야 한다. 국내에서 성공을 거두었다 해서 외국에서도 자동적으로 성공을 거두리라는 법은 없다.

제품을 어떻게 디자인할지, 어떻게 판매할지에 관한 문제도 나라마다 다르다. 무엇이 제품을 구매하게 만드는지 생각해 보자. 무엇이 당신의 시선을 사로잡아 광고를 끝까지 읽거나 듣게 만드는가? 미국에서 광고는 보통 직접적으로 짧게 요점을 집어 말한다. 예를 들어 미국 여성이 핸드백을 사려 한다면 그 여성은 가방이 1) 방수 처리가 되고 2) 견고하며 3) 적당한 가격이라는 광고를 읽게 되었을 때 흥미를 가질 것이다.

다음과 같은 프랑스의 가죽 가방 광고를 본 적이 있다.

"우리는 인생에서 언제나 불완전함을 먼저 인식하게 됩니다. 아름다운 여인을 보았을 때의 감동을 상상해 보세요⋯⋯."

그 광고는 손으로 한 땀 한 땀 꿰매는 제조 과정과 이 회사에서 제조하는 수제 가죽 가방의 독특함에 대해 (내 생각에는 다소 지루하게) 계속 설명해 나갔다. 그것은 광고가 아니라 일종의 산문 같았다. 대부분의 미국인들에게는 이런 광고를 볼 만한 인내심이 없다.

국외 판매, 광고, 마케팅, 제품 디자인, 브랜드 경영 등에 대해 잘 쓴 책들이 많이 있다. 이제는 전략과 관련된 문제를 생각해 보려고 한다. 제품을 판매하든 서비스를 제공하든 당신이 접하게 되는 다양한 문화에 맞도록 어떻게 당신의 접근 방식을 조율할 것인지 생각해 보기 바란다. 변화에 대한 시각, 삶에 대한 통제력의 수준, 품질의 의미와 같은 주제도 다루게 될 것이다. 그것을 시작하기에 앞서 다양한 방법으로 지금까지 내가 말한 내용과 아래 응용 질문을 적용해 볼 수 있다. 여기서 언급하는 주제는 외국 시장에 제품을 판매하는 기업뿐 아니라 국내에서 외국인들을 대상으로 하는 기업과도 관련된다.

응용 _

1. 어떤 문화 집단에 당신의 제품이나 서비스를 판매하는가?
2. 어떤 방식으로 이러한 문화 집단에 대한 마케팅·광고 접근 방식을 성공적으로 바꾸었는가?
3. 이러한 문화 집단에 대한 마케팅·광고 접근 방식을 바꿀 어떤 기회를 놓쳤다고 생각하는가?
4. 이러한 문화 집단에서 더 나은 결과를 산출하려면 어떻게 마케팅 접근 방식을 바꿔야 한다고 생각하는가?

5. 중요한 피드백을 언제든지 줄 수 있고, 현재 마케팅 접근 방식에 대한 충분한 조언을 해줄 해당 문화권 출신 사람이 있는가? 그러한 정보를 잘 이용하고 있는가? 혹시 그렇지 않다면 어떻게 이용할 수 있을까?

6. 마케팅이나 광고보다 한 단계 더 깊이 들어가서, 성공을 위해 사실상 제품 자체를 바꿔야 하거나 서비스 제공 방식을 완전히 바꿔야 한다면 어떻게 하겠는가?

변화에 대한 시각

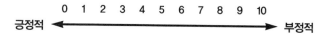

긍정적 ← 0 1 2 3 4 5 6 7 8 9 10 → 부정적

● 변화를 기꺼이 받아들이고 촉진해야 한다.　　● 변화는 신중하게 받아들여야 한다.

당신은 변화에 익숙한가, 아니면 위협을 느끼는가? 변화에 대한 개방적 성향과 그에 따르는 위험을 감수하는 것은 서로 뗄 수 없는 관계이다. 1부의 '모험 수용적 / 안정 지향적' 척도에 대한 논의에서 밝혔듯이 미국 기업들은 변화와 모험과 새로운 것에 대한 수용에 대해 거침없이 말한다. 다른 나라의 기업인들은 변화에 따르는 위험 부담 때문에 변화에 대해 위협을 느낄 때가 많다.

미국 제조 회사 출신의 한 클라이언트가 일본인에 대해 다음과 같이 말했다. "내가 그들에게 변화에 대한 이야기를 할 때마다 질문이 쏟아지더군요. 일본인들은 결정 사항 하나하나마다 왜 그런 것인지 이유를 알고 싶어 했죠. 아주 세세한 변화까지도 계획을 짜야 했기 때문에 일이 지연되기 일쑤였습니다." 그 클라이언트에게 나는 그 일본인 파트너가 쉽게 이용할 수 있는 온라인 정책 안내서를 구축해 놓으라고 조언해 주었다. 선적 관행, 완료된 주문에 필요한 서류 작업, 지불 기한, 할인 기간 일정 등 각각의 용어, 정책, 규칙, 특혜 등을 적고 번호를 매기도록 했다. 일본 측은 이 서류를 보고는 만족했다. 불일치나 착오로 변동이 있을 때 일본인들은 "하지만 여기 운송 안내서 17번에는 관세 서류가……."라며 그 서류를 다시 참고하고 조회했다. 이로 인해서 미국 측 회사도 문제를 찾아내고 그 과정에서 착오를 일으킬 수 있는 요인을 제거할 수 있었고, 동시에 일본인들은 지속성 있는 참고 자료와 절차상의 지침을 얻을 수 있었다.

응용 _

1. 당신이 속한 업계 또는 분야는 끊임없이 변화하는가 아니면 어느 정도 안정적인가?

2. 이 척도에서 당신의 회사는 어느 위치에 있는가? 변화가 지속적인가? 그 변화는 필요한 것인가? 당신이 개인적으로 선호하는 위치는 어디인가?

3. 정말로 피할 수 없는 변화는 어떤 것인가? 어떤 것이 피할 수 있는 변화인가? 어떤 변화가 바람직하겠는가?

4. 당신의 상대 외국 회사는 이 척도의 어느 위치에 있는가?

5. 각기 스타일이 다르기 때문에 생긴 갈등이 있었는가?

6. 이 부분에서 당신의 스타일을 조절함으로써 어떤 이득을 얻을 수 있겠는가? 예를 들어, 만약 당신의 상대 외국 회사가 어떤 변화를 불편해한다면 당신의 변화 지향성을 축소해 표현할 수 있겠는가?

7. 불가피한 변화로 인한 부정적인 영향을 최소화하기 위해 어떤 시스템을 실행하겠는가?

삶과 비즈니스에 대한 통제력의 수준

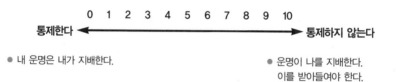

거의 해마다 전 세계 여러 나라에서 큰 홍수가 일어난다. 대체로 서방 국가들은 상당한 재산 피해가 나더라도 인명 피해는 극소수이거나 거의 없다. 안타깝게도 남아시아 등 개발도상국 지역에서는 진흙 더미에 깔리거나 익사하고, 집과 가축들은 쓸려가 버린다.

왜 한 곳에서는 홍수로 많은 사람이 목숨을 잃는데 다른 곳에서는 그렇지 않을까? 홍수가 일부 지역에서만 그렇게 심각한 문제인가? 그렇다. 지리적 요인(우기와 허리케인이 잦은 지역의 국가들), 개발 정도, 사회 기반 시설도 물론 원인이 된다. 그러나 서방 국가에서는 자신들이 모든 것을 통제할 수 있다고 생각한다. 서양인들은 1년 내내

강수량을 측정하고 홍수에 충분히 대비한다. 관계 직원들이 모래주머니를 쌓고 주민들은 대피한다. 일부 서방 국가 외 지역 사람들은 손실이나 죽음까지도 운명으로 받아들이는 경우가 많고, 무자비한 자연으로부터 자신들을 보호할 조처를 취할 수 있다는 생각조차 하지 않는 경우가 많다. 불행히도 홍수가 들이닥치면 많은 사람이 죽는데도 말이다.

자신의 인생은 자신이 통제할 수 있다고 믿든, 외부 상황이나 자연 또는 신에 의해 지배된다고 생각하든, 이 분야의 신념은 확실히 사람들이 일하고 계획하고 사업을 하고 인생을 사는 데 큰 영향을 미친다. 이러한 신념은 사람들이 어떻게 프로젝트를 관리하는지와 같은 특정한 업무에도 영향을 미치고, 더 나은 결과를 위해 열심히 일하는 것에 얼마나 큰 중요성을 부여하는지와 같은 일반적 가치 문제에도 영향을 준다.

응용 _

1. 당신은 자신의 인생이나 비즈니스를 통제한다고 생각하는가?
2. 당신의 상대 외국 회사는 자신들의 인생이나 비즈니스를 통제한다고 생각하는가?
3. ㄱ 또는 ㄴ 중에서 어떤 실수를 하는 편이 낫다고 생각하는가?
   ㄱ. 실제로는 그렇지 않을지 모르는데 당신이 자신의 인생을 지배한다고 믿는 것.
   ㄴ. 실제로는 가능할 수도 있는데 당신이 자신의 인생을 지배하

지 못한다고 믿는 것.

4. 자신의 삶과 비즈니스를 스스로 통제해 얻는 이득은 무엇인가?

5. 물 흐르는 대로 살고 통제권을 포기해서 얻는 이득은 무엇인가?

6. 당신이 속한 업계에서는 통제 능력이 크길 바라는가, 그렇지 않은가?(엔지니어는 기계가 일정 기준에 맞지 않으면 상황을 운명에 맡기지 않고 기계를 조정하고 고친다. 기상 캐스터는 날씨를 제어할 수는 없고 이에 대응할 뿐이다.)

7. 이 척도에서 당신의 스타일을 바꿈으로써 당신의 상대 외국 회사에게 이득을 줄 수 있는 방법은 무엇이겠는가? 상대 외국 회사가 당신이나 당신이 몸담고 있는 업계의 수요에 더 잘 맞도록 스타일을 바꿀 필요가 있겠는가? 어떤 방법이 좋을까?

품질

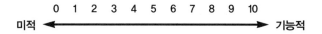

미적 ◄————————————► 기능적
0 1 2 3 4 5 6 7 8 9 10

● 품질 좋은 제품은 미적 즐거움을 주는 제품이다.　● 품질 좋은 제품은 기능적이고 내구성 있는 제품이다.

프랑스 인에게 좋은 품질이 독일인에게도 좋은 품질은 아니다. 당신은 품질을 어떻게 정의하는가? 예를 들어 좋은 품질의 VCR은 무엇인가? 나는 100달러에서 200달러(나는 35달러짜리 VCR은 형편없는 싸구려라고 생각한다.) 정도 들이고 5년에서 6년까지 쓸 수 있는 제품이어야 한다. 2년 안에 고장이 난다면 속아서 샀다고 생각하겠지만 20년 이상 쓸 수 있어야 한다고까지는 생각하지 않는다. 독일인에게 좋은 품질의 제품이란 평생 쓸 수 있는 제품이다. 그들이 생각하기에 구매한 제품은 고장이 나지 않아야 하므로 무상 수리 기간 등은 별로 중요하지 않다. 프랑스 인에게 품질 좋은 제품은 보기에 즐거워야 하며, 스웨덴 인에게는 예술적으로 디자인된 것이어야 한다. 많은 미국인은 플라스틱으로 된 제품은 무엇이든 품질이 떨어진다고 생각한다. 반면 중국인들은 보기에만 좋다면 플라스틱으로 만든 제품이라도 별로 상관하지 않을 것이다. 국제표준화기구(ISO) 인증서는 회사가 품질 좋은 제품을 판매한다는 객관적 지표가 될 수 있지만, 무엇이 품질 좋은 제품인지에 대한 개념은 주관적이므로 모든 문화에서 받아들일 수 있는 선을 제공하지는 못한다.

당신이 접하게 되는 문화를 염두에 두어야 할 뿐만 아니라 각각의 산업에도 관심을 기울여야 한다. 같은 나라 안에서도 자동차 산업 쪽에서 말하는 좋은 품질은 컨설팅 업계나 소형 소비재 분야에서 말하는 좋은 품질과는 다르다.

다음 내용도 생각해 보자. 제품에 '일본제'라고 되어 있는 경우, 50년 전에는 어떤 의미였는가? 사람들은 보통 싸구려 제품이라고 대답했다. 현재는 보통 고품질 제품을 의미한다. 일본인들은 품질 좋은 전자 제품에서 자동차까지 생산하며 미국 제조 업체들을 자극한다. 오늘날 '중국제'라는 말은 고품질을 의미하는가? 대부분의 사람들이 그렇지 않다고 대답한다. 그러나 이 또한 변할 수 있다. 당신이 속한 업계에서 '미국제'는 무엇을 의미하는가? 미국인들이 물론 좋은 제품을 생산하지만 독일인들에게 '미국제 수준의 품질'이라고 자랑한다면 그다지 좋은 인상을 심어 주지는 못한다.

응용 _

1. 당신 회사 제품이나 서비스의 좋은 품질은 무엇이라고 정의하겠는가? 이를 측정할 객관적인 기준이 있는가? 주관적인 품질 가이드라인을 세워 놓았나?

2. 상대 외국 회사가 현재 당신 회사 제품이나 서비스의 품질에 만족하지 않을 수도 있는가? 있다면 무엇인가?

3. 이러한 품질 문제를 바탕으로 해 당신 회사 제품이나 서비스를 개선하기 위해 어떤 노력을 할 수 있겠는가?

4. 외국 소비자의 품질 기준에 맞춰 제품을 생산하겠는가? 그들의 기대보다 품질이 낮은 제품을 판매할 수 있겠는가?

계획 유형

준비, 조준, 발사

'준비, 조준, 발사'의 계획 유형은 결정을 내리는 데 시간이 오래 걸리지만 일단 결정과 계획이 완료되면 결과로 빠르게 이행할 수 있다. 일본, 독일, 스웨덴이 대체로 이런 경우이다.

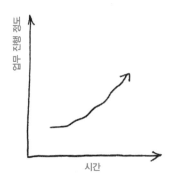

대부분의 문화권에서 계획 수립자들은 행동에 뛰어들기 전에 신중하게 검토에 검토를 거듭하며 그 과정에 충분히 시간을 들이고 싶어한다. 그래프를 보면, 처음 시작할 때는 별다른 성과가 보이지 않지만 시간이 지남에 따라 결과가 보이고 빠르게 진행된다. 미국인이 보기에 실망스러울 정도로 느려 보이는 시작이 결국 장기적인 수익을 낳는다.

준비, 발사, 조준

이 부분은 미국인들이 주목해야 하는 부분이다. 미국인들은 단시간에 만든 계획을 바탕으로 한 빠른 변화에 누구보다도 익숙해 보인다. 그리고 다른 외국인 동료들의 느리고 신중한 계획 과정을 참아내지 못하는 경우가 많다. 미국식 유형은 업무 계획 과정에 될 수 있으면 시간을 적게 들이고 바로 행동에 뛰어들기 때문에 진행 과정에서 어려움에 봉착할 때가 많다. 이것은 왜 많은 미국 회사들이 직원들에게 비교문화 또는 외국어 교육도 하지 않고 파견을 보내는 것인지에 대해 부분적으로 설명을 해준

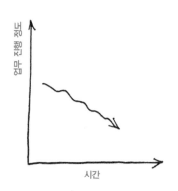

다. 그들은 빠르게 시장을 차지하려 하고, 일찍 일어난 새가 먹이를 얻는다고 믿는다. 이렇게 정신없이 빠른 방식이 미국인들과 일하는 다른 외국인들에게는 얼마나 위협적이고 불안해 보이는지 생각해 보라.

1부의 마지막에서 나왔던 '준비, 발사, 조준' 유형으로 편지를 썼던 네덜란드 인을 떠올려 보자. 모든 계획 유형이 명백하게 드러나는 것은 아니다. 많은 이들이 주의 깊은 계획안 없이 일을 빨리 진행해 버리는 미국인들에 대해 놀라워한다. 미국인과 미국 기업에 해주고 싶은 말은 '준비, 발사, 조준'과 같은 미국식 방식으로 외국인 사업 파트너들을 몰아세우지 않도록 조심하라는 것이다.

계획을 세우는 일은 우리가 하루하루 내리는 결정과 작은 일들을 세심하게 준비할 수 있게 하는 측면과 관련이 있지만 좀 더 큰 전략적인 감각으로 접근할 기회이기도 하다.

2부에서 비교문화 교육을 전혀 받지 않고 도쿄로 가 몇 년을 보냈던 XYZ회사의 관리자를 생각해 보자. 전혀 놀라운 일이 아니다. 내 경험으로 보아도 기업들이 직원을 외국으로 파견할 때 교육이나 준비 과정을 거치게 하는 경우는 상당히 드물다. 업무 관계로 태국으로 가는 직원에게 해주는 준비가 고작 태국 음식 한 끼를 먹이거나, 태국에 거주한 적이 있거나 태국에서 태어난 사람과 대화하는 시간을 제공하는 게 전부이다. 물론 태국(어느 나라든)에 다녀왔다고 해서 그 나라에 대해 전문가가 되는 것은 아니다. 국내외에서 성공을 거두고 거의 모든 것에 정통한 기업들이 때로 직원들을 완전 무방비 상태로

해외에 파견한다는
사실은 정말 놀라운
일이다. 기업들이 이
미 해외에서 성공을
거두고 높은 수익도

> 기업 차원에서 국제적으로 성공을 거두었
> 더라도 국제 비즈니스를 위한 전략 계획은 직
> 원 개인 차원에서 수행되어야 한다.

올리고 있다면 직원들을 특별히 교육할 필요가 있겠느냐고 묻는 사
람이 있을지 모르겠다. 이에 대해 나는, 기업이 국제적인 성공을 거
두었다고 해서 그 기업의 모든 직원들이 해외에서 성공을 거둘 수 있
다거나 비교문화적 전략이나 교육이 필요 없다는 것을 의미하지는
않는다고 대답하겠다.

수익이 수천만(수억) 달러에 이르는 대기업이라면 아무 준비 없이
직원을 해외로 파견한 결과로 몇십만 달러 손해를 입는 것쯤은 대수
롭지 않을 수 있다. 지금까지 내가 경험한 데 따르면, 좀 더 신중하게
계획을 세우는 쪽은 소규모 기업들이다.

기업이 해외에서 성공을 거두었다고 해도 직원 개인은 언어, 환율,
은행 업무 시스템, 회계 관행, 법률 체제, 운송 구조, 정치 체제, 인사
체계, 제품 분류법 등과 같은 여러 가지 문제를 처리할 수 있도록 지
원받아야 한다. 이러한 문제에서 발생하는 차이점들은 불확실성을
의미하므로 광범위한 전략적 차원에서부터 직원 개인 수준의 지원
까지 신중한 계획이 필요하다.

1. 당신의 상대 외국 동료의 유형은 위에 언급한 두 가지 유형 중 어느 쪽인가?(예를 들어 보라.)
2. 당신의 계획 유형은 어느 쪽인가?(예를 들어 보라.)
3. 이러한 계획 유형의 차이점으로 인해 과거에 어떤 사업을 진행하다가 충돌한 적이 있는가?
4. 앞으로 이러한 충돌이나 어려움을 어떻게 피할 수 있겠는가?(일을 원만하게 하기 위해 당신이 할 수 있는 일에 초점을 맞춰 보자. 다른 사람이 변하기를 바라기보다 당신 자신이 변하는 편이 쉽다.)

사람과 의사소통의 문제

자유 대 정체성

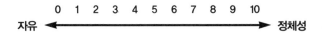

- 사람은 자신이 원하면 무엇이든 될 수 있다.
- 사람은 자신이 누군지 분명히 알고 삶에서 자신의 위치와 역할을 이해해야 한다.

자유와 정체성은 내가 제시한 다른 대부분의 척도에 있는 제목들처럼 완전히 극과 극에 있지는 않지만 그래도 동전의 양면과 같은 부분이 있으며 그 대비되는 성질로 인해 세상 사람들의 문화 프로그래밍에 대한 중요한 통찰력을 얻을 수 있다. 이는 각기 다른 문화권에서 볼 수 있는 여성의 역할에 대한 논의를 통해 잘 알아볼 수 있다.

당신의 문화권에는 여성 건설 노동자가 있는가? 여성 CEO는 어떤가? 남자 간호사나 남자 비서는? 아주 많지는 않겠지만 그러한 역할 간의 이동이 가능한가? 미국에서는 남녀 모두가 다른 성(性)에게 제한적이었던 역할을 점차 수행하는 추세인데, 이는 미국인들이 평등을 강조하기 때문이다. 물론 여성들은 여전히 미국의 직장이나 사회에서 '유리벽'과 같은 불평등을 만나게 되지만, 많은 미국 여성이 자신의 수입을 관리하고 업무에서 뛰어난 실력을 발휘하고, 직접 자기 차의 타이어도 교체하며 독립적으로 살 수 있다는 데 자부심을 느낀다.

어떤 문화권에서는 여성 CEO를 찾아볼 수 없고, 남자 간호사 등도 존재하지 않는다. 예를 들어 남미 사람들은 부부가 차를 타고 외출할 때 대부분 남자가 운전한다. 미국인 여성에게는 이런 상황이 불편할 수도 있지만 다른 해석도 가능하다. MBA 과정 학생들과 이 주제에 관해 토론을 하던 중 가나에서 온 한 여성은 "내가 직접 차를 몰기보다 누군가가 운전해 주는 게 더 좋다."고 말했다.

다른 예를 들어 보자. 많은 서양인들이 말하듯이 이슬람교 여성들은 베일을 쓰도록 강요당하는가, 아니면 자신들이 선택한 것인가? 상당수의 여성을 포함한 이슬람교도들은 여성들이 베일을 쓰는 쪽을 선호하며 이는 그들의 종교와 사회적 정체성의 긍정적인 부분이라고 지적한다. 그들은 가족의 명예를 지키는 역할을 즐긴다는 것이다.

미국인들은 운전을 못하거나 베일을 쓰는 여성들은 억압을 당하는 것이고 그러한 여성들이 서양의 남녀평등에 대해 조금이라도 알게 된다면 '광명'을 보게 될 것이라고 생각하는 경향이 있다. 서양인들이 이슬람교도를 접할 일이 점점 많아지고 있으므로 이러한 관점은 그들을 이해하는 데 중요한 부분이 된다.

단지 대화를 유도하기 위해 "운전이 금지된 여성의 경우는 어떻죠?"라는 질문을 던지면, 토론은 보통 그 여성들이 정말로 운전하기를 원하는지에 대한 방향으로 흘러간다. '선택의 자유'가 가장 중요하다는 쪽으로 토론의 방향을 이끄는 사람은 대체로 강의실에 있는 미국인이다. 이러한 개인의 자유라는 개념은 서양 문화의 신념이다. 특히 미국인들은 미국이 얼마나 자유로운 국가인지에 대해 자부심을 느끼고 미국인이 가진 선택의 폭을 자랑한다. 그러나 펩시와 코카콜라 사이의 선택이나 월마트와 K마트, 맥도날드와 버거킹, 포드와 시보레 등을 두고 선택하면서 그것이 의미 있고 특별한 선택의 주제인지는 생각해 보아야 한다. 극우 정당 국민전선에서 좌파 공산당까지 존재하는 프랑스와 비교해 보면, 미국의 민주당과 공화당은 별 차이가 없다. 다른 많은 나라에도 프랑스와 같은 다양함이 존재한다.

미국인들이 언론과 활동의 자유를 누리고 있기는 해도, 미국을 방문하는 사람들은 미국인 자신들이 의식하지 못하는 가운데 자유의 많은 부분을 제한받고 있다는 지적을 하기도 한다. 루이스 래펌(Lewis Lapham)은 미국인의 자유에 대해 다음과 같이 신랄한 의견을 제시한 바 있다.

무모하고 독립심으로 똘똘 뭉친 개인이 '자연의 자손, 대니얼 분(Daniel
Boone)의 후손, 술을 즐기고 인습에 구애받지 않는 국민'이라는 이미지
를 구현한다고 생각하던 이 나라에 이젠 신경질적인 출세지향주의자들,
찬송가를 즐겨 부르고, 예의 바르고, 기꺼이 복종하며, 남을 즐겁게 하는
데 적극적이며, 공항 보안 검색대나 시청에 들어갈 때도 기꺼이 주머니
를 비우고 두 손을 드는 데 익숙해져 버린 사람들만 남았다.

확실히 많은 미국인들이 헌법상 보장되어 있는 자유마저도 위협
하는 새로운 정부 법안들에 분노하고 있다.

이런 식으로 계속 가면, 이 주제는 미국인들이 소중히 여기는 선택
의 자유와 다른 많은 나라 사람들이 소중히 여기는 명백하게 규정된
정체성의 문제로 좁아질 듯하다. 미국인들은 사회에서 자신의 위치
를 그저 받아들이는 게 불편할지 모르나, 다른 문화권에서는 자신의
적절한 역할을 수용하는 것이 당연하고 충분히 상식적인 일이다.

윤리나 인권 문제로까지 들어가 논쟁할 생각은 없다. 자유 대(對)
정체성에 대한 문제를 밝히고자 한 이유는 이것이 국제 업무 관계에
큰 영향을 미치기 때문이다. 당신이 접하는 상대 외국 기업의 남성이
나 여성들은 당신이 기대하고 생각하는 대로의 모습이 아닐 수도
있다.

1. 이 척도에서 자신을 어디에 놓겠는가?(예를 들고 이유를 제시하라.)

2. 이 척도에서 상대 외국 회사 파트너 또는 소비자를 어디에 놓겠는가?(설명하라.)

3. 당신의 남성 외국인 동료를 성 차별주의자라고 생각했거나 여성을 약하다고 생각한 적이 있는가? 그렇게 생각한 이유의 어느 정도가 당신의 문화적 프로그래밍에 의한 것인가?

4. 이 주제를 기반으로 해 사람들과 접하는 당신의 방식에 어떤 변화를 주고 싶은가?

삶의 속도

여기서는 상황에 따라 다양한 방식으로 풀어가 보고자 한다. 여기서 기본적인 개념은 미국 이외의 많은 다른 나라 사람들이 미국인들보다 훨씬 천천히 일을 진행한다는 점이다. 이러한 상황을 기대하지도 이해하지도 않는 미국인들은 이로 인해 짜증을 낸다. 그 전형적인 예가 외국에서 며칠 동안 회의를 이어 가야 하는 미국인의 경우다. 상대방이 곧바로 사업 본론으로 들어가지 않으면 인내심이 한계에

"시간은 돈이다!" 뭣 하러 관광하며
돌아다니느라 출장 시간을 낭비하나?

다다르고 낭패감을 느낀다.

미국인들은 시간을 매우 소중히 여기며, 그것은 매우 부족한 자산이라고 생각한다. 시간을 돈과 같은 개념으로 보면서, 시간을 쓴다, 절약한다, 낭비한다, 아껴 쓴다 등등의 표현을 한다. 컴퓨터에 금융 관련 소프트웨어를 깔아 지출 관리를 하듯이, 캘린더 소프트웨어를 이용해 스케줄을 검토하고 조정하고 채운다.

다른 나라 사람들은 시간에 대해 좀 더 여유롭다. 이는 문화가 오래 지속되어 온 나라에서 특히 그렇다. 지금 세기 이전에 수십 세대를 거쳐 내려왔다면 시간에 대한 개념은 더욱 느슨한 것이 보통이다. 오늘 하지 못한다 해도 내일이 있으니까.

미국인이 출장 업무에서 계약 체결 협상과 같이 무언가를 성취해야만 성공했다고 생각할 때 마찰이 생긴다. 다른 이들은 상대방을 만나고 알게 된 것만으로도 성공적인 출장이었다고 생각한다. 사업 여부는 시간이 지나면 자연스럽게 차후에 이루어질 수 있고 이루어지리라 생각한다. 미국인은 돈과 시간을 투자해 바다를 건너 날아갔는

데, '진지한 사업'에 대해 논의하지 않고 거래를 매듭짓지 않으면 크게 실망한다. 미국인들은 마감 기한 없이도 게다가 미국산 제품 없이도 수천 년 동안 잘 살아온 문화권의 사람들에게 기한을 지키라고 아무리 윽박 질러 봤자 소용없다는 사실을 깨닫기가 무척 힘들다.

시간에 쫓겨 사는 사람들은 너무 늦기 전에(너무 늦다는 게 무슨 뜻인지는 모르겠지만 말이다. 무한한 미래가 앞에 놓여 있는데 뭐가 그렇게 늦겠는가?) 일을 성사시키고 싶어 한다. 시간에 그다지 쫓기지 않는 사람은 분명 시간이 오래 걸리는 적당한 사업 관계를 구축하는 데 좀더 집중하고 싶어 한다.

응용 _

1. 이 척도에서 당신 자신과 당신의 동료를 어디에 놓겠는가? 시간에 대한 관점이 달라서 갈등이 있었던 적이 있는가?
2. 비즈니스 진행 속도를 절대 늦출 수 없는 부분은 무엇인가?
3. 당신의 비즈니스 추진 속도나 시간을 더 빠르게 또는 더 느리게 바꿈으로써 어떤 이득을 얻을 수 있을까? 다른 이들이 바뀌어야 하는가? 왜 그런가?
4. 당신의 속도를 바꾸고 늦춰 본다. 시간은 충분하다고 생각하는 것이 장기적으로 당신의 비즈니스를 어떻게 개선시키겠는가?

예의, 의전, 격식

```
        0  1  2  3  4  5  6  7  8  9  10
격의 없음 ◄━━━━━━━━━━━━━━━━━━━━━━━━► 격의 있음
```

● 예의와 의전은 대체로 불필요하다. 긴장을 　　● 예의와 의전은 중요하다. 다른 사람을 배려
　풀고 내 방식대로 행동한다.　　　　　　　　　한다.

나라마다 다른 규약을 다룬 책이 많이 나와 있다. 예를 들어 중국
에서 사업상 식사에 참석하는 등의 특정 상황에서는 어떻게 행동해
야 하는지에 대한 지침서도 있다. 여기서 내가 다루는 내용은 일반적
인 조언으로, 격식 차리기를 좋아하는 외국인 동료들의 다양한 방식
들에 주의하기 바란다. 그들이 중요하게 여기는 사소한 의전과 예의
를 놓치지 말기 바란다. 별것 아닌 듯 보일지 모르지만 중요하다. 다
음은 몇 가지 예이다.

겉모습은 중요하다. 미국인들이 운동복이나 조깅용 짧은 반바지
를 입고 식료품점에 가는 모습을 흔히 볼 수 있다. 미국인들은 격의
없는 모습을 보여 주는 예라고 말할 수도 있다. 맞는 말이다. 사실 집
앞 가게에 잠깐 가는데 낡은 운동복을 입고 간다고 대수겠는가? 세
상이 끝날 일도 아닌데 말이다. 그러나 운동을 하고 있는 상황이 아
닌 곳에서 운동복을 입고 있는 모습을 절대 보이고 싶어 하지 않는
상당수의 다른 나라 사람들에게는 중요한 문제이다. 해변에서 조끼
까지 다 챙겨 양복을 입지 않듯, 가게에 가더라도 운동복을 입지 않
는 것이다.

내 미국인 친구들은 청바지에 테니스 운동화, 티셔츠를 입고도 파티에 가는 반면 남미나 유럽 인 친구들은 잘 다린 바지에 멋진 옷, 가죽 구두, 와이셔츠까지 챙겨 입는다. 자국에서 외국인 방문객을 접대하든 외국에서 사업 협상을 하든, 그곳에서 알맞은 복장이 무엇인지를 꼭 알아야 한다. 국내에서 간편한 옷차림을 하고 싶다면 그렇게 하라. 다만, 다른 곳이나 다른 나라에서 온 방문객들은 당신을 가정교육도 제대로 못 받은 사람으로 생각할 수도 있다는 점을 알아 두기 바란다.

다른 행동도 중요하기는 마찬가지이다. 미국인들은 기차 맞은편 자리에 다리를 올리고, 회의 때 느긋하게 의자에 기대고 앉아 편안하게 사람들의 직함이 아닌 이름을 부른다. 이러한 격의 없는 방식이 모든 곳에서 받아들여지지는 않는다. 복장에 신경 써야 할 뿐 아니라 사람들이 자신을 어떤 식으로 드러내며 타인을 어떤 식으로 대하는지도 눈여겨보아야 한다. 그들은 고객에게 공손히 문을 열어 준다든가 차를 따라 주는 행동과 같은, 당신이 생각하기에 불필요한 예의범절을 신경 써서 하고 있는가? 어떻게 인사를 주고받는지도 눈여겨보라. 미국인에게는 첫인사가 그다지 중요하지 않지만, 대개의 경우 서로 처음 만났을 때 남자들은 악수를 하고, 여자들은 양 볼에 가볍게 입을 맞추는 경우도 많다. 한번은 프랑스 친구가 두 손 가득 책을 들고 있었는데, 그날 처음으로 만난 동료에게 미안하다고 말하며 손 대신 팔꿈치를 내미는 것을 보았다. 그렇게 하지 않으면 상대방을 무시하는 것 같기 때문이었다. 다시 말하지만 그 지역의 사람들이 어떻게 하는지를 보고 적절히 모방하기 바란다.

복장이나 신체적 행동으로 자신을 나타내는 방법과 함께, 물건을 어떻게 다루느냐도 당신이 갖추는 격식의 정도를 나타낼 수 있다. 나는 교수로서 많은 외국인 학생들에게 보고서를 받곤 하는데, 보고서를 하나로 취합한 형태나 종이가 깨끗하고 구김이 없는 것을 보면 그들이 보고서의 내용만큼이나 외관도 중요하게 생각하는 것을 알 수 있다. 대개의 미국인 교수는 내용이 좋고 핵심 정보만 잘 나타낸다면 종이가 더럽고 구겨져 있어도 참아 주겠지만, 다른 이들은 그렇지 않을 수도 있다.

언어도 격식이나 예의상 실수를 하는지 아니면 잘 해내는지를 가늠할 수 있는 부분이다. 영어에서 'you'라고 말할 때, 존대할 경우와 존대하지 않을 경우에 구분 없이 사용하지만, 다른 여러 언어에서는 구분해서 사용한다. 프랑스 어에서는 새로 알게 된 사람에게 또는 존경심을 나타낼 때 존대어 'you'에 해당하는 'vous'를 사용하고, 친구 사이에서는 비존대어 'you'에 해당하는 'tu'를 사용한다. 독일어, 스페인 어, 이탈리아 어, 포르투갈 어, 스웨덴 어, 노르웨이 어 등의 여러 언어에서도 같은 형태가 존재한다. 당신이 실제로 그 나라의 말을 하지 않더라도, 그 언어를 모국어로 사용하는 사람들은 존대와 비존대를 구별한다는 사실을 유념해야 하고, 영어로 말할 때도 잘 모르는 사람에게 말할 때는 존중을 표시하는 것이 중요하다.

자국이 아닌 다른 나라에 있을 때 위에서 밝힌 바와 같은 예의와 격식과 의전에 좀 더 주의를 기울일 필요가 있다. '정말 이런 귀찮은 일들을 모두 해야 하나?'라고 생각한다면, 그것에 대해 내가 해줄 수 있는 대답은 확실하게 "그렇다!"이다. 다른 이들의 의전에 주의를 기울이고 적절한 방식으로 비슷하게 따라하기 바란다.

응용 _

1. 이 척도에서 당신은 격식을 갖추는 쪽인가, 갖추지 않는 쪽인가?
2. 상대 외국 회사에서 예의, 격식 또는 의전의 사례가 될 만한 일을 본 적이 있는가? 특정 행동이나 말하는 방식 또는 옷 입는 방식이 생각나는가?
3. 당신의 외국인 동료는 당신에 대해 어떤 인상을 받았을까? 긍정적이겠는가, 부정적이겠는가?
4. 이러한 일들이 정말 중요하다고 생각하는가? 그렇다면 이 척도에서 당신의 위치를 바꾸어 자신을 좀 더 잘 표현하고 갈등을 피할 수 있는 방법은 무엇일까?

추론 방식

당신이 정밀한 화학 실험을 진행하는 과학자이거나 마케팅 기획안을 짜고 있는 사람이라면 당연히 상당히 제한된 인지 유형 내에서 생각해야 한다. 나는 여기서 그러한 특정 논리 체계를 설명하려는 것이 아니다. 내가 원하는 바는 일반적 사고의 형태를 설명하고 그것이 문화에 따라 다양할 수 있다는 사실을 보여 주는 데 있다.

물론 이 영역에서는 사고하고 정보를 처리하는 개인적인 스타일의 차이가 커다란 역할을 한다. 대개의 경우는 문화 차이보다도 더 영향력이 있다. 그렇다 해도 추론 방식을 살펴보는 것이 다른 문화권 출신 사람들을 이해하는 면에서는 유용할 것이다. 그러면 당신은 "아! 그래서 이탈리아 광고는 그런 식으로 만드는구나!"라고 말하게 될 수도 있다.

결론에서부터 출발

먼저, 하나의 결론 또는 가설이나 주장에서 출발해 핵심을 뒷받침하는 방법을 찾는 접근 방식이다. 결론에서부터 나선형으로 나오게 된다. 그렇게 나오는 동안 모든 것이 최초의 가설을 지지하고 서로 모순되는 점이 없으면 그 결론을 지지해도 된다고 판단할 수 있다.

예를 들어 내가 "인간 복제는 이루어져서는 안 된다."는 주장을 시작한다고 가정해 보자. 종교적 이유를 들기도 하고, 인간의 생명을 이런 식으로 실험하는 일은 비윤리적이라거나, 잘못된 목적으로 쓰일 경우 복제 기술이 위험한 결과를 낳을 수도 있다는 주장을 하며 이 결론을 지지한다. 이 모든 주장이 인간 복제가 잘못된 것이라는 가설을 지지하고 서로 모순되는 부분이 없는 한, 내가 내린 결론을 올바른 것으로 받아들일 수 있다고 확신하

게 된다.

그 반대 관점을 가질 수도 있다. "인간 복제는 계속되어야 한다."는 결론에서 시작하는 것이다. 인간 복제는 의학을 발전시켜 생명을 구하며, 과학은 반드시 진보해야 하기 때문이라는 식의 이유를 제기하며 그 주장을 지지한다. 이런 주장들이 결론으로 내세운 것을 지지하고 서로 모순되지 않는 한, 인간 복제에 대해 강하게 주장을 펼칠 수 있다.

이러한 사고 형태를 귀납적 사고라고 한다. 이 사고방식에서는 극단적으로 반대되는 관점들이 양극에 존재하는 것이 가능하다. 사실 귀납법은 사람들이 낙태, 사형 제도, 인종적 편견 등과 같이 해결하기 까다로운 문제에 대한 반대 의견을 지지하고자 할 때 쓰이는 추론 방식이다. 미국 사회에서는 이러한 상호 대립되는 관점이 극단적으로 충돌하는 것을 볼 수 있다. 언론과 보도의 자유는 이러한 대립을 공개적인 논쟁거리로 만들며, 이는 많은 다른 문화권 사람들이 총기 소유, 성(gender) 문제, 그 밖의 다른 문제에 관한 서로의 차이를 마음껏 소리 높여 외치는 미국인들을 극단적이라고 생각하는 이유를 어느 정도 설명해 준다.

결론에 도달

또 다른 접근 방식은 자료를 모으고 전문가와 의논하고 연구한 뒤 결론에 도달하는 방법이다. 이 방법을 이용하면

그림과 같이 바깥에서 안쪽으로 진행하게 되고, 마지막에 도달할 때까지 어떠한 결론에 다다를지 알 수는 없다.

이 방식으로 조사할 경우, 사전에 어떠한 결론도 내리지 않고 출발한다. 결론 대신 질문을 하고, 문서를 재검토하고, 사실을 수집하며 연구, 탐구, 논리, 추론 등이 어디로 향하는지를 검토한다.

내가 여기서 형식적 논리 체계를 설명하고자 하는 것은 아니지만, 이러한 사고 형태는 프랑스 철학자 데카르트의 연역적 추론과 유사하다. 과학자들이 취해야 할 접근 방식이 바로 연역법이다. 결론에서 출발하지 않고 열린 마음으로 자료가 말하는 것을 따르는 방식이다.

잠시 이러한 방식이 프랑스식 사고방식이며 대다수 유럽 인들의 사고방식일 수 있다는 다소 위험한 가정을 해보겠다. 이런 식의 인지 형태는 스페인과 포르투갈을 통해 남미 지역으로도 퍼져 나갔을 것이다. 그곳 학교에서는 이러한 사고방식을 강조하고 분명 그들의 미래에도 큰 영향을 미치게 된다. 연구를 목적으로 하는 많은 분야의 대학원생들도 확실히 이런 식으로 사고하도록 교육받을 것이다. 특정 직업 분야의 직원들에게도 마찬가지이다. 연구자들은 어떤 결과를 찾게 될지에 대해 어떤 편견도 가져서는 안 된다. 자료를 수집하고, 그것으로 인해 어떠한 결과가 도출되든 그 결과는 이미 연구자들의 손을 떠나 조정이 불가능한 사실이다. 그러나 대부분의 경우 이런 식으로 진행되지는 않는다.

어느 나라나 어떤 분야의 사람들이나 모든 상황에서 이렇게 생각한다고 말하면 매우 과도한 일반화가 된다. 한 나라 국민의 사고방식을 정확하게 짚어 정의할 수 없음을 다시 한 번 분명히 밝힌다. 또한 모든 업무와 문제와 상황 그리고 의문은 각기 다르므로 각각 다른 추론 방식이 필요하다.

여기서 중요한 것은 몇 가지 다른 추론 방식을 알아 두면 다양한 문화권에서 온 사람들과 섞여서 일하고 계획하고 의사 결정을 할 때 사고방식이 얼마나 중요한지를 더 명확하게 이해할 수 있다는 점이다.

동시에 한 결론에 도달

이 세 번째 형태는 이전 두 가지 방식보다 덜 직선적인 모양이다. 처음 두 형태에서는 안쪽의 결론에서 바깥으로, 또는 바깥에서 안쪽의 결론으로 향하는 추론 방식을 따르는 식이었다. 이 세 번째 사고 형태에서는 여러 방향과 범위에서 여러 가지를 고려해 동시에 결론에 도달하게 된다. 여러 방향에서 동시에 결론에 도달한다는 것은 쭉 뻗은 직선 길을 따라 결론에 도착할 수 없다는 것을 의미한다.

양편으로 나뉘어 논쟁하는 과정에 이러한 논리 형태는 적합하지 않을 수도 있다. 대학원 학생 시절, 토론 수업에서 어느 교수님이 "학생을 가르치는 일은 예술인가, 과학인가?"라고 질문한 적이 있었다. 모두가 돌아가며 의견을 말하도

록 되어 있었다. 첫 번째 학생이, 가르치는 일은 학습과 교수의 원리를 따르는 과학이지만 동시에 학생과 교감할 수 있는 교사의 재능이나 감정도 필요하므로 예술이라고 대답했다. 교수가 빙 둘러 앉은 학생 하나하나에게 질문하는 과정에서, 학생들은 모두 첫 번째 학생이 한 대답을 기본으로 자기 식의 변형된 대답을 내놓았다. 그런데 한 일본인 학생의 차례가 되었을 때, 그는 예술과 과학이 어째서 상반된 위치에 놓여야 하는지 이해할 수 없다고 말했다. 예술과 과학은 같은 개념의 다른 측면일 뿐이라는 주장이었다. 그 강의실에서 처음으로 전혀 다른 답변이 나온 것이었다.

이 세 번째 논리 유형이 동양 또는 중동 지역 사람들의 사고 형태라고 할 수 있다. 전체론적 사고 형태라고도 한다. 이 형태는 일반적으로 동양에서 실행하는 합의 구축에 적합하다. 동양에서 합의를 할 때는 모든 사람이 의견을 내어 여러 가지 사실, 가설, 견해를 취합하고 교환한다.

이러한 사고 과정은 다소 느릴 수 있다. 따라서 어느 날 문득 하나의 결론에 도달했을 경우, 그것이 하룻밤 사이에 이루어진 것은 아니다. 몇 달 동안의 재고와 토론 끝에 '갑자기' 결론에 도달한 것이다.

응용 _

1. 위의 세 가지 형태 중 어떤 형태를 가장 많이 사용하는가?(사례를 제시하라.)

2. 당신의 사고 형태는 당신의 분야, 문화, 성격에 의해 결정되었다

고 생각하는가? 아니면 이 모두를 다 합해서인가?(사례를 제시하라.)

3. 상대 외국인 동료는 어떻게 생각하고 추론하기를 좋아하는가? (사례를 제시하라.)

4. 당신의 외국인 동료의 추론 방식이 달라서 발생하는 불일치나 반목이 있는가?

5. 당신의 사고 또는 추론 방식을 바꿈으로써 어떤 이득이 생길까? 다른 이들도 바꿔야 한다고 생각하는가? 방법은 무엇이며, 그 이유는 무엇인가?

인지 형태와 의사소통

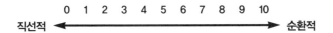

	0	1	2	3	4	5	6	7	8	9	10	
직선적	←										→	**순환적**

● 직선적 사고는 주제에서 벗어나지 않고 바로 핵심에 도달한다. ● 순환적 또는 체계적 사고는 핵심에서 벗어나 핵심 주위를 돌다 도달하게 된다.

직선적 사고방식은 핵심을 향해 직선으로 이동해 도달하는 반면, 순환적 사고방식이란 말하는 사람이 핵심에서 벗어나 빙빙 돌고 돌다 핵심에 이르게 되는 것이다. '직선적' 또는 '순환적'이라는 용어는 언제든 다소 비판적으로 쓰인다. 어떤 사람이 부적절하고 계속 반복되는 논리를 사용할 경우, 그 사람을 순환적 사고방식을 가졌다고 비난하고, 직선적 사고방식을 지닌 사람에게는 편협한 사고를 지녔다고 비판한다. 국제 의사소통의 이러한 두 가지 방식에 대해 내가 말하고자 하는 바는 단순하다. 비판적 시각에서 말하려는 의도는 전혀 없다.

여기에서 분명히 기억해야 할 점은 규칙에는 예외가 있다는 점이다. 개인의 차이가 문화적 특질보다 비중이 훨씬 크기 때문이다. 이점을 유념하면서 우리의 사고방식이 어떻게 우리의 의사소통 방식에 영향을 미치는지 알아보도록 하자.

당신은 다른 사람들에게 어떻게 자신의 생각을 전하는가? 당신이 알고 있는 것을 다른 사람이 이해할 수 있도록 어떻게 표출하는가? 고객, 소비자, 동료, 직원들에게 발표하거나 함께 토론이나 협상, 대화를 할 때 어떤 접근법을 쓰는가?

핵심을 곧바로 말하기

미국에서는 핵심을 곧바로 찌르는 방식을 당연히 여기고 이를 선호하며 기대한다.

미국인들은 예측 가능한 순서를 따르는 경향이 있다. 그들은 A에서 F라는 요점에 가는 동안 예측 가능한 B, C, D, E의 순서를 따르고 그 길에서 일탈하고 싶어 하지 않는다. 미국인들은 적은 단계로 목표를 이룰 수 있도록 이러한 직선적 형태로 생각을 정리하는 것을 좋아한다.

물론 미국인들의 이런 경향은 전체적 상황과 개인의 성격에 따라 다르다. 어떤 때는 이런 직선적 과정에서 옆길로 빗나가기도 하고 핵심의 주변을 맴돌 때도 있지만 일반적으로 좀 더 분명한 직선적인 사고를 중시한다고 할 수 있다.

다음은 미국식 방식이다.

두뇌   요점

핵심을 돌려 말하기

대부분 나라의 사람들이 이 방식에 속한다. 조화와 간접적인 의사소통에 초점을 맞추기 때문에 아시아 인들 가운데서도 일본인들은 직접적으로 핵심을 말하면 무례해 보일 경우 돌려서 말하기를 좋아한다.

특히 시간에 느긋한 사람들, 그 중에서도 아랍 인, 러시아 인, 아프리카 인들은 핵심으로 가기까지 옆길로 새거나, 이런저런 이야기와

두뇌   요점

일화 몇 가지를 얘기하며 핵심 주변을 빙빙 돈다. 이들이 이리저리 말하면서 주제에서 빗나가는 것처럼 보여도 결국에는 핵심에 도달하게 된다.

이 두 가지 화법이 만나면 충돌은 자명하다. 두 편 모두 상대방에게 당황하고 혼란스러워하게 될 것이다. 미국인들은 외국인 동료들과 말할 때 주제에서 벗어난 이야기와 그로 인해 낭비하는 시간으로 곤혹스러워하고 대화나 회의의 요점이 무엇인지 의아해한다. 그리고 반대쪽 사람들은 밀어붙이는 태도에다가 세심한 배려를 할 줄 모르는 미국인들에게 위화감과 모욕을 느낄 것이다. 핵심과 상관없는 이야기를 하고 빙빙 돌려 말하는 것은, 상대방의 머릿속에 요점을 쑤셔 넣어서 그들을 모욕하는 우를 범하지 않고 천천히 핵심에 도달하는 장점이 있는데도 말이다.

각각의 의사소통 방식은 결과적으로는 모두 핵심에 도달하거나 가까워진다. 그러므로 인내심이 필요하다.

응용 _

1. 당신과 당신의 외국인 동료는 어떤 추론 방식을 사용하는가?(양 편 모두 핵심까지 어떻게 가까워지거나 돌아가는지 예를 들 수 있는가?)
2. 각각의 추론 방식으로 인해 양쪽이 모두 어려움을 겪는가?
3. 당신의 추론 방식 중 어느 정도가 당신의 직업 때문이고 어느 정도가 개인의 선택 때문인가?

4. 이러한 어려움을 방지하기 위해 어떻게 당신의 방식을 바꿀 수 있겠는가?

의사소통 방식

이성적 또는 감성적

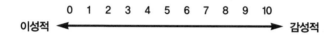

	0	1	2	3	4	5	6	7	8	9	10
이성적 ◄											► 감성적

• 감정은 숨기는 것이 좋다.   • 감정은 표현하는 것이 좋다.
• 설득이나 협상에 감정이 섞여서는 안 된다.   • 열정과 감정은 자신의 주장에 대한 중요성
                                                 을 부각시키는 가치 있는 요소이다.

미국식 의사소통 방식은 이 척도에서 왼쪽 끝에 있다. 일부 동남아시아 인들 또한 토론을 하거나 어떤 생각을 나타낼 때는 감정을 억제하는 쪽을 선호한다.

탁자에 주먹이나 신발을 내리치며 자신의 주장을 관철시키는 러시아 인들은 이 척도에서 볼 때 오른쪽 끝에 있다고 볼 수 있고, 아랍 인과 이탈리아 인, 그리스 인 같은 대부분의 지중해 지역 사람들도 마찬가지이다.

몇 년 전에 국제 구호 단체 직원들이 에티오피아 기아 난민들에게 곡식 자루를 전해 주는 모습을 뉴스에서 보았다. 에티오피아 인들은 기쁨의 눈물을 흘리며 펄쩍펄쩍 뛰었는데, 그들이 도움을 받은 데 대

해 무척 기뻐하고 있다는 것을 알 수 있었다. 만약에 시카고에 식량 부족 사태가 나서 주민들이 배 한 척 분량의 식량을 받는다면 어떨까? 시카고 주민들은 절대 이렇게 행동할 리 없다. 더군다나 텔레비전 카메라 앞에서 말이다. 시카고 시민을 인터뷰한다면, 침울한 분위기로 "이러한 지원을 받게 되어 다행입니다. 식량을 유용하게 쓰겠습니다." 정도의 말을 할 것이다.

누군가를 납득시키거나 자신을 표현할 때 어느 정도의 감정을 나타내야 할까? 다른 문화를 접해 본 내 경험에 따르면, 너무 많이 보여 줘서 실수를 범하느니 조금 보여 줘서 실수를 저지르는 편이 나은 것 같다. 당신의 외국인 동료가 어느 정도의 감정을 드러내는지 주의를 기울이고, 임의로 판단하기보다는 그들에게 맞추도록 노력하는 것이 좋다. 필리핀 인들은 누군가가 정말로 화를 돋우거나 궁지로 몰기전에는 조용하고 대립을 좋아하지 않는다는 사실에 대한 글을 읽었다면, 그들의 감정을 폭발시키는 상황은 피해야 한다. 당신이 다양한 전략을 시도할 때마다 감정 표현의 수위에 주의를 기울여야 한다. 한번 뱉은 말은 다시 주워 담을 수 없기 때문이다. 언제든지 공손하고 전문가다운 태도가 가장 안전하지만, 감정적인 주장도 과소평가해서는 안 된다.

응용 _

1. 대형 사건이 터질 때 당신은 어떻게 반응하는가?(사례를 제시하라.) 감정적인 태도를 보이는가, 아니면 이성적이고 절제된 태도

를 보이는가?

2. 당신의 설득 방식은 감정적인 편인가, 이성적인 편인가? 당신의 외국인 상대방은 어떤 편인가?

3. 당신은 당신과 다른 의사소통 방식과 설득 방식을 존중하는가?

4. 당신의 감정적 방식의 수위를 조금 낮추거나 당신의 주장에 약간의 감정을 섞어 이득을 볼 수 있는 방법이 있는가?

물리적 공간

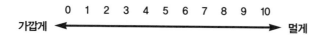

- 조밀한 공간, 친밀한 관계, 가까운 거리　　- 넓은 공간, 거리감 있는 관계, 먼 거리

가까운 것과 먼 것은 완전히 반대의 성질은 아니지만, 이 분류로 간단하게 핵심을 이해할 수 있다. 사람들이 혼자 차지하는 물리적 공간과 타인과 유지하는 신체적 거리는 문화에 따라 다르다.

미국인들에게 벌어질 법한 일이 두 가지 있다. 첫째, 미국인은 보통 자신이 익숙하고 편안하게 느끼는 거리보다 훨씬 가까운 거리 안에 서기를 좋아하는 남미인들이나 중동인들에게 자신의 공간을 침해받는다고 생각할 가능성이 많다. 아랍 인들은 상대방의 입김을 맡을 수 있을 만큼 가까이 서기를 좋아한다. 이전에도 말한 바와 같이, 이때 뒤로 물러서거나 불편함을 드러내서는 안 된다.

둘째, 미국인들은 자신이 차지하는 공간과 커다란 목소리 때문에 튀게 마련이다. 많은 미국인들은 자신의 신체적 움직임이 많은 공간을 차지한다는 사실을 인식하지 못한다. 특히 미국 남자들은 팔다리를 뻗고 있는 경우가 많다. 한쪽 무릎에 다른 한쪽 발목을 올려놓거나 다리를 앞으로 쭉 뻗고는 발목을 교차시키기도 한다. 이에 반해 유럽 인이나 남미인들은 다리를 꼬고 앉는 편이다. 많은 미국인들이 걸을 때 팔을 앞뒤로 크게 흔들며 걷고 대체로 많은 공간을 차지하는데, 특히 남성들이 더하다. 또한 기차 맞은편 좌석이나 의자나 자신의 책상에 다리 올리기를 좋아해서 공간 규칙을 침해하는 편이다. 미국인들의 목소리가 큰 것도 공간과 관련이 있다. 상대방과 거리를 넓게 유지하는 미국인들은 대개 큰 소리로 말하는 경향이 있다.

다시 한 번 말하지만 일반적인 규칙은, 다른 문화권 사람들이 얼마나 공간을 차지하는지, 목소리나 자세는 어떤지 관찰해 거기에 맞추는 것이다.

응용 _

1. 당신이 다른 사람들을 접할 때 공간이 중요하다고 여겼던 경험이 있는가? 자신의 공간이 침해당했다고 느껴본 적이 있는가? 다른 이의 공간을 침해했다는 생각이 든 적은 있는가?
2. 외국인 동료들과 이야기할 때 목소리 크기에 주의하기 바란다. 당신의 목소리가 상대방보다 작다고 생각하는가 아니면 크다고 생각하는가?

침묵에 대한 편안함

```
        0  1  2  3  4  5  6  7  8  9  10
침묵을 받아들인다 ◀━━━━━━━━━━━━━━━━━━━━▶ 침묵을 피한다
```

● 침묵을 존중하고 즐겨야 하며 불편함을 느   ● 침묵은 사람들을 초조하고 불편하게 한다.
  낄 필요는 없다.

대부분의 미국인들은 회의나 대화 중 침묵을 4초 정도만 참을 수 있다고 한다. 회의에서 한번 시도해 보라. 회의 중에 또는 당신이 여러 사람 앞에서 발표를 하는 상황에서 말을 마친 후 약 10초간 침묵해 보라. 대부분의 사람들이 그렇게 하지 못한다. 최대 약 6초 후, 청중들은 발표자가 대체 무엇을 하는 것인지 고개를 갸우뚱거리며 조바심을 내게 될 것이다. 당신이 계속 침묵을 지킨다면 결국 누군가가 입을 열어 침묵을 깬다.

내가 일본인 사업가들에게 프로그램을 설명한 적이 있는데, 중간에 질문을 받기 위해 말을 멈췄다. 문화에 따라 침묵이 어떻게 받아들여지는지 잘 알고 있었기 때문에 그들이 질문거리를 생각하는 동안 나는 가만히 있었다. 40초 정도 흐른 후에(그렇다, 40초였다!) 한 참석자가 옆 사람에게 일본어로 말하기 시작했다. 대략 30초쯤 말을 하더니 그들 중 영어를 잘하는 어떤 사람이 "세 번째 슬라이드 내용에 대해 질문이 있다고 합니다."라고 말했다.

내가 어마어마하게 길게 느껴지던 그 40초를 기다리지 않았다면, 질문이 무엇인지 결코 알지 못했을 것이다.

캐나다의 한 응급실 의사는 캐나다 원주민들(Canadian Aboriginals : 캐나다에서 '인디언'을 지칭할 때 사용하는 명칭이다.)의 침묵에 화가 난

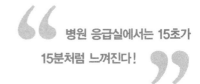

병원 응급실에서는 15초가 15분처럼 느껴진다!

다고 털어놓았다. 응급실은 언제나 분주한 곳이고 이 의사는 보통 각각의 병실로 부리나케 들어가 차트를 훑고는 "어디가 불편하세요?"라고 묻는다. 그런데 캐나다 원주민들은 그의 질문에 한참 아무 말도 하지 않는다는 것이다. 그들은 말하기 전에 한 번 더 생각하는 쪽을 선호하는 사람들이고, 그들에게 침묵은 대수롭지 않았다. 그러나 줄을 서서 기다리고 있는, 치료가 급한 다른 환자들도 돌봐야 하는 바쁜 의사로서는 그들이 뜸을 들이는 통에 분통이 터질 지경이었다.

여기서 한 가지 더 짚고 넘어갈 사실은 침묵이라고 해서 의사소통이 전혀 안 된다는 말이 아니라는 점이다. 예를 들어 일본인들은 말 중간 중간에 "흐음" 또는 "아" 또는 "예"라는 말을 집어넣는다. 상대방이 "흐음"이라는 말만 했다고 해도 그 사람의 목소리 높낮이, 눈빛, 얼굴 표정, 몸짓과 자세 등을 통해서 꽤 많은 정보를 얻어 낼 수 있다.

응용 _

1. 의도적인 침묵으로 인해 곤혹감을 느낀 적이 있는가? 어떻게 해결할 수 있었나?

2. 당신이 침묵을 불편하게 느끼는 사람이라면 침묵을 선호하는 사람을 얼마나 어려워하겠는가? 그러한 사람들과의 만남에서 당

신의 스타일을 어떻게 바꿀 수 있는가?

대화의 흐름

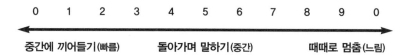

나라마다 누가, 언제, 어떻게 말하는지에 대한 규칙이 다르다. 여러 나라를 다양하게 접해 왔다면, 어떤 대화는 맞아떨어지는 듯하고 어떤 대화는 그렇지 못함을 눈치 챘을 것이다. 대화할 때 편안하다고 느끼지 못한다면 실제 사업 관계를 구축하기는 힘들다. 여기서는 어떤 대화 방식이 통하고 어떤 방식이 통하지 않는지에 대한 내용뿐 아니라 각기 다른 나라에서 사용하는 다양한 방식의 대화 흐름을 설명해줄 세 가지 의사소통 방식에 대해 알아본다.

돌아가며 말하기_미국, 영어권 캐나다, 호주, 뉴질랜드, 영국에서는 모임이나 회의에서 대화 상대나 사람들이 차례대로 돌아가며 말한다.

이런 나라 출신 사람들은 자신의 말이 끝나기도 전에 누군가가 도중에 가로막으면 기분이 상할 것이다. 또 어떤 사람은 상대가 중간에 끼어들기를 기대하며 말하고 있는데 상대방은 오히려 말이 끝날 때까지 끈기 있게 기다리고 있다면 그 상황도 어색할 것이다.

끼어들기 _ 남미, 지중해 유럽(스페인, 남프랑스, 이탈리아), 북아프리카, 중동 지역 사람들이 여기 포함된다. 브라질의 어느 회사는 화상회의를 실시하는 초기에 몇몇 사람들이 회의에서 동시에 말하려고 했기 때문에 기술적인 난관을 겪었다. 카메라가 말하는 사람에게 초점을 맞추도록 디자인되었기에 문제가 발생한 것이다. 몇 사람이 한꺼번에 말을 하자 카메라가 말하는 사람을 찾기 위해 정신없이 돌아갔다. 카메라가 제대로 작동해 화상 회의를 제대로 진행하기 위해서 브라질 인들은 자신의 차례가 올 때까지 기다려 한 사람씩 차례대로 말하는 식으로 행동을 고쳐야만 했다.

반면에 내가 프랑스에 산 지 얼마 되지 않아 배운 점은, 상대방의 말이 끝날 때까지 기다리면 나는 한마디도 할 수 없다는 사실이었다. 나는 이에 대해 비공식적으로 프랑스 인들과 인터뷰를 한 후, 미국과 프랑스의 서로 다른 대화 스타일에 대해 다음과 같은 결론을 내렸다. 즉 나는 처음에 프랑스 인들이 내 말을 가로막는 것이 내 말에 관심이 없거나 동의하지 않기 때문이라고 생각했다. 그런데 프랑

영어권 사람들은 한 번에
한 사람씩 말하는 경향이 있지.

한 사람이 끝나면 다른
사람이 말하기 시작하고 말이야.

보통 누가 가로막는 일은
없는 편이야.

맞아. 그리고 말하는 중엔 3, 4초
이상 침묵이 계속되지도 않지.

영어권 나라 출신 사람들은
자신의 말이 끝나기도 전에 누군가가
도중에 말을 가로막으면 기분 나쁘게 생각한다.

스 인들은 내가 끼어들지 않음으로 인해 내가 할 말이 없거나 별로 관심이 없다고 생각한다는 것이었다. 물론 모두 사실이 아니다. 그저 대화 스타일이 다를 뿐이었다.

이 점을 이해하고 나자, 말을 가로막는 데 좀 더 대담해질 수 있었다. 많은 다른 나라 사람들과 프랑스 인들이 대

화에 끼어드는 데는 별다른 요령이 없다. 그저 다른 사람의 말이 끝나기 전에 말을 시작해 버리는 것이다. 아니면 이제 곧 말할 것처럼 입을 열거나, 몸을 앞으로 기울이거나, 숨을 들이쉬거나, 눈썹을 치켜세우거나, 핵심을 짚으려는 듯이 손짓을 하기 시작한다. 간단하게 말을 가로막기가 쉽지 않다면 이러한 비언어적 행동을

사용해서라도 당신이 무언가 할 말이 있다는 사실을 알려라. 입을 여는 순간 주위 사람들은 얼마든지 당신의 말을 들을 준비가 되어 있다. 사람들이 말하고 싶어 할 때 보이는 이런 식의, 또는 다른 유사한 몸짓 신호에 주의를 기울이기 바란다.

때때로 멈춤_동양인과 아메리카 원주민들은 침묵에 익숙하기 때문에 이따금 대화를 중단하듯이 대화할 수 있다. A가 말한 뒤에 두 사람 모두 그 말의 의미를 되새기기 위해 잠시 멈춘 후, B가 한두 마디 하거나 A가 처음 발언에 대해 조금 더 보충을 한다. 그 뒤 A가 답변을 하기 전에 몇 초쯤 곰곰이 생각하며 뜸을 들인 뒤 대화가 이어지는 형식이다. 이렇게 뜸을 들이며 생각하는 것은, 단 4초의 침묵도 견디지 못하고 무슨 말이든 해야 할 것 같은 압박에 견디지 못하는 사람에게는 당혹스러운 일이 아닐 수 없다.

이것이 동양인 또는 아메리카 원주민들의 스타일일 수 있다는 말에는 그렇지 않을 수도 있다는 뜻이 포함된다. 나는 식사할 때나 모임에서, 특히 술 한두 잔이 들어갔을 때 속사포처럼 말하는 일본인, 중국인, 한국인을 본 적도 있다. 마치 라틴 아메리카 사람들처럼 모두가 동시에 말하는 듯했다.

이 4부에서 밝힌 대화의 법칙은 앞에서 말했듯이 핵심을 직접 말하는지 또는 빙 돌려 말하는지에 대한 내용과도 무관하지 않다. 이미 눈치 챘겠지만 한 사람씩 차례대로 말하는 사람들은 정확하고 직선적 사고방식을 따를 가능성이 많은 반면, 서로의 말을 가로막거나 이

따금 멈추며 말을 잇는 사람들은 핵심을 말하기에 앞서 조금 돌려 말하거나 순환적으로 핵심을 얘기하는 데 익숙할 것이다.

응용 _

1. 세 가지 의사소통 방식(돌아가며 말하기, 끼어들어 말하기, 뜸을 들여 말하기) 가운데 당신과 가장 가까운 방식은?

2. 이로 인한 갈등이 있었나? 그러한 갈등을 어떻게 해결할 수 있을 것인가? 누가 변해야 하는가?

3. 대화할 때 외국인 동료가 어떻게 말을 가로막는지, 가로막지 않는지 주의해서 살펴보자. 대화에 적절히 끼어드는 법을 배워서 대화에 더 잘 참여할 수 있는 방법이 있을까? 당신이 대화에 너무 끼어들어서 다른 사람이 참여할 수 없도록 하는 방법이 있는가?

Part 5

당신의 문화 유형은
무엇인가?

"문화는 무슨 놈의 문화! 사람은 세계 어디서나 기본적으로 똑같고 미국인인 내가 다른 문화 따위를 알 필요는 없어. 딴 사람들이 내 문화를 배우면 되잖아, 안 그래?"

그렇지 않다! 이 점은 특히 여러 나라 사람이 섞여 있는 직장에서 더 잘 알 수 있다. 미국에는 아프리카, 아시아, 남아메리카, 유럽 등 세계 각지에서 온 사람들이 많다. 나는 문화적 혼합이 가속화하고 있는 이 큰 대륙 중앙에 있는 미네소타 출신이다. 미국 방방곡곡에 사는 지역 주민들은 이웃 도시와의 차이점을 곧잘 지적하는데, 위스콘신과 텍사스, 뉴욕과 캘리포니아, 플로리다와 오리건 사이에는 훨씬 더 큰 차이가 있다. 이런 선상에서 생각해 보면 영국 또는 유럽식과 미국식 사이에 커다란 차이가 있는 것을 쉽게 알 수 있고, 미국식과 아시아 또는 중동식을 비교하면 그 차이가 더욱 클 것이다.

충돌로 이어지는 문화 유형의 차이

국제적 문화 차이는 사람들의 모든 행동에 영향을 미치기 때문에 중요하다. 무엇보다도 문화 프로그래밍은 다음과 같은 부분에 영향을 미친다.

- 얼마나 일에 전념하는가?(앞에서 프랑스 정부가 주당 최고 노동 시간을 35시간으로 지정했다는 내용을 기억해 보라.)
- 팩스나 이메일에 얼마나 빨리 답하는가?(빠르게 돌아가는 싱가포르나 미국 같은 지역에서는 즉각적인 답변을 요구한다.)
- 변화를 얼마나 잘 받아들이는가?(미국인들은 변화를 적극 수용하지만 일본인들은 대부분 그렇지 않다.)
- 어떻게 결정을 내리는가?(명령? 합의? 또는 투표로?)
- 얼마나 격식을 차리는가?(미국에서는 보통 이름을 부르지만 독일이나 다른 나라에서는 거의 그렇지 않다.)
- 어떻게 의사소통하는가?(미국에서는 대화에서 바로 비즈니스로 들어가지만 다른 나라에서는 우선 천천히 관계를 만들어 간다.)

위의 사항은 비즈니스 유형에 관련된 여섯 가지 예에 불과하다. 하지만 이 여섯 가지 예를 모두 합해 하나의 시나리오를 만들어 보자. 1) 우선 당신은 휴가 중이거나 초과 근무를 하지 않는 유럽 유통 업자에게 당신의 요구에 맞추어 달라고 이메일을 보냈고 2) 빠른 답변을 바라고 있다. 3) 주문 과정에서 간단한 사항을 변경하고 싶어서이다. 불행히도 유럽 인 유통 업자는 4) 대부분의 결정은 상사와 협의를 해야 하기 때문에 이 건을 혼자서 결정할 수 없는 데다가 5) 당신이 메일에서 그에게 '슈베르트 씨에게'라고 쓰지 않고 '안녕 프랑크'라고 썼기 때문에 어린아이 취급을 받았다고 느끼며 6) 편지에 아무런 서두도 격식도 그리고 맺음말도 없었기 때문에 그에게는 매우 불쾌하고 뻔뻔스러운 요구로 보였다.

휘파람을 부는 동료의 목을 조르고 싶은 적이 있었는가? 사무실에서 휘파람 부는 사람은 보통 행복하고 즐거운 상태이기 때문에 그 휘파람이 다른 어떤 사람들에게는 거슬린다는 점을 깨닫지 못한다. 당신이 '쳇! 문화는 무슨 놈의 문화!'라고 생각하는 그 순간, 당신의 외국인 동료나 클라이언트 또는 파트너는 당신에게 무의식적이고도 만족스럽게 배어 있는 문화 유형 때문에 당신의 목을 조르고 싶을 것이다.

개인의 문화 유형

국내에서 당신에게 아무런 문제를 일으키지 않던 문화 유형이 다른 문화권의 사람들과 관계할 때 어떻게 충돌로 이어지게 되는지 설명했다. 워크숍에서 내가 이런 말을 하면 사람들은 보통 고개를 끄덕인다. 하지만 내가 하는 말에 동의하는 것 같은 그 순간에도 대부분

나 말입니까? 문화 같은 건 없는데요.
여기 사는 다른 사람들과 아주 똑같다고요…….

의 사람들은 그것이 자신들에게 적용되는 일은 아니라고 생각한다.
어디 출신이건 또한 자신이 다른 사람들과 같은 지역 사람이라고 생
각하더라도, 각자에게는 문화가 있으며 각자의 유형은 중요하다.

의사소통 유형

몸짓언어도 의사소통 방식 가운데 하나이다. 목소리로는 어조와
억양을 이용한다. 개성이 있기에 이야기할 때 개성이 전해지게 마련
이고, 문화적 유형이 있기에 대화할 때 믿음, 세계관 그리고 개인적
인 버릇에 문화 유형이 함께 전해질 수밖에 없다. 이러한 차이가 긍
정적인 이유는, 개인의 특성이 없으면 우리는 모두 규격화된 로봇과

같을 것이기 때문이다.

　로봇이 아닌 우리의 의사소통은 유동적이며 예측이 불가능하다. 어떤 언어학자들은 대화 중에 사람들이 확실히 따르리라 생각되는 순서도를 만들었지만, 나는 약간 다른 것을 제안하고자 한다. 무슨 말을 할지, 어떤 방식으로 말할지를 예상하고 설명하기는 어렵다. 예를 들어 당신이 가장 최근에 나눈 대화를 떠올려 보라. 왜 그렇게 말했다고 생각하는가? 당신이 한 말들을 설명하고 정당화할 수 있나? 텔레프롬터(teleprompter)를 사용하거나 이어피스(earpiece)를 통해서 답을 전달받지 않는 한, 흐르는 대로 할 말을 생각해 내고, 때로는 직접 주제의 흐름을 주도하거나 가끔은 상대가 이끄는 대로 따라가야 한다. 비슷한 대화라고 해서 상대에게 어떤 식으로 말해야 한다고 지시를 내려 줄 수는 없지 않은가? 상황에 따라서 각자 헤쳐 나가야 한다.

　무엇을 이야기하고 어떻게 말하는가는 우리가 개인적·문화적으로 어떤 사람인가에 달려 있다. 자신이 외향적이거나 내성적이고,

계속 고개를 끄덕이는 것은
동의한다는 뜻인가요?

박식하거나 무식하고, 쾌활하거나 성급하며, 폐쇄적이거나 개방적일 수도 있다. 이러한 요소들은 의사소통을 예측할 수 없게 만든다. 국가의 문화 차이 또한 의사소통에 영향을 미친다. 물론 어떤 사람이 특정 국가 출신이라는 사실을 안다고 해서 그 사람의 의사소통 방식을 예상할 수는 없다. 모든 상황은 똑같지 않으며, 화가 나 있는 이탈리아 인은 호의적인 분위기에 있을 때와는 전혀 다른 반응을 보일 것이다. 그러므로 의사소통 방식을 이해하면 훨씬 도움이 된다. 다음은 문화에 따라서 바뀔 수 있는 몇 가지 주제들이다.

- 직접적/간접적—1부와 4부에서 설명한 바와 같이 피드백 방식, 논쟁하는 유형, 토론에서 개방성의 정도, 체면, 기타 등등
- 물리적 거리—가까이 서 있는지 멀리 서 있는지, 우리의 신체와 몸짓이 차지하는 공간은 어느 정도인가?
- 눈 맞춤—직접적인 눈 맞춤이 어떻게 해석되는가? 도전으로, 정직함으로 또는 존경심으로 해석되는가?
- 언어—억양, 목소리, 속도, 독특한 말씨나 사투리, 어조
- 비언어적인 의사소통—몸짓, 자세, 침묵의 사용, 끄덕임
- 대화의 흐름—중간에 끼어들기, 돌아가면서 말하기, 때때로 멈추어 말하기
- 격식을 차리는 수준—직함과 성(姓)을 사용하는가, 이름을 사용하는가? 상사의 말을 가로막으면 안 되는 것 등의 문제

이 중 몇 가지는 앞부분에서 다루긴 했지만, 자신의 의사소통 방식의 맥락에서 통합해 생각해 보라. 우리가 '미국식'이라고 부르는 것, 이메일에 답장을 빨리 해주길 기대하고 격식을 차리지 않는 것 등이 다른 방식의 사람들과 어떻게 충돌할 수 있는지를 보여 준 5부의 시작 부분을 상기해 보라. 당신은 이 목록에 얼마나 부합하는가?

다른 것을 인식하려면 자기 인식에서부터 시작해야 한다. 수년간 프랑스를 방문하면서 또한 그곳에서 살고 일하면서 나는 미국과 프랑스의 대화 유형의 중요한 차이점을 알게 되었다. 미국인들은 '네! 네! 듣고 있어요! 동의해요! 나는 우호적이랍니다! 당신을 해치지 않아요!'라는 메시지를 끊임없이 보내려는 듯이 친근하게 눈썹을 올리며 고개를 계속 끄덕이고 미소도 보낸다. 미국인들이 대화에 얼마나 관심이 있는지 보여 주는, 적어도 관심이 있는 것처럼 보여 주는 방식이다.

시간이 흐르면서 나는 프랑스 인들이 꽤 다르게 행동한다는 것을 깨달았다. 프랑스 인에게는 대화 중에 반대 의견을 제기하는 것이 중요하다. 그것이 능동적으로 듣고 있고 그 내용을 주의 깊게 생각하고 있다는 표시이기 때문이다. 하지만 어떤 적개심을 수반하지는 않는다.

프랑스에서는 자연스러운 대화 방식이 미국에서는 대화를 방해하는 무례한 행동으로 보일 수 있다. 하지만 프랑스 인이 동의하지 않는 이유를 들어 보면, 종종 전혀 생각하지 못한 어떤 중요한 점을 지적할 때가 있다.

프랑스로 이사하게 될 부부를 위해 비교문화 프로그램을 실행하면서, 프랑스 인이 이런 식으로 이의를 제기하는 성향이 있다고 설명했다. 그 프로그램에는 우리에게 도움말을 주기 위해 한 프랑스 여성이 참석하고 있었다. 미국인들에게 내가 프랑스 인들이 대화 중에 솔직하게 이의를 제기한다고 설명하자, 그 프랑스 여성은 내 말을 중단시키고 "절대 동의할 수 없다!"며 강하게 이의를 제기했다. 잠시 침묵이 흐른 후, 그 프랑스 여성과 같은 테이블에 있던 우리는 모두 폭소를 터뜨렸다! 전혀 의도하지 않은 이의 제기 행동으로 결국 내 말이 옳다는 것을 증명해 준 셈이었다. 그러면서도 프랑스 인의 솔직한 이의 제기 성향에 이의를 제기했다!

그 프랑스 여성은 내 말을
중단시키고 강하게 항의했다.
"나는 절대 동의할 수 없어요!"

4부에서 중간에 끼어들기, 돌아가면서 말하기 또는 때때로 멈춤이라는 각기 다른 대화 방식을 소개했다. '사람과 의사소통의 문제' 부분에서 제시한 여러 가지 주제와 특징에 대해 평가하고, 당신의 의사소통 유형과 당신이 접하게 되는 특정 나라와 상황의 유형에 이를 적용하기를 제안한다. 이 주제에 관해 좀 더 알아보기를 원하면 의사소통 유형을 중점적으로 다룬 책들을 참고하라(부록의 추천 도서 목록 참조).

문화 지능은 '소프트 스킬'이다

많은 사람들이 자신에게 문화 유형과 의사소통 방식이 있다는 사실을 깨닫지 못하면서도 문화가 별것 아니라는 생각을 고집한다. "문화는 소프트 스킬일 뿐이야."라고 이유를 달거나, "직관에 따르기만 하면 외국에서도 문제없어."라고 생각하는 사람들이 있다.

머리말에서 언급했듯이 이 말은 "비틀즈의 히트 곡들을 들어 보니 아주 단순하더라. 단순한 멜로디를 엮어서 만든 3코드의 노래에 불과해. 내가 하루 마음먹고 앉아서 작곡하면 100만 장 이상 팔릴 히트곡 여섯 곡 정도는 만들어 낼 수 있겠다."라고 말하는 것과 비슷하다.

회계 분야의 '숫자'나 엔지니어링 같은 '어려운 과학'도 비즈니스에서 물론 중요하다. 이런 종류의 '하드 스킬(hard skill)'은 비즈니스의 성공에 꼭 필요하다. 그러나 훌륭한 고객 서비스와 신뢰를 쌓는 능력 같은 인간관계에 대한 소프트 스킬도 똑같이 중요하다. 문화 지능은 이 범주에 들어간다. 이러한 소프트 스킬 없이 계약은 성사되지 않으며, 협력은 오래 지속되지 않고, 고객들은 돌아오지 않는다. 정확한 숫자나 엄격한 기술을 요하는 하드 스킬이 아니더라도, 거래를 성사하거나 깨뜨릴 수 있는 사람 간의 문화적 기술도 당연히 중요하다.

현지 비전문가에 의존하지 말라

프랑스 인의 이의 제기 성향을 부정한 프랑스 여성의 사례에서 얻은 중요한 교훈은, 어떤 지역에서 온 사람들일지라도 그 지역 사람들의 의사소통 방식과 문화 유형에 대해 많이 모르고 있다는 사실이다. 이런 방식들이 다양한 주제에 미치는 영향력, 즉 일반 비즈니스에서 인사하는 행동부터 일과 여가의 중요성에 대한 의견 차이가 있는 다국적 팀을 이끌어 가는 경우에 이르기까지 이 방식이 미치는 영향력에 대해 잘 모른다. 프랑스 여성의 예처럼 다른 문화권 출신 사람들과 이야기하는 것은 재미있고 거기서 많은 것을 배울 수도 있지만, 비교문화 워크숍에서 일어난 다음의 사례에서 볼 수 있듯이 한 지역에서 태어나거나 자라났다고 해서 그 문화에 대해 전문가라고 기대할 수는 없다.

- 한 러시아 여성이 주먹으로 테이블을 탕탕 치면서 큰 소리로 주장했다. "러시아 인들은 시끄럽지도, 거칠지도 않아요."
- 어떤 필리핀 사람은 필리핀에서 가족이 더 이상 중요하지 않다고 주장했다. "지금 많은 사람들이 이혼하고 있고 필리핀 사람들은 변화하고 있습니다."라고 설명한다. 3대가 한 지붕 아래 살고 있다는 사실 때문에 그의 주장은 다소 힘을 잃었다.
- 한 일본인 참가자는 말한다. "아뇨, 아닙니다. 일본은 전혀 '일만하는 사회'가 아닙니다. 사실 우리는 업무 후에 동료들과 함

께 나가 술을 마시고 즐깁니다. 때때로 아주 밤늦게까지도 말이
지요." 그러나 다른 많은 사람들은 일 지향적인 사회의 사람들
만이 한밤중까지 동료들과 함께한다고 생각한다.

물론 어느 지역 출신 사람들은 자신이 그 지역 문화의 전문가라고
'생각'하고 싶어 하며, 자신의 출신지에 대해 뭔가를 '알고' 있기는
하다. 하지만 한발 뒤로 물러나 자신의 문화에 대해 믿음직하고 독자
적인 시각으로 활동하는 사람은 별로 많지 않다.

그 지역 출신을 그 지역 문화의 전문가로서 신뢰할 수 없다면 누구
를 신뢰해야 할까? 유능한 비교문화 교육자들이 적절한 도움을 제공
할 수 있겠지만, 현재로서는 비교문화 교육자를 인증해 주는 기관이
없으니 스스로 유능한 전문가를 선택하는 수밖에 없다. "그런 사람
을 어떻게 찾아야 하는가?"에 대한 답으로, 비교문화 교육자나 컨설
턴트로서 다음 네 가지 기본 자질을 갖춘 사람을 권하고 싶다.

해외 경험_ 비교문화 훈련이나 워크숍에 참석할 목적을 제외하고
나라 밖으로 나가 본 적이 없는 사람은 고용하지 말라. 외국에서 오
래 살았거나, 가능하면 당신이 초점을 맞추고 있는 그 지역이나 나라
에 가 본 적이 있는 사람에게 도움을 받아라. 비교문화 훈련 담당자
가 자신이 제공하는 프로그램에 포함된 20개국에서 각각 10년씩 살
았다고 해도 충분하다고 할 수는 없겠지만, 다룰 예정인 지역에 대한
최소한의 국제 경험, 이문화(異文化) 경험이 있어야만 한다. 당신의

목표 지역에서 산 경험이 있는 유능한 비교문화 훈련 담당자는 잘 짜인 프로그램을 제공하는 데 도움이 될 현지인을 활용할 수 있다.

학문적 자격_ 비교문화 분야의 현재 경향뿐 아니라 기초 이론에 대해서도 알고 있는 사람이어야 한다. 관련된 이론과 지식, 정보를 활용해 실용적으로 도울 수 있는 사람이어야 한다.

비즈니스 감각_ 석사 학위 세 개와 박사 학위 하나 정도면 충분하다고 생각할지 모르지만, 이론에는 실제 응용이 병행되어야 한다. 따라서 기본 비즈니스 또는 직업 경험과 협상, 다국적 팀, 경영, 마케팅, 세일즈, 광고, 기업 정밀 조사의 다양한 측면, 고객 서비스, 기타 당신에게 필요한 여러 분야에 대하여 통찰력이 있는 비교문화 전문가를 선택하면 좋다.

교육 훈련 기술_ 나는 학계에서 학생과 교수로서 상당한 시간을 보냈는데 나를 정말 화나게 만드는 것 가운데 하나는, 프로젝터와 입이 있는 사람은 누구나 가르칠 자격이 있다는 너무나 일반화되어 버린 통념이다. 교육이나 훈련 과정에는 특별한 기술과 전문적 지식, 지혜가 필요하다. 시간도 필요하다. 그런데도 4시간이나 8시간 과정으로 비교문화의 입문 과정을 압축해 줄 수 있는 교육자를 원하는 클라이언트가 너무 많다. 좋은 비교문화 컨설턴트 또는 교육자들은 이러한 섬세한 배움의 과정을 시간에 따라 관리하는 방법을 알고 있으며, 당신은 클라이언트로서 그런 수준을 요구해야 한다.

당신이 비교문화 훈련에 참가를 하건 안 하건, 다른 국가들에 대한 좋은 책, 기사 등 여러 가지 자료를 찾아보기 바란다. 이 책 마지막 부분에 문화 전반에 관한 추천 도서와 활용 가능한 인터넷 자료들을 실어 놓았다. 특정 국가의 정보를 쉽게 얻을 수 있는 웹 사이트도 수없이 많다.

목표 문화에 대한 전문가로 누구를 선택하든, 어떤 자료를 사용하든, 해외 클라이언트, 배급업자나 파트너들이 생각하고 생활하고 일하고 행동하고 믿고 결정을 내리고 관리하는 등의 방식을 이해하기 위한 전략적인 계획이 중요하다. 비전문가는 이런 내용에 대한 실제 지식이 없다. 그 나라에서 필수적으로 알아야 할 표현을 익히고, 독특한 사회·경제·역사·지정학적인 문제도 배워 두기 바란다. 이들 분야에 대한 실제 지식을 얻는 방법은 6부에서 설명할 것이다.

국제 비즈니스 관계를 구축해 나갈 때, 지식을 많이 쌓을수록 더 확실한 경쟁 우위를 차지할 수 있다.

이제부터 자신의 장점과 단점을 알 수 있는 몇 가지 방법을 알아보자.

성공을 위한 성향

자신의 문화 유형을 안다는 것은 국제 교류와 관련해서 장점과 단점을 안다는 것이다. 외국에서 성공적으로 교류할 수 있는 특정한 기술과 성향이 있다는 것은 이미 상식적인 일이다. 해외에서 업무를 처리할 때 문화 충격의 '우울증'을 경험하거나 해결하기 힘든 국제 교류 문제에 직면했을 때, 당신이 사람들과 편안하게 대화할 수 있는 사람이라면 분명 도움이 된다. 그런 상황에서 외향적인 성격 또는 외향적으로 행동하려는 의지는 긍정적 요인이 될 수 있다.

세계를 무대로 하는 직업인들에게 유용하다고 대부분 동의하는 또 하나의 성향은 개방적인 태도와 열린 마음이다. 다른 문화가 섞이는 환경에서 회사를 대표할 사람으로 아주 완고하고 고집 센 직원을 일부러 선택할 사람은 없다.

외향성이나 열린 마음과 같은 특징이나 기술을 측정할 수 있는 진단지를 개발할 수는 있다. 그런데 그런 진단지 개발의 문제점은 자칫 응답자가 자신의 방식을 속일 수 있다는 점이다. 생각해 보라. 좋은 점수를 받고 싶을 경우 이런 질문에 어떤 대답을 하겠는가?

"새로운 일에 도전하고 싶다." 강한 긍정 / 강한 부정

분명히 높은 점수를 받기 위해 '강한 긍정'이라고 답할 것이다. 이 진단지 항목들이 매우 쉽게 간파되기 때문에 이 진단 결과의 타당성은 확신할 수 없다. 예를 들어, 국제 업무를 위해 외국에 어떤 사람을 보낼 것인가 말 것인가를 결정하려 할 때, 이와 같은 진단은 실제로 실효성이 없다. 응답자의 솔직함에 의존하는 모든 진단에는 명백한

한계가 있다. 이런 주제에 관해 자신을 또는 누군가를 평가할 경우, 특수한 상황에 맞게 정직한 답변을 하고 자신이 생각하는 장점과 단점에 대해 동료들의 피드백을 받을 때에야 적합성과 타당성이 생긴다. 진정으로 자신의 약점을 장점으로 바꾸려는 욕구와 적합한 피드백이 있을 때 당신은 발전할 수 있다. 이제는 당신이 그들의 나라에 있거나 그들이 당신의 나라에 있거나 상관없이, 다른 나라 사람들과 교류하기 위한 열한 가지 성향 또는 능력에 대해 살펴보기로 하자.

문화적 자기 인식_ 제일 중요한 첫 단계는 문화적 자기 인식이다. 한편으로는, 자신의 문화에 대한 인식을 발전시킬 때까지 다른 사람들의 문화에 대해 배우는 것은 어렵다. 다른 한편으로는, 실제로 다른 나라를 여행하고 다른 나라 사람들의 가치관과 태도, 세계관과 삶의 방식 등에 대해 직접적인 경험을 한 후에야 최상의 문화적 자기 인식을 얻는다. 자기 인식과 타인에 대한 인식은 각각 서로를 향상시키는 지속적인 상승의 순환 속에서 이루어진다. 자신의 문화적 체질을 알고 싶다면, 가능한 한 많은 나라를 여행하라.

문화적 타인 인식_ 이것은 다른 문화와 국가에서 온 사람들 간의 차이점을 구성하는 요소를 아는 것과 관련된다. 다시 말하지만 무언가를 안다고 해서 그 일을 할 수 있다는 뜻은 아니지만, 이것은 효과적인 교류를 위해 자신의 행동을 변화시키려 할 때 두 번째로 중요한 단계이다. 3부에서 논의한 목록의 주제들은 당신의 인식을 높이는

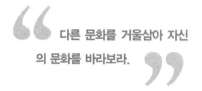
다른 문화를 거울삼아 자신의 문화를 바라보라.

지도로 사용할 수 있다. 다른 문화에 대한 문화적 인식과 민감성이 문화적 자기 인식을 강화하고, 그 반대의 경우도 마찬가지이다.

문화적 민감성_ 문화를 존중하고 받아들이는 태도는 특정한 방식으로 실제로 행동하는 기술과 연결되어야 한다. 민감성은 반드시 행동을 통해 증명되므로 태도 그 이상이라는 것을 기억해야 한다. 최근에 무신경하다고 생각했던 사람이 있었다면 그 경험을 떠올려 보라. 아마도 당신은 부정적이라고 인식하는 특정한 행동에 반응했을 것이다. 거꾸로, 민감성은 다른 문화에 대한 진실한 수용이나 흥미를 보여 주는 긍정적 행동을 통해 표현되어야 한다. 민감성은 그 문화가 옳고 그르다는 식으로 판단하지 않는다는 의미가 포함되는 반면에 관용이라는 단어에는 '참고 견딘다'는 의미가 포함되어 있기에, 여기서 나는 '관용' 대신 '민감성'이라는 단어를 사용했다.

비교문화적 의사소통 기술_ 이것은 직접 대면, 전화 또는 문서 교환 등 말과 글을 포함한 언어적·비언어적인 기술을 말한다. 이메일에 무엇을, 언제, 어떻게 쓸 것인지 안다는 것을 의미할 수도 있고, 국제 협상을 성공적으로 이끄는 능력을 의미할 수 있다.

모호함의 극복_ 모호함을 다룰 수 있는 능력은 어떤 분야에서나 유익하다고 생각할 수 있다. 그런데 각 나라 사람들이 섞여 있는 상황에서는 전혀 이해할 수 없는 생소한 일들에 놀라게 될 가능성이 많은 것은 확실하다. 다른 언어와 다른 문화 유형으로 의사소통을 할 때 모호함은 피할 수 없는 것이다. 같은 문화권 사람들과의 관계에서도 추측과 가정은 위험한 일이지만, 다른 문화권 사람들과 교류할 때는 훨씬 큰 문제가 된다.

가장 혼란스러운 상황은 오해가 생겼는데도 그 사실을 인식하지 못할 때 생긴다. 실제로는 한쪽이나 쌍방이 서로 오해하고 있을지도 모르는 상황에서 양쪽 모두 서로를 이해하고 있다는 환상 속에 있을 수 있다. 그러한 오해를 서로 인식하지 못하는 상태이기 때문에 상황은 그대로 지속되며, 결국에는 한쪽 또는 쌍방이 놀라게 되거나 심지어는 완전히 모순되게 행동하게 된다. 이 같은 상황에서는 '모호함'이라는 단어보다 '어리둥절함'이라는 단어가 더 맞을 듯하다. 성공한 국제 업무 종사자들은 이런 인식하지 못한 오해를 극복하는 방법을 배우고 있다.

융통성_ 각 나라 사람들이 섞여 있는 상황에서 자주 요구되는 또 다른 일반적 기술은 융통성이다. 색다른 음식에 적응하기, 다른 형태의 키보드로 입력하기, 다른 전화 시스템 사용하기와 같은 여러 가지 종류의 일을 의미할 수 있고, 환자를 면담하거나 고객을 접대하는 방법의 변화를 의미할 수도 있다. 정보와 준비성에 따라 비즈니스를 더 빠르게 또는 느리게 진행하는 등의 조절도 여기에 해당된다.

나는 뷰익만 몰고,
매운 음식은 먹지 않고,
베개도 단단한 것을 좋아합니다.
라틴 아메리카 사람들은 도대체
어떻게 살아야 하는지를 모르는군요!

열린 마음_ 앞서 말했듯이 열린 마음은 매우 유용한 성향이다. 여러 나라 사람이 섞여 있을 경우 쉽게 동의할 수 없고 선택할 수 없는 새로운 사고방식과 생활방식에 직면할 기회가 많아진다. 살아가면서 우리는 우리에게 효과적인 것과 효과 없는 것이 무엇인지 알게 되고, 그 가운데 선택을 한다. 경험을 토대로 원하는 것과 원하지 않는 것에 대한 강한 선호도도 생긴다. 다른 사람은 다른 선택을 한다는 것은 얼마나 놀라운 일인가!

나는 내 마음을 열라고 도전받는 상황을 반기지 않는다. 누가 좋아하겠는가? 이는 약간 불편한 정도일 수도 있고, 몹시 괴로울 수도 있다. 하지만 마음을 열수록 우리의 이해 수준은 '왜 저 사람들은 저런 식으로 일할까?' 하고 다그치는 상황에서 '생활방식과 행동이 그들의 문화적 맥락상 매우 타당하다'는 깨달음의 수준으로 확대될 수 있다.

겸손_ 내가 클라이언트들과 겪어 온 긍정적 경험으로 보아 여러 나라 사람이 섞여 있는 경우, 사람들은 겸손이라는 미덕을 개발해 내는 경우가 많다. 하지만 즉시 나타나지는 않으며 몇 번의 고통스러운 실패를 거쳐야 한다. 그리고 때로는 이런 겸손이 전혀 개발되지 않고, 대신에 심술궂은 태도나 불합리하고 과장된 애국주의인 배타주의적 태도를 보인다. 겸손을 개발하는 데 장애가 되는 부분은, 국내에서 성공적으로 업무를 수행해 온 관리자, 중역, 간부, 기타 직업인들이 다국적 상황에서 존경을 받지 못하거나 실권을 잡지 못한다는 사실로 인해 충격을 받을 때 나타난다.

공감_ 공감하는 능력은 이미 언급한 몇 가지 범주, 즉 다른 이들에 대한 인식과 문화적 민감성, 그리고 겸손의 교차점으로 생각될 수 있다. 공감이라는 능력은 상대편 국가 사람의 입장이 되어 타인에 대한 인식, 문화적 민감성 등과 같은 특질을 강화하고, 개인의 행동이나 상황에 대한 자신의 인식을 변화시키는 것이다. 다른 특성과 마찬가지로 개인의 공감 수준도 사실은 객관적으로 진단할 수 없다.

외향적 성격_ 너무 단순하게 들릴지 모르겠으나 외향적 성격은 국제적인 성공에 크게 기여하는 성향이다. 두 사람이 같은 언어와 같은 문화적 시각을 공유하고 있을 때는 쉽게 관계를 맺을 수 있다. 그러나 반대의 경우에 교류는 어색해지는데, 어색한 상황

당신은 사회적 두려움이 없나요?

을 피하려는 것이 인간의 자연스런 반응이다. 따라서 대화를 이끌거나 대화에 참여할 수 있는 능력은 국제적 교류를 성공적으로 이끌어가는 참으로 중요한 기술이 될 수 있다. 외향적이거나 내향적인 성격은 타고나는 것이기에 어느 정도까지는 바꿀 수 없기는 하지만, 행동을 좀 더 외향적으로 변화시키기 위해 의도적으로 노력해 볼 수는 있다. 다른 문화권 사람들과 쉽게 이야기를 나누고 접근할 수 있는 사람은 불편한 느낌이 싫어서 물러서 있는 사람보다 장점을 지닌 셈이다.

자기 신뢰_ 동료와 본사의 지원을 손쉽게 받을 수 없는 외국에서 특히 유용한 성향은 자기 신뢰이다. 24시간 내내 관리자나 여행 가이드가 따라다니지 않는 한, 친숙하지 않은 환경에서 살아남아 성공하려면 본질적으로 자기 신뢰가 필요하다. 사회적 환경, 음식, 퇴근 후의 휴식 방법, 일하는 방식, 도시나 시외를 돌아다니는 일에서부터 기본적 필수품 구입에 이르기까지 고국에서는 친숙하게 지원을 받던 것들이 해외에서는 상당 부분 결여되어 있다. 독립적인 활동에 대한 필요성은 새로운 환경에서 훨씬 더 크다고 할 수 있다.

지금까지 말한 여러 성향에 대해 당신 스스로 평가해 볼 수 있는 간단한 표를 제시한다. 이런 성향들을 강함이나 약함으로 분류하는 이유는 당신이 더 개발해야 하는 특성이 무엇인지 알고, 자신에게 정직하며 자신감을 갖도록 하려는 의도이다. 물론 이 평가 결과를 다른 사람에게 이야기할 필요도 없다. 결과를 활용해 당신의 장점을 강화하기 바란다.

서로 다른 문화에 대한 자기 평가표

	약함	어느 정도 강함	매우 강함
문화적 자기 인식			
문화적 타인 인식			
문화적 민감성			
비교문화적 의사소통 기술			
모호함의 극복			
융통성			
열린 마음			
겸손			
공감			
외향적 성격			
자기 신뢰			

당신이 팀 체제로 일한다면 팀원들과 함께 이 표를 완성해 보는 일도 유용하겠지만, 이것은 팀원들 간의 신뢰가 요구되는 활동이라는 사실을 명심해야 한다. 두 사람이 같은 항목을 완전히 다르게 해석한다 하더라도 전혀 문제 되지 않는다. 사실상 같은 분류에 대한 팀원들의 여러 생각에 대해 토론해 보면 새로운 시각을 얻을 수 있다. 바로 팀원들의 장점이 무엇인지 알 수 있다는 측면에서 유용하다. 다시 말하지만 이 진단지는 높은 수준의 신뢰가 형성된 팀에서만 효과가 있다.

만약 당신의 상황과 관련되어 있다면 이 간단한 도구를 활용해 '360도 피드백' 자료를 모아도 좋다. 즉 좀 더 솔직한 분석표를 얻고 싶다면 상사와 부하 직원 그리고 같은 직위의 동료들에게 부탁해 그들이 당신을 평가하게 하는 것이다. 뜻밖에 불쾌한 답변이 나올 수도 있으니 마음의 준비를 하라. 이런 종류의 피드백은 참여자가 보복을 두려워하지 않을 때에만 성공할 수 있다.

물론 다른 사람들에게서 피드백 자료를 모을 때 중간에서 구체적인 조언을 해주는 유능한 촉진자(facilitator)가 관리해 줄 필요는 있다. 그러나 이 평가의 유효성은 피드백을 공유하는 과정을 통해서 나타난다.

당신에 대한 답들이 당신의 책임이라는 것을 알면 당신의 강점과 약점에 대해 더 솔직해질 수 있을 것이다. 원한다면 각 항목에 표시한 점들을 연결함으로써 빠르고 시각적인 개요를 만들어 다른 사람들이 표시한 평가와 비교할 수 있다. 서로의 표에 각기 다른 색으로 다른 사람의 등급을 표시할 수도 있다.

당신의 문화 유형은 무엇인가?

여기에서는 1부에서 나온 다섯 가지 문화 척도와 4부에서 설명한 열아홉 가지 주제를 나열했다. 모든 사람들에게 적용되지는 않겠지만, 1부의 다섯 가지 문화 척도를 활용하여 현재의 업무 상황에 가장 관련 있는 사항으로 자신을 평가한 후, 4부에서 제시한 열아홉 가지 주제로 평가해 보기를 제안한다.

진행 방법은 이러하다. 우선 이 척도들에서 자신이 위치하고 있는 곳에 점을 찍으라. 실제로 그 페이지에 그려라. 동료, 국제 업무 상대, 고객 등을 대표하는 점도 찍을 수 있다. 그들의 출신 문화는 중요하지 않다. 점은 당신 자신의 위치를 나타내기 위해 사용하고, D는 네덜란드(Dutch) 사무소, L은 남아메리카(Latino) 판매 영업부, H는 일본인 유통 업자 히로코(Hiroko)를 표시하기 위해 사용할 수 있다. 어쨌든 자신이 원하는 대로 자신만의 표시를 만들어라. 현재의 상황을 토대로 유용하다고 생각하는 집단(예 : 말레이시아 전체 판매점 등)이나, 개인 수준(독일인 관리자 헤르만 씨 등)의 점을 찍어 등급을 매길 수 있다. 만약에 이 작업을 다른 사람들과 함께 한다면 우선 각 개인이 등급을 매기고 서로 비교한 후에 결과를 상의하는 방식이 도움이 된다.

어떤 등급에 접근해 있든지 사람이나 집단의 실제 숫자는 그리 중요하지 않다. 주어진 척도에서 싱가포르 인이 8.4인가 9.6인가를 고민할 필요는 없다. 그들과 당신이 어느 정도로, 어느 방향으로 다른지가 가장 중요한 것이다. 즉 싱가포르 동료가 주어진 척도에서 중앙보다 오른쪽을 향해 있고 당신은 왼쪽을 향해 있다면, 이것은 당신과 그 사람이 관리, 업무, 의사 결정, 갈등 조정 등에서 선호하는 방식에 차이가 있음을 보여 줄 것이다. 1부와 4부에서 이런 몇 가지 차이점을 검토했다. 평가를 마친 후에 앞으

> **문화 지능 향상을 위한 첫걸음은 자신의 문화 유형을 아는 것이다.**

로 돌아가 관련 부분을 다시 읽어 보아도 좋다.

1부에서 문화 유형을 설명한 기본적인 틀을 다음과 같이 제시한
다. 당신 자신과 알아보고 싶은 다른 사람들의 등급을 매겨 보라.

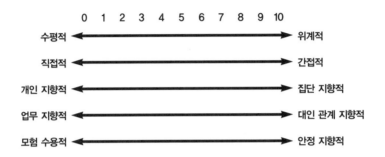

다음은 4부에서 소개한 범주이다. 등급을 계속 매겨 나가라.

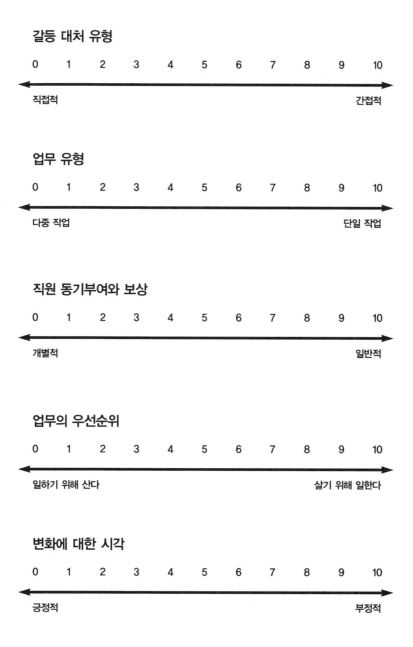

갈등 대처 유형

0 1 2 3 4 5 6 7 8 9 10

직접적   간접적

업무 유형

0 1 2 3 4 5 6 7 8 9 10

다중 작업   단일 작업

직원 동기부여와 보상

0 1 2 3 4 5 6 7 8 9 10

개별적   일반적

업무의 우선순위

0 1 2 3 4 5 6 7 8 9 10

일하기 위해 산다   살기 위해 일한다

변화에 대한 시각

0 1 2 3 4 5 6 7 8 9 10

긍정적   부정적

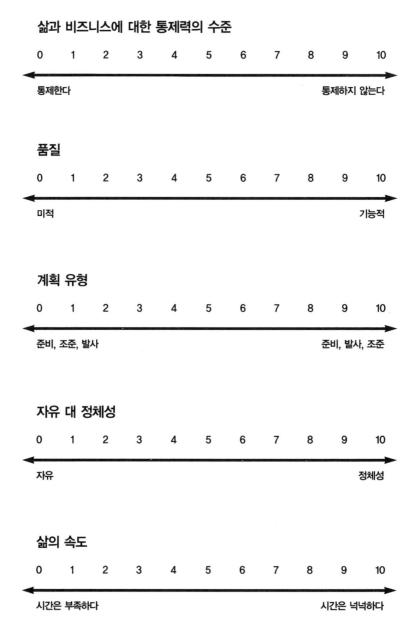

삶과 비즈니스에 대한 통제력의 수준

0   1   2   3   4   5   6   7   8   9   10

통제한다   통제하지 않는다

품질

0   1   2   3   4   5   6   7   8   9   10

미적   기능적

계획 유형

0   1   2   3   4   5   6   7   8   9   10

준비, 조준, 발사   준비, 발사, 조준

자유 대 정체성

0   1   2   3   4   5   6   7   8   9   10

자유   정체성

삶의 속도

0   1   2   3   4   5   6   7   8   9   10

시간은 부족하다   시간은 넉넉하다

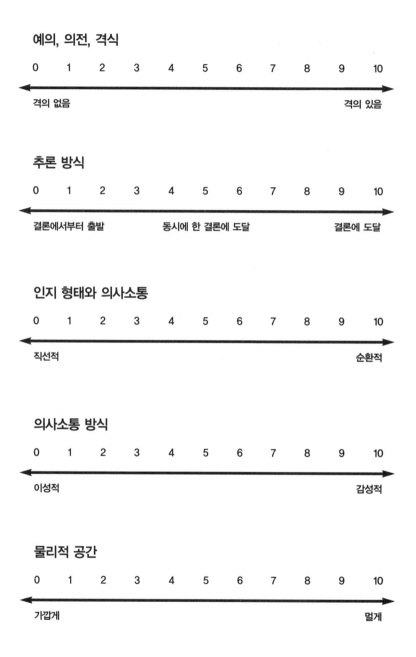

예의, 의전, 격식

| 0 | 1 | 2 | 3 | 4 | 5 | 6 | 7 | 8 | 9 | 10 |

격의 없음   격의 있음

추론 방식

| 0 | 1 | 2 | 3 | 4 | 5 | 6 | 7 | 8 | 9 | 10 |

결론에서부터 출발   동시에 한 결론에 도달   결론에 도달

인지 형태와 의사소통

| 0 | 1 | 2 | 3 | 4 | 5 | 6 | 7 | 8 | 9 | 10 |

직선적   순환적

의사소통 방식

| 0 | 1 | 2 | 3 | 4 | 5 | 6 | 7 | 8 | 9 | 10 |

이성적   감성적

물리적 공간

| 0 | 1 | 2 | 3 | 4 | 5 | 6 | 7 | 8 | 9 | 10 |

가깝게   멀게

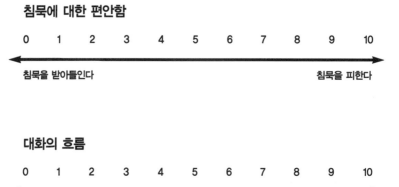

침묵에 대한 편안함

| 0 | 1 | 2 | 3 | 4 | 5 | 6 | 7 | 8 | 9 | 10 |

침묵을 받아들인다　　　　　　　　　　　　　　　　침묵을 피한다

대화의 흐름

| 0 | 1 | 2 | 3 | 4 | 5 | 6 | 7 | 8 | 9 | 10 |

중간에 끼어들기(빠름)　　　　돌아가며 말하기(중간)　　　　때때로 멈춤(느림)

다른 사람들의 문화 유형 배우기

다른 문화권 출신 사람들에 대해서 더 많이 알면 그들과 맺는 사업 상의 관계가 향상된다는 사실을 알았다. 그럼 상대가 문화적으로 어 떤 사람인지를 어떻게 알 수 있을까? 조직적인 차원에서, 회사나 조 직은 직원들이 문화 유형 도표를 완성하고 그 결과를 동료들과 비교 하는 식의 직접적이고 전략적인 접근을 할 수 있다. 어떤 회사에서는 직원들이 성격 유형 검사(Myers-Briggs Type Indicator, MBTI)를 마치 고 성격 유형에 대한 교육에 참석하며, 심지어는 그들의 명찰에 개인 의 성격 유형을 'ENFP'나 'ISTJ' 등으로 인쇄하기도 한다. 문화 유형 도 이와 같이 할 수 있다. 즉 당신의 명찰에 '수평적(Equality)', '직접 적(Direct)', '개인 지향적(Individual)', '업무 지향적(Task)', '모험 수

용적(Risk)'을 의미하는 'EDITR'이라고 써넣을 수 있다. 물론 이런 혁신적인 방법을 모든 조직이 선택해 시간과 돈을 투자하지는 않으리라고 생각한다.

" 자신의 문화 유형을 아는 것은 다른 이들의 문화 유형을 아는 데 도움이 된다. "

더 간단한 접근 방법은 직접 개인적인 교류를 통해서 다른 사람에 대해 알아 가는 것이다. 익숙하지 않은 것에 직면할 때, 우리의 일반적인 첫 반응은 불안해하며 뒤로 물러서고 싶어 하는 것이다. 우리가 잘 알지 못하는 다른 문화 출신인 누군가와 얼굴을 마주했을 때, 무엇을 말해야 할지 몰라 불안하게 되고 어떻게 예의 바르게 대화를 끝낼 수 있을지 고민하면서 간신히 날씨나 그 비슷한 이야기만을 계속한다.

대학 시절, 복도 건너편에 살고 있던 바하마 인과 처음으로 나눴던 대화를 아직도 기억하고 있다. 그는 나에게 'box'를 연주하는 것에 대해 물었다. 'box'는 기타를 의미하는 바하마어의 속어였고, 그는 대화를 시작하기 위한 주제로 내가 연주하는 기타에 대해서 이야기를 나누고 싶어 했다. 나는 처음에 그가 말하는 'box'가 뭔지 알 수 없었지만 그가 기타를 연주하는 몸짓을 보였을 때 바로 알아차렸다. 나는 이것을 어색한 대화로 기억하지만, 그와 함께 'box'에 대해 이야기를 나누는 것이 공포나 지루함으

" 풍부한 지식이 아니라 탐구하는 정신으로 사람들을 감동시켜라. "

로 죽을 정도는 아니었던 것으로 기억하고 있다. 처음의 어색함을 극복함으로써 그 사람과 바하마에 대한 흥미로운 사실을 배울 수 있다는 점도 깨달았다. 다음에 그와 마주쳤을 때는 그를 피하는 대신에 일부러 멈춰 서서 그 사람과 그가 속한 문화에 대해 배우려고 이야기를 나누었다.

사람의 외모를 보고 어디 출신인지 알아맞히는 것이 쉬운 일은 아니다. 내게는 인종적으로는 아시아 인이고 문화적·언어학적으로는 미국인인 아시아계 미국인 친구들이 있다. 나는 '아시아 인으로 보이는' 사람들을 아시아 인으로 추측하는 실수를 하지 않으려 주의한다. 항상 그런 것은 아니지만 억양으로 그 사람이 다른 나라 사람이라는 것을 알아낼 수 있다. 많은 미국인의 억양은 외국인 억양이다. 만난 사람의 말에서 외국인 억양을 느끼기만 하면, 나는 즉시 간단한 조사를 시작하여 많은 것을 배울 수 있는 기회를 만끽한다! 그렇지만 그런 억양을 지닌 사람들은 분명 "어느 나라 출신이에요?"라는 질문을 너무 자주 받기 때문에 처음 만난 사람에게 불쑥 묻는 것을 자제하려고 노력한다. 그 대신 대화 속에서 알아낼 기회를 충분히 활용한다.

다음과 같이 한번 해보라. 일단 대화 상대의 출신 나라를 알고 흥미가 생긴다면, 당신이 알아낼 수 있는 것들을 알아보라. 감비아에서 온 여성을 알게 되었다면, 감비아에서 어떤 생활이 즐거웠는지 물어보라. 만약에 감비아가 어디 있는지 모른다면 필히 위치를 물어봐야 한다! 똑똑하게 굴려고 노력하지 말라. 사람들에게 좋은 인상을 주길 원한다면, 기억하고 있는 사실들보다는 탐구 정신이 더 도움이 되기 때문이다.

자기네 문화에 대해 이야기하고 싶어 하는 감비아 남자와 마주치게 되었다면, 그에게 어떤 언어를 사용하는지 물어보라. "일곱 개 부족의 말을 할 줄 알아요?", "어떻게 그게 가능하죠?", "그게 어디 어디 말인가요?", "그런 말을 어떤 상황에서 사용하나요?", "처음 여기 왔을 때 제일 놀란 점은 무엇인가요?", "고향에서 제일 그리운 것은 무엇인가요?" 중요한 점은 대부분의 사람들이 자신에 대한 이야기를 나누길 좋아하고, 너무 깊게 파고들지 않는 한 자신들에 대해서 당신이 흥미를 갖는 것에 즐거워한다는 점이다. 물론 주의할 부분도 있다. 새로 사귄 친구의 성생활이나 종교적인 신념 또는 수입에 대해서 물어보는 것은 좋지 않다. 당신이 '외교관'이자 '겸손한 문화 조사자'인 듯 잘 판단해 몇 가지 격의 없는 질문을 하라. 동시에 친구의 비언어적 행동을 눈여겨보라. 당신이 큰 실수를 했다고 느낀다면 질문의 노선을 바꿔라.

나는 서로 모르는 교육생들이 팀을 형성할 수 있는 팀빌딩 활동에서 일련의 질문들을 활용한다. 파트너들이나 작은 집단을 한데 모아 "당신은 누구인가?"라는 질문에 대답하게 한다. 나는 그들이 무엇을 하는지, 즉 직업이 무엇인지에 대한 언급은 피하라고 한다. 업무 지향적/대인 관계 지향적 척도를 설명하는 부분에서 간단히 언급했지만 이는 쉽지 않은 일이며, 일에 초점을 맞추곤 하는 미국인들에게는 특히 어려운 일이 된다. 일단의 사람들을 불러 모아 질문하면, 대답은 대강 이런 식으로 나온다.

사람 1 : 전 짐입니다. 회계 일을 하고 있습니다. 임금 지불 명부에 관련된
　　　　모든 업무를 관리합니다. 주로 잔디 깎는 기계와 엔진 사업부가
　　　　대상이지요. 그렇지만 원예 분야로도 사업을 넓힐 겁니다.
사람 2 : 전 린다입니다. 영업을 하고 있습니다. 주 업무는 전 세계로 팩스
　　　　등을 보내 판매점들과 연락하는 일이죠.
브룩스 : 저는 브룩스입니다. 스웨덴과 노르웨이 출신인 가난한 농부와 노
　　　　동자의 후손입니다. 나는 살아가는 동안 나이와 상관없이 새로
　　　　운 무언가를 배우는 것이 중요하다고 생각합니다. 70세에 피아
　　　　노 연주에 도전하려 들지도 모르지요.

　물론 내가 이런 식으로 이야기를 하면 다른 사람들이 좀 이상하다
는 듯 바라본다. 그렇지만 생각해 보면 내가 그들에게 자신이 '누구'
인지를 이야기하라고 했을 때 그들이 '하는 일'에 대해 말하는 것이
더 이상하지 않은가? 이것이 내 요점이다.
　그럼 당신의 팀과 함께 작은 그룹이나 짝을 이루어 다음과 같이 해
보라. 만약 문화적으로 혼합된 팀이라면 당신은 확실히 흥미로운 답
을 얻게 될 것이며, 끝까지 해나가면 그 사람이 '문화적으로' 어떤 사
람인지 그리고 여러 문화적 유형 중 어디에 위치해 있는지에 대한 흥
미로운 시각을 얻게 될 것이다. 나는 서로 다른 문화권 사람들과 팀
을 만들 때 일상적으로 다음에 나오는 질문을 한다. 질문은 간단해
보이지만 답은 생생한 문화적 시각을 보여 준다. 거의 직접적으로 한

사람의 문화 유형을 묻는 다음의 7, 8, 9번과 같은 질문은 한눈에 보면 쉬워 보인다. 하지만 문화적 유형의 어떤 요소를 드러내지 않고는 이 질문들 가운데 어떤 것에도 충분히 답할 수 없다. 적당하다고 생각할 때 짝을 이뤄서 또는 동료들과 함께 이 질문들에 대해 토론해 보라. 이 질문들에 대해 토론할 때 사람들에게 적어도 30분은 주어야 한다. 이는 조심스러운 과정이므로 위협적이지 않은 방식으로 질문하는 것이 중요하다. 여기서 한 사람이 적절하다고 생각하는 질문이 다른 사람들을 놀라게 할지도 모른다는 점을 강조하고 싶다. 그리고 다른 이들도 질문으로 당신을 놀라게 할 수 있다. 예를 들면, 누군가의 수입이나 결혼을 하지 않는 이유에 대한 질문은 어떤 문화에서는 꽤 적절한 질문이지만 다른 문화에서는 주제넘고 무례한 질문이된다. 사람들은 아는 사람과 함께 있으면 더 편안함을 느끼므로 잘모르는 사람과 짝을 이루어서 이 항목들에 대해서 토론해 보기 바란다. 더 많은 내용을 알게 될 것이다.

1. 인생에서 가장 재미있던 시기는 언제였는가? 왜 그렇게 생각하는가?
2. 인생에서 가장 힘들었던 시기는 언제였는가? 왜 그렇게 생각하는가?
3. 직업에 대해서는 언급하지 말고 "당신은 누구인가?"라는 질문에 답해 보라.
4. 어떤 주제에 가장 관심이 많은가?

5. 인생에서 가장 중요한 사건은 무엇이었는가?

6. 5년 후에 삶이 어떨지 상상해 보았는가?

7. 제일 좋아하는 사람들을 묘사하는 다섯 가지 형용사를 붙여 보라. 왜 그런 성향을 좋아하는가?

8. 우정을 어떻게 정의하는가?

9. '잘산다'는 것은 무엇일까? '성공'을 어떻게 정의하겠는가?

10. 살기 위해 일하는가, 일하기 위해 사는가? 당신이 의미하는 내용을 설명하라.

11. 삶의 목적이 있는가? 있다면 무엇인가?

12. 살아오면서 성공적으로 해낸 일은 무엇인가?

이러한 질문들은 당신이 직접적으로 관계해 온 사람들을 아는 데 도움이 되며, 특히 당신이 정기적으로 만나고 신뢰하는 다른 나라 사람들을 아는 데 유용하다.

편협함은 자랑이 아니다

이 5부에서 마지막으로 하고 싶은 말은, "아, 나는 정말 폐쇄적이야. 외국인들과 어떻게 이야기해야 할지도 모르겠고, 내 고향 밖에 있는 세상 모든 곳이 의심스러워!"라고 말하는 사람은 거의 없다는 사실이다.

'편협'이라는 말은 '익숙하지 않거나 자신과 다른 것에 대한 생각이 좁고 한쪽으로 치우친 태도'를 말하며 '눈가리개를 쓰고 있다'는 의미이기도 하다. 문화와 관련된 주제를 다룰 때는 늘 이런 행동과 마주치게 된다. 더 심한 경우에는 '민족 우월주의'를 드러내는 사람들도 있다. 그들은 미국이 최고이고 유일하다고 느끼기 때문에 왜 다른 나라들에 대해 배워야 하느냐고 되묻는다. 종종 비교문화적 인

얼마나 많은 바보가 스스로 바보라는 관을 쓰겠는가?

식과 기술이 가장 필요한 부류의 사람들이 오히려 현실을 깨닫지 못하고 필요성을 느끼지도 못한다. 이런 태도는 '비교문화적 지식을 이해하는' 사람들에게는 매우 당황스런 일이 될 수 있다.

가끔 나는 어떤 폐쇄적인 사람을 데려다가 중앙아프리카의 부룬디(Burundi)로 가는 편도 비행기 표를 사주는 공상을 한다. 그곳에 도착할 그 사람을 위해 시원한 물 1리터쯤 줄 용의는 있지만 돈이나 돌아올 표는 주지 않는다. 따라서 그 사람이 고향으로 돌아오고 싶다면, 자신과는 정말 다른 누군가와 무조건 접촉하지 않으면 안 된다. 어쩔 수 없이 그 사람은 그 나라 말을 어느 정도 익히고, 몸짓언어를 사용하게 되며, 의사소통 방식을 수정해 주의 깊게 듣고 마음을 열게

되고, 일반적인 문화의 진화 과정을 어느 정도 밟게 될 것이다. 그러지 않고서는 절대 집으로 돌아올 수 없을 테니까 말이다.

내가 함께 일하기 좋아하는 사람은 당연히 문화를 이해하는 사람이다. 아직 배워야 할 것이 많다는 점을 깨닫는다면, 현재의 부족한 지식을 전혀 부끄러워할 필요가 없다. 어떤 식으로든 세계로 연결되고자 하는 마음으로 경험을 넓혀 나가려고 정직하게 노력한다면, 자기 나라 밖으로 나가 보지 않은 사람이라도 괜찮고, 섬나라에 살거나 국제 경험이 없어도 문제없다.

Part **6**

문화 지능을 높이는 방법

1부에서 4부까지는 문화의 정의와 비유에 대해 알아보았다. 왜 문화적 인식이 오늘날 국제 전문가들에게 매우 중요한가에 대해, 문화지능의 정의에 대해 그리고 문화 지능을 향상시킬 수 있을지에 대해서 토론했다. 또한 다섯 가지 주요 척도와 경영, 전략, 의사소통 문제 등에 관련된 부수적인 내용을 설명하며 문화에 대해 정리해 보았다. 5부에서는 이러한 여러 가지 척도로 당신의 등급을 매겨 보았다.

이제는 문화가 얼마나 중요한지 알고, 문화적 차이가 존재하고 그 차이 역시 매우 중요하다는 전제를 완전히 받아들였으리라 생각한다. 문화가 무엇인가에 대해 기본적으로 인식하고, 빙산의 표면 부분에서부터 심층 부분에 있는 문화를 기반으로 한 가치관과 태도에 이르기까지 문화 수준의 차이점을 이해하게 되었으리라 믿는다. 이 책을 읽고, 다른 문화를 우연히 접했던 과거의 개인적 경험들을 바탕으로 자신의 모습을 발견했으리라는 점 또한 의심의 여지가 없다. 그리고 여기서 좀 더 발전시키고자 하는 마음이 든다면 문화를 공부하려는 의욕이 생긴 증거라고 판단해도 된다.

요소들을 함께 엮기

규명된 이 모든 요소들을 바탕으로, 이 책의 마지막 6부에서 지금부터 다룰 질문은 '문화 지능을 높이기 위해 어떻게 이 요소들을 함께 엮을 것인가?'이다. 어떤 실행을 통해 박식한 국제 전문가가 될수 있을까? 읽고, 듣고, 생각하고 직접 경험한 것으로 무엇을 할 수 있을까? 6부에서는 실제적인 적용 방법과 문화 지능을 높이는 방법에 역점을 두고 설명할 것이다.

'들어가는 말'에서 저글링의 비유를 들었듯이, 문화 지능에는 세가지 구성 요소가 있다. 지식적인 측면(지역, 경제, 역사 등에 대한 사실)과 인식적인 측면(자신과 다른 사람들에 대해 아는 것) 그리고 기술적인 측면(실천 방법을 아는 것)이 여기에 포함된다.

삼발이의 세 다리처럼 이 세 가지 요소는 문화 지능을 높이는 데꼭 필요하다. 나는 삼발이의 어느 다리에 더 초점을 맞춰야 하는가 또는 무엇을 먼저 익혀야 하는가에 대한 질문은 그리 유용한 질문이

> 문화에 대한 지식(사실과 문화적 특징) + 인식(자신과 다른 이들에 관한 인식) + 특정 기술(행동) = 문화 지능

아니라고 생각한다. 비교문화적 지식, 인식 그리고 기술이 문화 지능 속에 한데 얽혀 함께 기여해야 한다. 즉 삼발이의 모든 다리는 함께 동시에 작용해야만 한다. 당신의 문화 지능의 한 구성 요소(예 : 의사 소통 기술)를 강화하고 향상시키면 다른 것들(예 : 새로운 인식)도 따라 오게 된다. 나는 삼발이의 은유를 좋아한다. 왜냐하면 이것은 타고 난 안정성을 위해 필요한 세 요소를 연상시키기 때문이다. 그와 동시 에 의자의 다리와는 달리, 이 문화 지능 공식의 세 가지 요소는 분리 되지 않고 서로 얽혀 있다.

문화와 문화 지능에 대해서 정의하고, 빙산에 비유해 다섯 가지 문 화 척도를 이야기하면서 나는 문화 지능을 높이는 데 도움이 될 수 있는 특별한 지식을 제안한 것이다. 이 지식은 문화 지능이라는 삼발 이의 다리 중 하나이다. 자신과 외국 상대방을 여러 가지 문화 척도 로 등급을 매겨 보라고 한 내 의도는 서로의 차이에 대한 인식을 넓 히는데 도움을 주기 때문이었다. 어떻게, 왜, 갈등이나 오해가 발생 하는지에 대한 인식은 문화 지능이라는 삼발이에서 없어서는 안 되 는 두 번째 다리이다. 이 책의 마지막 부분에서는 이 삼발이의 세 번 째 다리가 되는 매우 특별한 기술을 제안할 것이다.

6부에서는 어떤 종류의 기술에 초점을 맞추고 있는가? 이 책은 매 우 넓은 독자층을 대상으로 기획되었다. '국제 업무 종사자'라 함은 의류 사업의 수출/수입 관리자를 의미할 수도 있고, 한 학기 동안 네 덜란드에서 객원 강의를 하게 된 캐나다 인 교수를 의미할 수도 있 다. 이 책이 이탈리아 상품 수입 업자와 같은 소수 특정 독자들에게 딱 맞는 책이 될지라도, 업무에 도움이 되고 문화 지능도 높일 수 있다는 이유로 여기서 이탈리아 어 강의를 따로 할 수는 없는 것이다. 그 대신 어떤 국제 업무 종사자라도 유용하게 쓸 수 있는 아주 특별한 제안을 할 것이며, 적절하다고 생각하는 방식으로 기술 향상을 지도할 수 있는 몇 가지 충고도 할 것이다.

우선 1부에서 설명했던 다섯 가지 문화의 척도를 바탕으로 당신과는 판이하게 다른 사람들을 다루기 위한 제안을 몇 가지 하려고 한다. 이 다섯 가지 속에는 5부에서 자신과 동료들의 등급을 매긴 열아홉 가지의 부수적 척도에 대한 논의도 포함될 것이다.

이어서 의사소통 기술, 한 국가에 대한 실제적이고 유용한 지식 그리고 국제적 윤리 문제를 고려하기 위한 구조적 틀의 세 가지 주요 분야에서 문화 지능을 어떻게 높일 수 있는지에 대해 다룰 것이다. 이 세 가지 분야에 초점을 맞추는 이유는 국제 업무 종사자를 위한 기술과 인식이라는 튼튼한 기초를 만들 수 있기 때문이다. 얼굴과 얼굴을 마주하는 것보다 더 쉽게 대인 관계를 형성하거나 깰 수 있는 것은 없기 때문에 의사소통 기술은 매우 중요하다. 의사소통 기술에 대해 이야기하면서 나는 당신이 실행할 수 있는 특별한 제안을 할 것이다. 목표 국가에 대한 실제적인 배경 지식을 쌓으라는 내 제안은 좀 이론적이고 개념적이다. 목표 국가를 조사하기 위한 옳은 방향을 제시하고 왜 그것이 옳은 길인지 설명하겠지만, 적절하고 구체적인 정보를 발견하는 것은 사실 독자의 몫이다. 6부는 윤리에 대한 이야기로 마무리 지으려 한다. 당신이 국내나 외국에서 국제 비즈니스나 외교 활동을 한다거나 자국에서 여러 나라 사람들과 일하고 있다면 필연적으로 자신과는 다른 문화에 기반을 둔 가치의 구조적 틀(즉 1부에서 언급한 빙산의 숨겨진 부분에 해당하는 가치, 믿음, 행동, 철학)을 지닌 사람들 속에서 의사 결정을 해야 하기 때문이다. 이러한 상황 속에서 당신의 의사 결정과 대인 관계에 대해 조언해 줄 수 있는 기본적인 구조적 틀은 매우 유용하다.

다섯 가지 척도에서 차이점 다루기

5부에서는 당신 자신과 외국인 상대방을 1부에서 언급한 다섯 가지 기본 척도와 4부에서 언급한 열아홉 가지 다른 척도를 합한 총 스물네 가지의 척도로 등급을 매길 기회가 있었다. 이를 통해 둘 사이에 어떤 문화적 차이가 있는지를 더 잘 이해할 수 있게 되었다.

일단 확인된 잠재적인 차이점에 대해 무엇을 할 것인가? 다음에는 스물네 가지 기본 척도에 대해 몇 가지 일반적인 조언을 제시했다. 이를 좀 더 단순화해 다섯 가지 기본 척도를 중심으로 다시 구성했다. 여기서 제시하는 제안과 의견은 당신과 문화적 태도가 상반된 사람들과 교류할 때 주의해야 할 기초적인 것들이다. 각각의 상황에서 자신에게 어떻게 적용될지 생각해 보기 바란다.

수평적 / 위계적

수평적인 문화권 사람들과 관계를 맺을 경우_ 스스로 주도성을 발휘하거나 다른 사람들도 그렇게 할 수 있는 적당한 방법을 찾아보라. 이는 실제로 감독이 그다지 많이 필요하지 않다는 뜻이며, 때때로 세세한 간섭 없이도 직원들이 일을 완료할 수 있음을 뜻한다. 또는 지금까지 익숙해진 관리 감독 없이도 스스로 자발적으로 행동해야 함을 뜻할 수도 있다.

특히 업무의 역할과 책임에서 남성과 여성을 동등하게 다루어야 한다는 것을 잊지 말아야 한다. 여성들이 상대편 남자 직원보다 힘이나 권위가 약하다고 속단하지 말아야 한다.

일반적으로 위계적인 문화보다 수평적인 문화에서 격의 없는 행동이 나타난다. 그들이 정중함과 의전을 그리 강조하지 않는다 해도 놀랄 필요는 없다. 만약에 직함이나 형식적인 호칭 사용에 익숙하다면 사용하라. 하지만 상대는 곧 격의 없는 호칭을 사용해 달라고 요구할 수도 있다. 이름으로 불러 달라고 요구했는데도 계속 "스미스 박사"라고 부르면 그가 불편해할 수도 있다.

수평적 문화권 사람들은 맡은 역할에 융통성이 있으며, 관리자들은 상사의 위치를 떠나 '팀원'이 될 수도 있다. 예를 들어, 코트를 입고 넥타이를 맨 관리자라도 제품을 설명하거나 제작하는 등의 일을 전혀 꺼리지 않는 경우도 있다.

수평적 문화에서는 극빈자가 부자가 되는 것처럼 신분 변화가 가능하며, 따라서 당신이 자신에게 익숙한 방식대로 그들의 사회적 ·

경제적 역할이 그들의 행동을 제약할 것이라고 예상해서는 안 된다. 이 문화권에서는 모든 사람들의 의견, 관점 그리고 기여도를 가치 있게 여기거나 적어도 고려 대상으로 삼는 자세가 중요하다.

직위나 직함이 없다 해도 대담하게 의견을 표현하라. 예를 들어, 회의를 주도하는 사람의 의견에 반대해도 괜찮다. 그러나 무례를 범하거나 상대방을 당황스럽게 할 정도는 곤란하다.

위계적인 문화권 사람들과 관계를 맺을 경우_ 이 경우의 남성과 여성은 사회적 역할과 일터에서의 역할이 뚜렷하게 구분되어 있을 수 있다. 남성과 여성에게 각기 다른 방식을 적용하는 제약이 있음을 명심하라.

수평적 문화와는 다르게, 위계적인 문화권에서 남자는 일반적으로 좀 더 '남성적'이 되도록, 여성은 좀 더 '여성적'이 되도록 요구한다. 수평적인 문화권에서 온 사람들에게 '남성적' 또는 '여성적'이라는 단어는 매우 당황스럽고 혼란스러울 수 있다. 이 단어들은 모두 모호하고 감정적인 말이기 때문이다. 많은 지역에서 남성에게는 운전을 하거나 협상하기, 식사비를 내고, 정중하게 문을 열어 주는 등의 행동을 기대하고, 여성에게는 자신을 예쁘고 단정하게 꾸미는 것에 높은 가치를 두도록 한다. 이것은 미국 여성들을 격분시킬 수 있는 일이기 때문에 미국인들에게 내가 자주 하는 충고는, 다른 문화권의 이런 경향을 바꾸려 애쓰지 말라는 것이다. 성 역할이 뚜렷한 문화라고 해서 '미국에 30년 뒤처져 있다'고 보면 안 된다. 상대방의 사회 전체를 바꾸기보다 그 사회의 테두리 안에서 그 사람들의 다른 역할을 이해하고 그들을 존중해야 한다.

남성들만이 힘있는 자리에 오를 수 있는 일부 아시아 국가와 중동 등을 여행하는 미국 여성들은 중요한 직함이 적혀 있는 명함을 사용할수록 매우 정중히 대접받는다는 것을 알게 되었다. 이후로는 어느 미국인 여성이 판매 담당 '매니저'일 뿐이더라도 명함에는 '판매부 대표'로 쓸 것이다.

국제 파트너의 직함에 주의하고 존중해야 한다. 사람들이 직함과 형식적 행위와 의전을 어떻게 활용하는지 주의 깊게 살피고 그에 따르려고 노력하라. 격식을 무시하기보다는 격식을 차리는 쪽을 선택하라. 편하게 대해 달라고 하기 전까지는 공식 호칭을 사용하라.

맡기려는 일을 누가 잘 처리할 수 있는지 알아 두어야 한다. 위계적인 문화에서 매니저는 '팀장' 역할을 하고 하급자들은 그 팀장 밑에 소속된다. 사람이 자신의 사회적 역할이나 지위의 역할에서 벗어나기란 쉽지 않다. 당신이 그 일을 하기에 적절치 않은 사람에게 일을 부탁하면, 그 사람은 아무런 행동도 하지 않는다.

의사소통의 적당한 방식을 택하라. 예를 들어 상대방은 대화에 팀장이나 부하 직원을 포함시키기를 바랄 수도 있다. 확실치 않으면 물어보라.

위계적인 문화권 사람들은 당신에게 익숙한 사회적 융통성이나 유동성이 없을지도 모르지만, 집단에서 드러나는 정체성은 아마 더 분명할 것이다. 이 문화권의 여성은 건축 현장의 일꾼이 되거나 타이어를 갈아 끼우지 않는다는 생각이 보편화되어 있을지라도 그들이 당신의 문화권에 속한 직원들보다 못하다는 뜻은 아니다. 이런 여성들은 자신들이 누구인지에 대해 매우 명확히 인식하고 있으며, 미국 여성들보다 자신의 정체성에 대해 덜 고민한다. 수평적 문화에서는 남성들도 간호사나 비서 일을 할 수 있는 데 비해, 이런 일을 선택할 수 없는 위계적 문화권의 남성들도 자신들의 정체성에 대해 많이 고민하지 않는 것은 마찬가지이다.

사회적 유동성이 제한되고 역할을 선택하는 융통성이 부족하다고 해서 당신이 속한 나라에서 생각하는 식으로 그 사람들의 삶이 불행하고 구속받는 삶이라고 속단하지 말라.

영향력이 있는 사람들에게 의견을 물어보는 요령도 터득하라. 예를 들어, 회의에서 팀장이 이야기하는 것에 바로 이의를 제기하지 말고, 회의가 끝나기를 기다리는 것이다. 체면과 화합에 가치를 둔 문화에서는 이런 예의가 특히 중요하다.

직접적 / 간접적

직접적인 성향이 강한 사람들과 관계를 맺을 경우_ 하려는 말을 간결하고 직접적으로 전달하도록 노력하라. 어떠한 상황이 사실일 경우, "화요일까지 출하는 불가능합니다." "안됩니다." "할 수 없습니다."라는 식으로 말하는 것이 더 잘 받아들여진다.

말하는 방법보다 말하는 내용에 더 초점을 맞춰라. 예를 들면, 지금 제시하는 충고는 미국인과 거래하는 아시아 인에게 도움이 될 것이다. 만약 미국인이 특정 상품에 만족하지만 상사의 승인을 얻어야 한다고 말한다면, 그의 말은 정확히 말한 그대로이다. 시간을 벌려는 것도 아니고 은근한 거절도 아니다. 그렇지만 여러 문화가 혼합되어 있는 경우에는 다른 의도가 있는 것은 아닌지 오해할 여지가 있으니 조심해야 한다.

직접적인 성향의 문화에서는 대개 문서와 계약서를 중시한다. 법적 계약서는 단순한 상징물이 아니고, 불신을 의미하는 것도 아니다. 따라서 진지하게 처리되어야 한다.

갈등은 더 공공연하게 다루어지게 될 것이다. 이는 당신의 체면이 깎인다는 의미가 아니다. 직접적인 성향의 문화권 사람들은 '문제를 드러내놓고' 토론하는 쪽을 선호한다. 간접적인 태도와 행동은 무관심하거나 심지어 정직하지 않은 것으로 비칠 수 있다.

대화의 규칙과 전형적인 흐름을 일반화하기는 어렵지만, 대부분의 직접적인 성향의 문화에서는 대화 중의 침묵에 가치를 두지 않는다. 간접적인 성향의 문화권 사람들에게 침묵은 반대나 망설임이나 사려 깊은 존중을 의미할 수 있지만, 직접적인 성향의 문화권 사람들에게 침묵은 아무런 의미가 없는 경우가 많다. 미국인들이 하는 것처럼 돌아가면서 순서대로 대화하거나, 라틴아메리카 인들이 하는 것처럼 중간에 끼어드는 것이 직접적인 문화권에서 좀 더 일반적이다. 비언어적인 소통보다는 말로 자신이 전달하려는 내용을 전달하라.

직접적인 성향의 문화권 사람들은 대개 직선적으로 생각하는 사람이며, 바로 핵심으로 들어가지 않으면 조바심을 낸다.

간접적인 성향이 강한 사람들과 관계를 맺을 경우_ 평소보다 좀 더 요령이 필요하다. 단지 무엇을 말할 것인가가 아닌 어떻게 말할 것인가도 고려해야 한다. 말로 표현되지 않는 요소에 관심을 갖고 비언어적 단서를 주의 깊게 보라. 예를 들어 어떤 사람이 "네"라고 말할 때 그 사람의 긴장감과 알 듯 말 듯한 몸짓언어를 알아차렸는가? 그렇다면 그 "네"는 단순히 긍정을 의미하지 않는다.

말할 때 사람들이 사용하는 격식과 의전, 적절한 외교적 언어와 존칭어가 무엇인지 살펴보고 그대로 따라하도록 노력하라.

이런 경우에는 평소보다 좀 더 수동적이어야 할 필요가 있을지도 모른다. 불거진 어려운 주제나 신중하고 민감한 문제일수록 더 주의하라. 갈등이 있는 상황에서 너무 직접적이지 않도록 특별히 유념하라. 이것은 특히 체면과 화합을 중요한 가치로 여기는 아시아 문화권에 적용된다.

말하는 중간에 끼어드는 행동은 가급적 피해야 하며, 특정한 상황에 어떤 반응을 보여야 할지 확실치 않은 경우에는 말을 하지 않거나 아예 나중으로 미루는 방법도 괜찮다.

간접적인 성향이 강한 사람들은 순환적으로 생각하는 사람들이며, 웬만해서는 바로 핵심으로 들어가는 것을 좋아하지 않는다. 간접적인 성향의 동료에게 직접적으로 핵심을 말하도록 밀어붙이는 일은 자제해야 한다.

개인 지향적 / 집단 지향적

개인 지향적인 사람들과 관계를 맺을 경우_ 좀 더 독립적으로 필요한 일을 하며 새로운 방식으로 개인의 주도성을 발휘해야 할 필요가 있다. 팀의 목표가 가장 중요하지만, 개인적인 업무 성과와 개별적인 기여도에 좀 더 집중해야 한다. 회의에서 자신감 있게 주장을 밝혀라.

가족이나 직업이 아닌, 독특한 개인으로서 그들이 누구인가에 근거를 두고 그 사람을 알아 나가라.

개인 지향적 문화권에서 일할 때, 예상보다 더 자주 팀과 팀 사이를 이동하거나 일하는 지역과 도시를 이동할 수 있다. 장시간의 근무나 회사에 대한 충성보다는 개인 시간이 더 중요하다.

개인 지향적 문화에서는 지시나 협의에 의한 의사 결정 방식이 합의에 의한 방식보다 더 일반적이다. 당신이 팀을 포함시키거나 상사와 의논하는 것이 합당하다고 여겨지는 상황이더라도 스스로 결정을 내려야 할 경우도 예상해야 한다.

직원들은 주로 개인적인 인센티브로 동기부여가 되며, 따라서 개인적으로 보상받기를 원한다. '이 달의 직원'이나 '최고 영업 사원'과 같은 개인적인 포상이 '최고의 영업 팀'과 같은 그룹 포상보다 사람들의 의욕을 더 불러일으킨다.

신기하게도 인사하거나 대화할 때 상대와 거리를 좁힐 가능성이 있는 쪽은 집단 지향적 문화보다 개인 지향적 문화이다. 예를 들어 인구가 밀집된 일본인들은 신체적 접촉 없이 인사를 하는 반면에 미국인, 캐나다 인, 호주인들은 악수하며 인사를 나눈다.

'결론에서 출발'하는 추론 방식은 개인 지향적 문화에서 두드러진다. 이런 유형의 추론 방식은 상반된 의견을 지지하는 데 효과적이다. 미국은 상반된 극단의 나라로 보일 수 있다. 연속선의 한쪽에는 낙태를 반대하는 종교 단체가 있고, 반대쪽에는 낙태를 지지하는 시민 단체가 있기 때문이다.

집단 지향적인 사람들과 관계를 맺을 경우_ 집단의 목표와 집단의 성과를 염두에 두어야 하며, 자신보다 집단을 우선시하도록 하라. 개별적인 주도성은 직원으로서 가치를 증명하는 좋은 방법이 아니다.

집단 지향적인 사람들과 친해질 때까지는 많은 시간이 필요하다. 미국인들은 집단 지향적인 문화권 사람들을 '차갑다'고 생각한다. 그들은 미국인들이 편하게 말하는 "우리 언제 함께 뭉칩시다."라는 식의 말을 하지 않기 때문이다. 같은 집단으로 받아들여지기까지 시간이 걸리지만 일단 받아들여지면 협력 관계는 엄청나게 강해진다.

의사 결정을 할 때 합의에 의한 결정은 많은 시간이 든다. 하지만 결정자의 지위에 따라 달라질 수도 있는데, 위계적인 문화에 속한 기업에서 경영자가 결정을 내리면 그 시간은 빨라질 수 있다.

개인 지향적인 문화권 사람들이 개인적인 포상 시스템을 좋아하는 반면, 집단 지향적인 문화권 사람들은 팀의 성취가 더 중요하기 때문에 혼자서 튀는 것을 어색해한다. 특히 한 사람이 보상받는 것을 불편하게 느낀다. 한 개인이 집단에 공헌한 내용을 찾기보다는 집단의 성과를 인정할 수 있는 방법을 찾아라.

사회적 규범과 규칙을 따르도록 노력하라. 개인적으로 튀면서 사회적 관습을 무시하는 것보다 훨씬 효과적이다. 집단은 매우 창조적일 수 있지만 집단 자체의 사회적 관습을 거스르면 그런 창조적 과정을 기대할 수 없다.

집단 지향적인 문화는 전형적으로 규격화된 절차나 지침을 좋아한다. 어느 상황에 적용되는 규칙은 모든 상황에 적용된다. 하지만 그 반대도 가능하다. 집단 지향적 문화에는 친척을 고용하는 등 사람을 위한 특별한 예외도 이루어질 수 있다.

만장일치나 합의에 의한 의사 결정 방식이 일반적이다. 따라서 더 많은 이들을 의사 결정 과정에 포함시키고 천천히 진행하라.

'동시에 한 결론에 도달'하는 추론 방식은 만장일치나 합의로 결정하기 위해 많은 사람이 의견을 나누는 아시아와 같은 집단 지향적 문화에서 일어난다.

인구가 밀집된 아시아와 같은 집단 지향적인 문화권 사람들은 상대방과 신체적인 거리를 두며, 접촉이 적은 쪽을 선호한다. 그러나 또 다른 집단 지향적인 사회에 속한 남미 문화권 사람들은 가까이 서서 이야기하며 친근하게 접촉하기도 한다. 아시아 인들의 신체적인 거리 규칙에서 유일한 예외는 사람들로 꽉 찬 지하철에서 밀고 밀리는 일본의 출퇴근 모습 정도일 것이다.

업무 지향적 / 대인 관계 지향적

업무 지향적인 사람들과 관계를 맺을 경우_ 업무가 꽤 빠르게 진행되리라는 것을 예상하라. 업무 성과를 목적으로 한 관계가 빨리 형성될 수 있다. 팀이 해체되거나 프로젝트가 끝났을 때에도 빠르게 해산한다. 누군가 만나자마자 명함을 당신 손에 쥐어 주며 협력할 것을 제안하더라도 놀라지 말라. 이 사람들은 당신을 만날 기회를 잡으려 노력하는 것이므로 진지하지 못한 사람이라고 거부해서는 안 된다.

처음에 사람들은 당신이 누구인지가 아니라 무엇을 하는지를 토대로 당신을 알고 싶어 한다. 직업적인 관계는 그렇게 빨리 형성하면서도, 서로의 개인적인 이야기를 하고 싶어 하지 않는 점은 이상하게 보일 수도 있다.

업무에 초점을 맞추는 사람들은 경력을 쌓아 나가는 데 매진하며 일에 온 힘을 쏟아 붓는다. 일하는 시간은 길고 휴가는 적다. 그렇지만 그들은 근무 시간과 그 외의 시간을 명확히 구분하기 때문에 근무 이외의 시간을 매우 소중히 여긴다. 그들이 '일하기 위해 사는' 것으로 보일지는 몰라도 그들에게도 일 외에 우선으로 여기는 일과 개인 생활이 있다.

특히 개인 지향적 문화에서는 더 그렇다. 어떤 과업을 완수해야 할 경우, 주도성을 발휘하는 모습이 필요하다. 예를 들어 지금 캐나다나 미국에 있다면 스스로 일을 시작하고 곧바로 일에 뛰어들 준비를 하라. 어떤 행동이 기대되는지 모르는 경우라도 손 놓고 있을 수는 없다. 대신에 그 기대치가 무엇인지 명확히 하기 위해 필요한 일을 해야 한다.

업무 지향적인 사람들이 핵심에 바로 접근하는 매우 직선적인 대화 방법을 사용하더라도 그것이 당신에게 개인적으로 흥미가 없다는 것을 의미하지는 않는다. 그들의 첫 번째 관심은 업무의 성과에 있고, '즐거움보다는 일'에 있다.

업무 중심 문화에서 시간은 부족한 듯 느껴지며, 삶의 빠른 속도에 맞춰야 한다. 품질의 평가 기준도 '미적인 즐거움을 주는가?'가 아니라, '그것이 제구실을 다 하는가?'에 있다.

대인 관계 지향적인 사람들과 관계를 맺을 경우_ 직업적인 관계를 맺고 그 관계를 키워 나가기 위해서는 별도의 시간을 계획하라. 사흘 일정으로 세계를 돌아다니며 중요한 거래를 성사시키려는 미국인들의 전형적인 실수를 본받지 말라.

곧장 일로 돌입하기보다는 좋은 관계를 유지하는 데 시간을 할애하고 다른 이들을 알아 나가면서 정중한 말과 예의 바른 소개와 같은 관계 유지에 필요한 규칙을 배워라. 때로는 결과보다 함께 일하는 과정이 더 중요하다.

직원들에게 주말 근무와 같은 희생을 바라지 말라. 대인 관계 지향적인 사람들은 '일하기 위해 살기'보다 '살기 위해 일'한다. 대인 관계를 중시하고 살기 위해 일하는 문화권의 예는 멕시코이다. 멕시코인들이 게으르다는 말이 아니다. 그들은 정말로 부지런하다. 일본은 이런 면에서 다른 면을 보여 준다. 일본인들은 당신에게 유대 관계를 다질 것을 원하지만 동시에 그들은 '일하기 위해서 산다.' 따라서 예외가 있긴 하지만 일반적으로 관계를 중요시하는 문화권 사람일수록 일을 위해 철저하게 개인을 희생하는 경향은 없다.

그들이 업무를 완수하거나 지시에 따르기를 기대한다면, 업무와 그 과정을 최대한 명확히 해주어야 한다. 웹 페이지에 필요한 서류 작업에서부터 지불 방법까지 선적 조건과 절차를 게시하여 일본인 파트너를 기쁘게 한 미국인의 예를 기억하라.

대인 관계 지향적인 문화권 사람들은 핵심에 바로 접근하는 대신 순환적이거나 이리저리 왔다 갔다 하는 의사소통 방식을 자주 사용한다. 이때 옆길로 새는 이야기를 하거나 주제를 우회하는 내용들은 불필요한 산만함이 아니라는 사실을 알아야 한다. 오히려 직업적 관계를 확인하고 향상시킬 수 있는 중요한 방법이다. 그 핵심에 대한 미묘하고 간접적인 언급에도 관심을 기울여라.

이와 마찬가지로 관계 중심 문화권 사람들은 한 번에 한 가지 일만 하는 것을 불안하게 여길지도 모른다. 따라서 업무 목표를 완수해 나가며 직업 관계도 키워 나가는 멀티태스킹을 하는 경우가 많다.

업무에 바로 뛰어들기보다 적절한 대인 관계 구축이 가장 중요한 목표이고, 이런 일에는 시간이 걸릴 수밖에 없으므로 좀 더 느린 삶의 속도에 적응해야 한다.

이런 문화권에서는 당신에게 익숙한 방법으로 품질에 대한 정의를 내리지 않을 수도 있다. 상품이 제 기능을 하는지보다는 아름다움이나 미적 감각과 같은 다른 요건들에 중요한 무게가 실리는 경우가 많다.

모험 수용적 / 안전 지향적

모험을 편하게 생각하는 사람들과 관계를 맺을 경우_ 이런 경우에는 비즈니스와 직장 생활에서 빨리 움직일 준비를 하라. 초점은 주로 현재와 가까운 미래에 맞춘다. 사업 계획은 다음 1~2분기 또는 1~2년에 대한 것이지 20년이나 50년 후가 아니다. 마지막 순간의 변화에 적응하라. 그 변화는 종종 받아들여질 만하고 바람직하다.

의사 결정은 재빨리 그리고 적은 정보만으로도 이루어진다. 의사 결정이 빠르기 때문에 이행 과정은 필연적으로 좀 느리다.

모험 수용적인 사람들의 관점은 모험이 어리석은 도박이 아니라 정보와 계산을 바탕으로 한 것이다. 위험을 계산한다는 것은 삶과 일에 관한 통제력을 의미하며, 그러한 위험들에 편안해질 수 있어야 한다.

비교적 규칙, 제한, 지침, 방침이 더 적다. 이러한 문화에서 혁신과 위험은 함께 따라온다.

안전함을 편하게 생각하는 사람들과 관계를 맺을 경우_ 모험 수용적인 문화에 비해 안전 지향적인 문화에서 혁신이 일어나는 경우는 많지 않지만 놀라울 정도의 개선과 향상은 안전 지향적인 문화의 버팀목이다.

정밀함과 디자인 면에서 꾸준한 품질 개선을 한 일본의 워크맨(Walkman)을 생각해 보라. 일본인들은 창조적인 발명가는 아니지만 대단한 제조 업자이다. 당신은 끊임없는 개선과 창의력을 새롭게 정의해야 할지도 모른다. 임의적인 방법에 의한 혁신보다 검증된 길을 고수하는 것도 한 방법이고, 새로운 아이디어보다 과거의 선례를 이용한 참신한 결합 방법인 수평적 사고(lateral thinking, 상식이나 통념에 근거를 두지 않는 사고방식–옮긴이)도 포함된다.

안전함을 지향하는 이런 문화에서 새로운 일을 주창할 때는 끈기가 필요하다. 결정을 내리는 것은 느리더라도 일단 결정되면 이행은 꽤 빠르고 효과적으로 타당하게 이루어진다. 당신이 함께 내린 그 결정의 장기적인 결과에 초점을 맞추라.

어떤 사람들은 삶이나 일을 통제할 수 있는 여지가 크지 않다고 보기 때문에 모험을 피하고 신중하려 한다. 그런 사람들을 합리적이고 계산된 모험에 끌어들일 수 있는 방법에 초점을 맞춰야 한다.

효과적인 일과 효과적이지 않은 일에 대하여 과거의 선례에 더 초점을 맞춘다. 많은 준비와 예비 작업, 사전 조사를 해야 할 것이고, 일을 진행하면서 더 많이 연구해야 한다.

결론을 도출해 나가는 추론 방식은 필연적으로 신중한 조사와 인내가 필요하다. 일시적인 만족과 빠른 결정에 대한 욕구를 억제할 필요가 있다.

마지막 순간에 계획이 바뀌리라고 예상하지 말라. 결정되었거나 결정의 막바지에 이르렀을 때 단순히 '생각을 얘기하는 것뿐이라는 태도'는 신중함을 선호하는 사람들을 혼란스럽게 만들 수 있다.

의사소통 기술

나는 이 책에서 독자들이 여러 나라 동료들과 교류하고 앞서의 다섯 가지 문화 척도상의 차이를 체험한 적이 있는 영어 사용자들이라고 전제하며 이야기를 하고 있다.

미국인들은 외국어를 한마디도 배우지 않고도 세계 대부분의 나라에서 말이 통하는 혜택을 누리고 있는데, 이것은 대단한 특권이다. 영어는 배우기 어려운 언어이며, 영어를 모국어로 사용하는 사람들은 1) 의식적인 큰 노력 없이도 유창하게 영어를 익히고 2) 영어가 모국어가 아닌 사람들이 영어를 배우기 위해 들이는 노력을 하지 않아도 되는 행운을 누린다.

영어가 얼마나 어려운지에 대해 설명해 보자. 'through'가 'throo'로 발음된다면 'plough'는 'ploo'로 발음되어야 하겠지만, 이 발음은 'plow'다. 그렇다면 'cough'도 'coff'가 아니라 'cow'가 될 수 있다. 하지만 그러면 'enough'는 'enuff'가 아니라 'enoff'가 될 수 있고 'dough'는 'duff'가 되어야 한다. 안 그런가? 영어는 다른 언어와 비교해 볼 때 발음의 변화 가능성이 크다.

영어 단어 속의 강세가 어떤 음절에 오는가를 배우는 것도 꽤 힘든 일이다. 첫 음절에(ARKansas), 중간에(alaBAMa), 또는 마지막에(deTROIT) 강세가 들어간다. 프랑스 어 같은 다른 언어들은 단어에 균형이 잡혀 있어서, piAno라고 발음하는 영어와 달리 억양이 같게 "pi-a-no(프랑스 어)"로 발음한다. 스페인 어와 포르투갈 어는 적어도 강조되는 문자 위에 강세를 표시하는데 영어는 그렇지도 않다.

그나마 많은 다른 언어에서 겪어야 하는 남성형이나 여성형 또는 중성 명사에 대한 혼란을 영어에서는 겪지 않으니 다행스런 일이다. 예를 들어 포르투갈 어에서 집은 '여성형'이지만 책은 '남성형'이고 독일어에서 소녀는 '중성'이다!

일본어는 단수와 복수의 표현 형태가 영어와 달라서 _s를 붙이는 영어의 복수형은 일본인들에게 어려울 것이다. 영어의 복수형에는 예외가 많다. 왜 'mouse'나 'moose'는 'mices'나 'mooses'가 되지 않는 것일까? 왜 'booth'는 'beeth'가 아닌데 왜 'tooth'는 'teeth' 일까?

영어의 철자법이나 복잡한 문법을 다루는 책은 많지만 이 책의 목적에 맞지 않기 때문에, 영어를 모국어로 사용하는 사람들은 엄청난 노력 없이도 기본적인 법칙을 배울 수 있으니 매우 운이 좋다는 앞서의 이야기를 반복하는 것으로 끝내겠다. 영어는 세계적인 언어이기 때문에 다른 나라들은 이 언어로 명쾌하게 대화하기 위해 노력하고 있고 앞으로도 그럴 것이다.

운 좋게도 이미 영어가 유창한 당신은 영어가 유창하지 않은 사람들과 이야기할 때 가능한 한 명확한 영어를 사용하기 위해 최선을 다해야 한다. 이를 위한 열 가지 비법이 있다.

영어를 최대한 활용하기 위한 열 가지 비법

사업상의 관계이든 사적인 우정이든 간에 언어로 관계를 형성하는 방법 중 한 가지는 '친숙한' 말을 사용하는 것이다. 예를 들어, 함께 일하기 시작한 두 사람이 어느 정도 친해져서 대화 속에 관용어를 좀 사용하거나 편하게 말한다고 해보자. 한 사람이 "좋아 이반, 다른 생각을 말해주지(Okay Ivan, let me run another idea past you)."라고 말할 수 있다. 확실히 이것은 "저, 이반, 내가 이야기하고 싶은 다른 생각이 있습니다(Now, Ivan, there is another idea I would like to talk about)."라고 말하는 것보다 덜 차갑고 덜 형식적으로 들린다. 그러나 이처럼 격의 없는 말은 영어를 모국어로 쓰지 않는 사람들에게는 당황스럽고 예의 없게 느껴질 수 있다.

다른 언어를 배운 경험이 있다면(이런 경험은 적극 추천할 만하다.) 생각을 제2언어로 옮기려 노력하는 과정을 통해 훨씬 많이 영어를 배웠을 것이다. 한 가지 예를 들면, 외국어로 'get'을 어떻게 표현하겠는가? 여러 언어 가운데 영어의 'get'과 같은 의미가 있는 단어는 없다. '길을 잃다(become lost-get lost)', 이해하다(understand-get the main point)', '떠나다(leave-get out of here)', '시작하다(start-get going)', '계속하다(continue-get on with the meeting)' 또는 '구입하다(purchase-get some supplies at the store)' 등에 나오는 'get'은 각각 어떤 의미의 'get'을 의미하는가? 따라서 영어를 모국어로 사용하지 않는 사람들에겐 좀 더 정확하게 설명해 주는 동사를 사용하는 편이 낫다.

영어를 모국어로 사용하지 않는 사람들과 교류할 때 혼란을 피하고 정확하기를 원한다면, '국제 비즈니스 영어'를 사용하라고 권하고 싶다. 그것은 속어와 편안한 표현, 관용어구 그리고 문법적으로 복잡한 구문을 쓰지 않는 명확하고 분명하고 간단한 영어이다. 여기에 영어나 다른 언어로 좀 더 명확히 대화하는 것을 도와줄 열 가지 비법을 소개한다.

비법 1_ 스포츠나 군사적인 관용어구 표현을 피하라

영어에는 이러한 표현들이 널리 스며들어 있다. 아래와 같은 표현을 국제 비즈니스 영어로 바꾸도록 노력하라.

- We need a level playing field(우리는 공정하게 해야 한다).
- This project is a strikeout(그 계획은 실패다).
- Let me run this idea past you(내 생각을 말하겠다).
- That plan has been sidelined(그 계획은 연기되었다).
- Am I in the ballpark(내 생각이 맞나)?
- We're dealing with a 'snafu' here(이 일은 '엉망진창'이다).
- Joe really shoots from the hip(조는 신중하게 계획하지 않는다).
- Fire off a memo to Christine(크리스틴에게 메모를 빨리 보내라).
- There is no magic bullet(해결할 묘안은 없다).

이 예들을 명확한 영어로 바꾼 것이 346쪽에 나와 있다.

비법 2_ 간단명료하게 하라

정확하거나 명확하게 말하려고 'use' 대신 'utilize'와 같은 단어를 선택하는 사람들이 있다. 이것은 영어를 모국어로 사용하지 않는 사람들을 더 혼란스럽게 한다. 더 강하고 더 인상적인 표현의 단어들을 익히고 사용하도록 한 과거의 영어 선생님들의 영향 때문이지만, 영어의 숙련도가 떨어지는 사람들과는 'position, remove, additional' 대신에 'put, take, more'와 같은 기본 단어를 사용하는 것이 좋다. 앞에서 'get'의 여러 가지 의미들을 언급했지만 'get'으로 의미가 통하면 그대로 밀고 나가라!〔한편으로는, 일부 다른 언어를 사용하는 사람들이 그들의 언어에서 유사한 단어를 생각해 낼 수 있기 때문에 짧은 단어보다 'utilize'와 같은 긴 단어가 낫다고 하는 사람들이 있다. 'put'은 'position'보다 짧지만 'position'은 프랑스 어 사용자에게 더 쉽게 인식될 수 있다. 프랑스 인들은 이때 'put'을 사용하지 않고 영어와 똑같은 단어인 'position'을 사용하기 때문이다. 이런 경우, 게르만 어족 언어들(독일어, 스칸디나비아 어들)이나 라틴 어족 언어(프랑스 어, 스페인 어, 이탈리아 어, 포르투갈 어) 사용자들은 긴 단어를 더 잘 이해할 수 있을 것이다.〕

'간단하게 하라'는 이 비법이 적용되어야 할 부분은 문장의 길이이다. 길게 이어지는 문장을 피하라. 특히 듣는 사람의 영어 숙련도가 매우 낮을 때, 더 짧은 문장을 무례하지 않게 말하면서, 그 사람이 복잡한 생각에 빠져들지 않고 빨리 당신의 말을 이해할 수 있도록 적당한 시간을 주라.

비법 3_ 피드백을 주고받아라

당신이 명확하고 간단한 영어로 메시지를 전달했다 할지라도 듣는 사람이 반응을 보일 때까지는 의사소통이 이루어졌다고 확신할 수 없다. 따라서 듣는 사람이 대화의 의도를 이해했는지 확인하기 위해서 매 문장마다는 아니지만 자주 확인해야 한다.

피드백을 구할 때 사용하는 두 종류의 질문이 있다.

1. 폐쇄형 질문 – 보통 do, did, does, is, are, will, can으로 시작된다. 이 질문들은 간단하게 예, 아니요로 대답할 수 있다. 폐쇄형 질문은 피하는 것이 좋다. 왜냐하면 사람들은 확실히 이해하지 못한 경우에도 종종 간단하게 '예'라고 대답하기 때문이다. 이것은 보통 말하는 사람의 체면을 세워야 한다고 생각하거나 간접적인 성향의 사람들이 그렇게 행동한다. 면전에서 불쾌하게 하거나 직접적으로 반대하고 싶지 않은 사람이라면, 아마도 간단하게 '예'라고 하거나 고개를 끄덕일 것이다.

2. 공개형 질문 – 보통 who, what, why, where, when, how, how many로 시작된다. 대충 얼버무리거나 간단한 '예'로는 이 질문에 답할 수 없기 때문에 이런 질문 형태가 더 나은 선택이다. 예를 들어 "우리가 세운 계획에 대해서 어떻게 생각하세요?"라고 물으면, 그것을 이해했는지 하지 못했는지 드러내지 않고서는

대답하기가 불가능하다. 짐작하겠지만 간접적이거나 체면을 차려야 하는 문화 지향적으로 프로그래밍이 된 사람들에게서는 피드백을 얻기가 쉽지 않다.

피드백을 구하는 것뿐만이 아니라 때로는 피드백을 제공해야 할 때도 있음을 기억하라.

영어를 모국어로 사용하지 않는 사람들과 영어로 이야기할 때 기억해야 할 것이 있다. 대화가 중단되거나 당신이 원하는 것을 얻어내지 못했을 경우에는 상대방이 당신의 말을 이해하지 못했음을 알수 있다. 하지만 사람들이 '오해'했을 경우에는 대체로 말을 하지 않기 때문에 알기 힘들다. 당신에게 이상한 시선을 보낼 수도 있고, 안 보낼 수도 있다. 또한 그 시선을 당신이 알아챌 수도 못 알아챌 수도 있지만, 어쨌든 이런 경우에도 대화는 계속될 수 있다. 잘못된 가정 속에서 말이다.

한 가지 예를 들면, 내가 누군가에게 "나는 당신을 돕기 원한다(I want to help you)."고 말하려 한다고 가정하자. 만약에 그 사람이 이해하지 못했다면 내게 다시 말해 달라고 할 것이다. 하지만 그 사람이 '원한다(want)'를 '않겠다(won't)'라는 단어로 잘못 들어서, '나는 당신을 돕지 않겠다(I won't to help you).'로 이해했다면 어떨까? 그 사람은 당황스러워하면서도 그저 기억 속에 묻어 두고

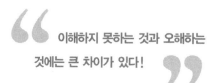

이해하지 못하는 것과 오해하는 것에는 큰 차이가 있다!

당신을 베풀 줄 모르는 사람으로 오해한 상태에서 대화는 계속될 것이다. 5부에서 설명했듯이 오해는 알아차리기 힘들다는 특성 때문에 본질적으로 문제의 소지가 있다.

비법 4_ 천천히 명확하게 그러나 크지 않게 말하라

이 규칙은 간단하다. 모욕적일 정도로 느리지는 않게, 소리 지르지 말고 말하라는 것이다. 나는 미국인들에게 거만해 보이지 않도록 주의할 것과 무슨 일이 있어도 은혜를 베푸는 듯한 태도를 취하지 말라고 충고한다. 영어를 사용하지 않는 사람들을 종종 귀머거리, 심하게는 '둔한' 사람처럼 다루는 것 같기 때문이다. 어떤 사람이 당신의 모국어를 말하지 않는다 해서 그 사람의 지능이 떨어진다고 말할 수는 없지 않은가? 명확하게 말해야 한다는 것을 기억하고, "Tcha-gonna-do-' bouth-th'-invoice"라고 묻는 대신에 더 천천히 그리고 명확하게 "이 수출 건에 대해서 무엇을 할 건가요(What are you going to do about the invoice)?"라고 물으라.

비법 5_ 필요하다면 반복하라

외국어를 듣는 것은 고단한 일이며 아는 단어를 '놓치거나' 듣지 못할 가능성도 다반사이다. 노래를 들을 때, 어떻게 '빈칸을 채우는지' 생각해 보라. 가사의 모든 단어를 듣는 것이 아니라, 보통 빈칸에 어떤 단어가 올지 추측이 가능할 정도로 듣는다. 그러나 문장의 '주변 소리들 또는 문맥들'은 영어 구사 능력이 제한된 사용자에게 도움이 되지 않으므로 경우에 따라서는 반복할 필요가 있다.

이 빈칸에 무슨 단어가 들어가는가? "당신의 ( )에 메시지를 남겨 놓았습니다(I left you a message on your ( ))." 영어로 이 문장을 수없이 들었기 때문에, 그 즉시 빈칸에 '자동 응답기(answering machine)'나 '음성 사서함(voice mail)'이라는 단어를 대입시킬 수 있다. 내가 마지막 단어를 웅얼거리듯 말하더라도 당신은 여전히 그 부분을 '들을' 수 있을 것이다.

비법 6_ 정확한 언어를 사용하라

'take the bus'나 'catch the bus'와 같은 표현은 혼란을 가져올 수 있다. 내가 아는 한, 움직이는 버스를 실제로 잡을 수 있을 정도로 빠른 사람은 없고, 개도 그렇게는 못 한다. 일반적으로 버스가 우리를 '태우는' 것인가 아니면 우리가 '잡는' 것일까? 버스를 '타다(ride)'라고 말하는 것이 훨씬 더 명확하다. 이런 단어가 혼란을 불러일으킨다면, 우리가 '2어 동사'(두 가지 동사가 합쳐져 한 가지 동사의 뜻을 나타내는 것. give up 등 — 옮긴이)나 '3어 동사'라고 부르는 동사는 영어를 배우는 사람들에게는 악몽이다.

예를 들어 "run (something) past (someone)"라는 2어동사를 사용했을 때 결과적으로 나타날 혼동에 대해서 생각해 보라. 또는 "아침 8시에 당신을 집어 들러 가겠다(pick you up at 8 A. M.)."고 말했을 때 영어를 모국어로 사용하지 않는 사람들이 뭐라고 생각할지 생각해 보라. '밧줄을 사용할 건가, 기중기를 사용할 건가?'라고 생각할 수도 있다. 그리고 모임이 파한 후에 내가 "그들을 떨어뜨려 주겠다 (drop them off)."고 말한다면, '도대체 얼마나 높은 곳에 있기에 그러는 걸까? 낙하산이나 충돌 방지용 헬멧이라도 가져와야 하는 건가?' 라고 생각할지도 모른다. 영어를 모국어로 사용하지 않는 사람들과 관계를 맺을 때에는 "아침 8시에 당신의 호텔로 가서, 내 차로 당신을 데리고 모임 장소로 가겠다. 모임이 끝난 후에는 다시 호텔로 데려다 드리겠다(I will come for you at your hotel at 8:00 in the morning and bring you, in my car, to our meeting. After the meeting, I will bring you back to the hotel)."와 같이 가능한 한 더 명확하게 말해야 한다. 영어를 모국어로 사용하는 사람들에게는 장황하게 보이겠지만, 자신 있게 영어를 말하지 못하고 잘 이해하지 못하는 사람을 대할 때에는 혼란스러운 말보다 명확한 말이 낫다.

또한 속담을 사용하기보다는 정확하고 명확한 언어를 사용하기를 제안한다. "덤불 안의 새 두 마리보다 손 안의 한 마리가 더 낫다."는 속담은 꽤 혼란스러울 수 있다. 대신에 "새로운 사업을 개발하려는 노력보다 지금 당장 슈바르츠와 거래를 시작할 필

택시에서 우연히 들었다. "좋아요, 기사 양반! 준비됐으니 나를 떨어뜨려도 돼요!"

요가 있다."처럼 구체적으로 말해야 한다. 영어를 모국어로 사용하지 않는 사람들은 당신의 노력을 분명 고맙게 여길 것이다.

비법 7_ 명확하고 일반적인 제스처를 사용하라

그렇다. 미국에서 엄지손가락과 집게손가락으로 원을 만들어서 '오케이' 표시를 만드는 것이 브라질에서는 경멸의 의미라는 사실을 알고 있는가? 몇몇 나라에서는 이것이 '영(zero)'을 의미한다. 어느 나라에서는 눈썹을 긁는 제스처가 상대를 대단히 불쾌하게 할 수도 있다. 내가 말하고자 하는 요점은, 명확하고 즉흥적인 제스처가 당신의 생각을 확실하게 뒷받침할 수 있다는 것이다. 영수증을 받고자 하는가? 그것을 쥐고 있는 것처럼 손동작을 만들어라. 책을 보고 싶은가? 책을 들고 있는 것처럼 두 손을 벌렸다 닫아라. 몇 시인지 알고 싶은가? 손목을 가리켜라. 무언극을 하려고 노력할 필요는 없다. 다만 생각하는 단어를 보충 설명해 줄 수 있는 알기 쉬운 제스처를 활용하라. 일반적으로 좋은 효과를 얻을 수 있다.

비법 8_ 글로 작성하라

간단하다. 글은 부담 없이 느긋하게 읽을 수 있고 다른 장소로 가져갈 수도 있다. 특히 영어를 배우는 많은 사람들은 대화를 연습할 수 있는 기회가 적은 반면에 읽기 연습을 주로 하므로, 메시지를 글로 볼 수 있다면 일이 잘 풀릴 수 있다. 글이 이해되지 않을 경우에는 집이나 직장의 누군가가 그 글을 번역해 줄 수도 있다.

비법 9_ 예를 들어라

예를 들어 말하면 의미를 뒷받침해 준다. 여기 소개된 예는 내가 영어에 능숙하지 못한 사람과 이야기하며 겪은 대표적인 오해로서, 원하는 정보를 찾기 위해 어떤 식으로 말을 수정했는지 알 수 있을 것이다.

브룩스 : 캐나다에서 어느 곳에 갔었나요?

비영어권자 : 네.

브룩스 : 캐다나에서 어느 곳에 갔어요?

비영어권자 : 아! 네! 2주요.

브룩스 : 캐나다에서 어느 도시를 방문했나요? 토론토? 몬트리올? 오타와?

비영어권자 : 오타와요. 아, 그리고 빅토리아도요!

결국 내가 원하는 답을 듣기는 했지만, 내가 예를 들어 물어본 후에야 답을 얻을 수 있었다.

비법 10_ 요약하라

때로는 방금 이야기한 내용의 요약을 요구할 수 있지만, 이 방법은 신중하게 사용해야 한다. 방금 말한 내용을 요약해 보라고 어린아이에게 말하는 것 같은 어조로 요구하면 상대가 불쾌해할 것은 뻔한 일이다. 물론 요약할 수 있는 방법은 두 가지가 있다. 피드백으로 요약해 달라고 할 수도 있고, 내용을 확인하기 위해 직접 요약할 수도 있다.

비법 10-1 (보너스 정보)_ 서두르지 말라

천천히 해달라는 요구를 받거나, 다시 한 번 말해야 하거나, 요점을 전달할 수 없는 경우라도 기분 나빠하지 말라. 이것은 당신에 대한 개인적인 비난이 아니다. 당신이 영어를 사용하는 사람이라면, 상대방은 당신의 언어를 사용함으로써 이미 효과적인 대화에 절반 이상 접근했음을 기억하라. 그리고 상대가 최소한 당신만큼은 똑똑하다는 사실을 잊지 말라. 솔직히 말해 당신은 그들의 언어를 말할 수 있는가?

관련된 외국어를 배워라

일반적으로 알려져 있는 농담을 하나 소개하겠다.

질문 : 세 나라 말을 할 수 있는 사람을 뭐라고 부르지?

답변 : 3개 국어 하는 사람(Trilingual).

질문 : 두 나라 말을 할 수 있는 사람은?

답변 : 2개 국어 하는 사람(Bilingual).

질문 : 한 나라 말만 할 수 있는 사람은?

답변 : 미국 사람.

이 농담이 널리 알려진 데에는 그만한 이유가 있다. 미국인들은 한 가지 말밖에 할 줄 모른다는 평가를 받아도 할 말이 없지만, 그것을 이유로 미국인들을 비난할 생각은 없다. 북미가 유럽 국가들에 비해 지리적으로 고립되어 있다는 점을 생각하면 한 가지 말밖에 모르는 사정을 어느 정도 이해할 만하다. 파리 시민들은 단 몇 시간 만에 거의 모든 방향으로 여행할 수 있고 다양한 언어를 구사하는 나라들에 둘러싸여 있다. 시카고 사람은 결코 이런 상황이 될 수 없다.

그러나 시카고 사람들에게도 다른 언어가 유입되고 있다. 이것은 뉴욕, 로스앤젤레스, 심지어 아이오와 주의 디모인에서도 마찬가지다. 이러한 경향은 분명히 계속되고 있어서 미국인들은 다른 언어(특히 스페인 어)와 접할 기회가 점점 많아질 수밖에 없다. 따라서 나는 아이들에게 외국어를 배울 수 있는 선택권을 폭넓게 제공해야 하고 그래서 결국에는 미국인이 1개 국어 사용자라는 굴레에서 벗어날 수 있기를 바란다.

미국의 아이들이 다른 언어를 배울 수 있다 하더라도, 아마도 이 책을 읽는 당신은 아이가 아닐 것이다. 그렇다면 희망을 버려야 할까? 어릴 때부터 외국어를 배우기 시작하면 적절하게 강세를 사용하면서 그 언어를 유창하게 말할 수 있는 가능성이 더 커진다는 것은 사실이다. 하지만 이미 어른이 되었다는 핑계를 대며 새로 시작할 수 없다고 말하지는 말라. 나이가 몇 살이든 당신의 능력을 향상시키는 일은 얼마든지 가능하다. 나는 어렸을 때 프랑스 어를 배워 유창하게 말할 수 있었기에 여러 나라 말을 할 수 있는 유리한 조건에서 출발

했다. 출발이 좋았던 덕분에 대학에서 스페인 어 회화를 쉽게 배울 수 있었고, 포르투갈 어도 대화할 수 있는 수준까지 익힐 수 있었다.

그러나 내가 영어나 라틴 어계 언어들과 완전히 다른 중국어, 일본 어, 아라비아 어, 러시아 어, 폴란드 어, 그 외의 다른 많은 언어는 그 정도로 유창하게 익히지 못하리라 생각한다. 다섯 살짜리 일본 아이가 나보다 일본어 실력이 더 좋겠지만, 그것 때문에 낙심하지는 않는다. 아무리 시간이 흘러도 내가 원하는 언어들을 다 배울 수는 없을 테지만 그래도 나와 관련된 언어는 조금씩이라도 배우려고 노력한다. 나는 현재 동아시아에 머무르고 있는데, 여기서 먹고 여행하고 즐기고 다른 사람들과 접한다면 이제 중국어가 나와 관련된 언어가 될 것이다.

스웨덴 어와 같은 다른 언어를 내가 말하려 하면 그곳 현지인들이 나를 비웃을지 모르겠다. 하지만 나는 수십 가지 언어를 말할 줄 아는 것처럼 보이는 유럽 인들과는 분명 다르다. 그렇게 되려고 노력하지도 않는다. 당신도 그럴 필요는 없다. 그렇지만 7개 국어를 하는 스웨덴 친구는 언어가 하루아침에 되는 것이 아니라는 점을 지적하며 자신이 쓰는 여러 언어 구사력을 향상시키기 위해 항상 노력한다.

외국어 구사 능력은 비즈니스 종사자들에게 기회의 문을 열어 준다. 외국어를 할 줄 모르면 비즈니스상의 불이익뿐 아니라 사회적인 불이익도 생긴다. 다른 나라에 가면서 그 나라 말을 못하는 것은 여름 캠프에 가면서 수영을 할 줄 모르는 것과 비슷하다. 그저 해변에 서서 다른 아이들이 물 속에서 즐거운 시간을 보내며 놀고 있는 모습을 보고만 있을 수밖에 없다. 나는 사람을 좋아하는 성격이라 다른 이들과 교제하는 일이 즐겁다. 따라서 그 나라 말을 몰라 웨이터에게 인사말조차 건네지 못하는 상황에서는 화가 난다. 그 지역의 말을 할 줄 모르면 마치 인격에 커다란 장애를 겪고 있는 듯한 느낌이 든다.

웨이터들에게 인사를 건넬 수 없는 것보다 더 큰 일은, 모국어로는 가능했던 나의 개성이나 스타일 표현이 불가능하다는 점이다. 평소처럼 다른 사람들과 우스갯소리를 할 수도 없고 가까워질 수도 없다. 프랑스 어나 포르투갈 어를 할 때 보면, 나는 확실히 다른 개성을 가진 사람 같다. 유머나 대화 유형이 내가 사용하는 언어에 따라 자동으로 바뀐다.

외국어 강의를 듣는 학생들처럼 외국 이름을 사용하는 방법은 이러한 새로운 개성을 강화시킨다. 프랑스 어를 배우던 학생 시절에 나는 브룩스가 아니라 하미두였다. 하미두는 전통 세네갈 이름이며, 그 이름을 사용하는 것은 내게 새로운 개성으로 통하는 문을 열어 주었다. 일상적인 방식에서 벗어난 역할을 하고 그에 상응하는 언어를 사용하기 때문이다. 이러한 '역할 연기(role-playing)'적 태도의 긍정적 효과는, 다른 나라 말을 배우는 사람들을 덜 내성적으로 만들고, 실수를 좀 더 순순히 받아들이게 하며, 그로 인해서 더 잘 배울 수 있게 한다.

당신이 국적이 다른 상대방을 대할 때마다 다른 이름을 사용할 필요까지는 없지만, 그들이 당신에게 '스티브 상'이라든가 '세뇨르 마틴'과 같은 별명을 지어 준다면 그것을 즐겨라. 더 중요한 자세는 외국어를 할 때 어떻게 당신의 개성이 변화하는지 인식하고 그 과정을 즐기는 것이다. 그렇게 하면 완벽하게 말하지 못하더라도 얼마간의 자존심을 챙길 수 있다.

이런 방식이 다른 나라 말을 배우는 데 도움이 되기를 바란다. 가장 기본적인 대화도 할 수 없다면, 어떻게 긴밀한 비즈니스 관계를 바랄 수 있겠는가? 어떤 계약을 맺으려고 폴란드에 갔다고 상상해 보라. 경쟁자들도 그 계약을 따기 위해 그곳에 올 것이다. 다른 모든 조건이 같은 상황에서, 당신은 폴란드 어를 전혀 할 수 없는 데 반해 폴란드 어를 조금이라도 할 수 있는 어떤 사람과 경쟁을 하게 된다면 당신이 그 계약을 성사시킬 수 있는 확률은 상당히 낮아지게 된다. 마치 프레드 애스테어(Fred Astaire, 미국의 유명했던 탭댄서, 뮤지컬 배우, 영화배우 -옮긴이)가 옆에 서 있는데 춤으로 다른 사람을 감동시키려 무진 애를 쓰는 것과 같다. 놀랍게도 그 나라 언어를 모국어로 사용하는 직원을 채용하는 전략의 가치를 깨닫지 못하는 기업들이 아직도 많다. 기업들은 제2언어 구사력이 뛰어난 직원들을 보유하기 위해 새로운 직원을 선발하거나 유인해야 하며, 호의를 사거나 높은 보수를 제공하는 등 기타 가능한 모든 일을 해야만 한다.

목표로 하는 언어를 유창하게 구사하는 직원을 고용할 수 있는 위치가 아닐지라도, 당신은 개인적으로 자신의 제2언어 능력을 향상시키기로 결심할 수는 있다. 실질적인 비즈니스 결정이 골프장이나 컨트리클럽에서 이루어질 수도 있고 아닐 수도 있지만, 나 같으면 언어 공부가 끝날 때까지는 골프 교습으로 시간을 낭비하지는 않을 것이

다. 비즈니스의 상대
들은 골프장에서 기준
타수를 칠 수 있는 사
람보다 외국어를 배우

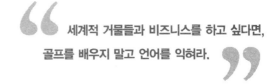

세계적 거물들과 비즈니스를 하고 싶다면,
골프를 배우지 말고 언어를 익혀라.

기 위해 수년간 공들인 사람에게 더 깊은 인상을 받는다.

유창할 필요는 없다

현실을 직시하자. 영어를 사용하는 사람으로 중국어를 공부해 본
적이 없는 성인의 경우, 중국어를 원어민 수준으로 유창하게 구사할
가능성은 거의 없다. 영어 알파벳 26자와 전혀 다른 문자를 사용하
는 동양권 언어들은 나이에 상관없이 서양인들이 배우기에는 대단
히 어렵다.

한국어, 중국어, 일본어, 아랍 어가 영어 사용자들에게 난이도 척
도로 10이라면, 러시아 어는 6이나 7일 것이고 프랑스 어는 3이나 4,
스페인 어는 1일 것이다. 더 어려운 언어에 대해서는 자신에게 기회
를 주되 유창하게 되지 않더라도 너무 상심하지 말기 바란다.

어떤 언어를 배우든지 우선 중압감을 버리고 합당한 목표를 세우
는 것이 좋다. 서로 대화가 통할 정도로 유창하다면 확실히 칭찬받을
만하다. 일상에 쓰이는 기본 대화 정도는 충분히 배울 수 있으니 낙
담하지 말고 자신감을 갖기 바란다.

당신은 다른 사람과 일상적인 대화를 할 수 있는가? 큰 상자를 달
라고 하거나, 버스가 어느 도시로 가는지 묻고, 건물이 어디에 있는

지 찾을 수 있는가? 날씨나 안부에 대해서 상대방과 이야기를 나눌 수 있는가? 기차역을 묻고 그 방향을 이해할 수 있는가? 이것은 기본적인 의사소통 수준이다. 만약 이런 대화 수준을 달성할 수 있다면, 여행을 하거나 다른 곳에서 온 사람들과 관계를 맺을 때 훌륭한 강점이 된다.

여섯 가지 기본을 배워라

세계 주요 도시에서 온 사람들과 만나거나 그곳에 간다면, 영어로 웬만한 대화는 가능하다. 다른 문화권에서 자신의 나라에 온 사람들과 교류할 경우 거의 영어를 사용한다.

하지만 대부분의 시간을 영어로 이야기하더라도 상대방 언어의 여섯 가지 기본적 표현을 익혀 상대에 대한 최소한의 예의나 존중을 표시할 수는 있다. 이런 준비는 우리가 할 수 있는 최소한의 예의다.

1. 네(yes).
2. 아니오(no).
3. 부디(부탁합니다)(please).
4. 감사합니다(thank you).
5. 안녕하세요(hello).
6. 안녕히 가세요(good-bye).

가는 곳이 어디든 그곳의 언어로 이 여섯 가지 표현을 배우지 않고 비행기에 오르지 말라! 이런 말은 사람들을 쉽게 매혹시킬 수 있는 방법이다. 한번은 내가 미국을 방문한 한국인에게 "Kam saham nida."(물론 한국인은 이런 식의 서양 글자로 쓰지 않는다.)라고 말했다. 내가 아마 꽤 알아들을 수 있게 발음을 한 모양이다. 아니면 그녀가 예의상 체면을 살려 주려고 했는지는 모르지만 내게 영어로 "어머! 한국어를 잘하시네요!"라고 말해 주었다. 그 순간에 가장 적당하게 사용할 수 있는 말이 "Thank you."였기 때문에 나는 다시 "Kam saham nida."라고 말할 수밖에 없었다! 때때로 상대방의 모국어에서 잘 선택한 단어나 표현은 그 사람에게 아주 좋은 인상을 심어 줄 수 있다.

매우 제한된 언어 능력을 지녔다 할지라도, 사람들이 서로 얼마나 가까이 서 있는지 그리고 대화하는 동안 서로 접촉을 하는지와 같은 비언어적 '언어'에도 관심을 가져야 한다. 눈 맞춤, 몸짓, 공손함 등을 관찰하라. 비언어적 행위는 사람들의 의사소통에서 많은 부분을 차지하므로, 이를 잘못하면 정말 나쁜 인상을 줄 수 있다. 거꾸로, 상대 문화의 비언어적 행동에 익숙해지면 첫인상을 긍정적으로 만드는 데 도움이 된다.

언어를 배우는 데 도움이 안 되는 안내 책자와 입문서도 많다. 나는 16세 때 언어 집중 여름 캠프에서 아이들에게 프랑스 어를 가르쳤고, MBA 학생들을 위해 고

 다수의 어학 안내서는 매우 좋지 않다.

급 실무 프랑스 어도 가르쳤다. 자연히 많은 어학 교재를 접했는데 몇 가지는 괜찮았지만 정말 최악인 것도 많았다. 어학 책이나 사전의 발음 지도는 어떻게 소리를 내는지에 대한 대략적인 표현일 뿐이다. 최악의 경우에는 완전히 잘못된 것도 있었다. 입문서 하나에 전적으로 의존해서는 안 된다. 테이프가 첨부된 교재는 유용하지만, 가장 좋은 방법은 원어민에게 직접 발음 지도를 받는 것이다. 배우는 동안 그 사람의 입술을 보면 더욱 도움이 된다.

내가 위에 언급한 여섯 가지는 가장 기본적인 것이라는 점도 꼭 기억하기 바란다. 예를 들어, 어떤 언어에서든 시간이 언제인지, 그 사람을 얼마나 알고 있는지, 전화로 얘기하는지, 얼굴을 보면서 얘기하는지 그 상황에 따라 "안녕하세요?"를 말하는 방법에도 여러 가지가 있다. 당신의 제한된 방법을 최대한 활용하여 어휘를 향상시키고 말하는 법을 연습하라.

격식과 의전에 주의를 기울여라

많은 언어들이 표현상으로 존대어와 비존대어를 구분한다. 프랑스 어를 예로 들면, 친한 친구나 아이들에게는 'tu(you)'를 사용하고, 안면이 있는 사람이나 모르는 사람이나 한 사람 이상을 상대로 말할 때에는 'vous(you)'를 사용한다. vous는 존경을 표시한다. 독일어에도 이와 같은 구별이 있다. 또한 Mr., Mrs., Ms., Dr.와 같은 존칭과 성(姓)을 사용해야 한다.

또 다른 제안을 하면, 스페인 어, 포르투갈 어, 프랑스 어, 이탈리아

어, 독일어, 그 외의 다른 언어 사용자들은 경의를 표하기 위해서 문장이나 표현의 마지막에 'Thank you, sir' 처럼 'Miss', 'Madam', 'Sir'를 즐겨 붙인다. 다시 말하지만, 현지인들이 어떻게 하는지 주의 깊게 살펴보라. 이렇게 존칭을 사용함으로써 사람들을 불쾌하게 하지 않고 기쁘게 할 수 있다.

다음과 같은 점도 주의하라. 예를 들어, 미국에서는 계산대 점원이 "감사합니다(Thank you)."라고 말하고 손님이 그에 대해 "고마워요(Thank you). 안녕(Good-bye)."이라고 대답하는 것을 당연하게 받아들인다. 미국에서는 거의 모든 상황에서 "감사합니다."라고 말하는 듯이 보인다. 한번은 속도위반 딱지를 부과하고 순찰차로 돌아가는 경찰에게 "감사합니다."라고 중얼거린 적도 있다. 프랑스에서는 계산대 점원이 "감사합니다."라고 말할 때 그저 "안녕."이라고 대답한다. 그 점원은 직업상 고마워하는 것이기 때문에 프랑스 인들은 "감사합니다."라고 그대로 돌려줄 필요를 느끼지 못한다. 나아가 점원에게 고마워하는 것은 좀 이상하다고 생각한다. 내가 프랑스 인 점원 앞에 있을 때는 누구에게라도 고마워하는 내 성향을 잊어야만 했다.

여섯 가지 기본 표현 가운데 하나인 "안녕하세요?"를 말하는 법을 배우는 것뿐만 아니라 '언제' 인사말을 사용하고, 그들의 인사말에 '안녕하세요'라는 뜻보다 더 많은 요소가 포함되어 있는지 살펴보아야 한다. 가족이나 건강에 대한 질문일 수도 있고, 서로 식사는 했는지 물어보거나(중국), 잘 잤는지[하우사(Hausa)족의 아침인사] 물어보는 것일 수도 있다. 프랑스에 있을 때는, 날마다 처음 만날 때 멈춰 서서 인사해야 하는 사람이 약 서른 명쯤 되었다. 남자들과는 악수를, 여자들에게는 양 볼에 입을 맞추면서 "안녕하세요?"라고 말하지 않으면 무례하다고 여긴다. 손에 한가득 책을 들고 있을 때 손을 내밀 수 없어서 팔꿈치를 동료에게 내민 프랑스 인의 사례를 떠올려 보라. 미국인은 고개를 끄덕이며 "헤이(Hey)"라고 하는 것에 만족하지만, 프랑스 인들은 좀 더 격식 있는 인사를 한다. 인사는 마주치게 될 사람들의 하루 일과 속에서 그들이 어떤 방법으로 말하는지에 대한 많은 예 가운데 하나일 뿐이다. 언어 실력을 늘리기 위해, 전화 받을 때나 식사할 때 또는 상대의 말에 끼어들어야 할 때와 같은 다양한 상황에서 어떤 말을 쓰는지 관심을 기울여라.

격식과 의전에 관한 일반적인 충고를 하자면, 무례한 것보다는 오히려 지나치게 예의 바른 것이 낫다. 내가 속해 있는 문화와 내 성격상 나는 격식을 차리지 않는 데 익숙하다. 30대 초반에 교수로 학생들을 가르치기 시작할 때부터 나는 학생들에게 내 이름을 부르라고 했다. 1부에 인용된 일본인이 쓴 편지에서 그러했던 것처럼 외국인 학생들은 보통 나를 '피터슨 박사님'이나 '교수님'이라고 불렀다. 처음에 나는 학생들에게 '브룩스'라고 부르라고 했다. 그랬더니 몇몇 외국인 학생은 잘 적응하는 데 비해, 내 이름을 부르는 것을 영 불편해하는 학생들도 있었다. 지금은 학생들이 원할 경우, 심지어 '브룩스 박사님'이라고 부르는 학생이 있어도, 격식을 차리라고 내버려 둔다.

열심히 들어 주는 원어민이 되라

대학원생이었을 때 나는 학부생들의 프랑스 어 강좌를 맡아 가르쳤다. 각 학기의 마지막 시간에는 졸업 능력 시험을 위한 인터뷰가 포함되어 있었다. 학생들이 학부 수업을 마무리하기 위해 필요한 프랑스 어 말하기 시험이었고 많은 학생들이 두려워했다.

시험을 보는 학생들은 알지 못했겠지만, 우리는 '도량 있는 원어민의 자세'로 인터뷰에 임하라는 지시를 받았다. 물론 어떤 학생이 프랑스 인처럼 정확하게 말하지 못할 경우, 그가 무슨 말을 하는지 이해하지 못했다고 두 손을 올리거나 어깨를 으쓱하며 어리둥절하게 "뭐라고요?"라고 물으라는 의도가 아니었다. 대신에 영어를 이해하지 못하지만 열심히 들어 줄 자세가 되어 있는 프랑스 어 사용자가 그 학생의 말을 이해할 수 있을까를 기준으로 판단해야 한다는 의도였다.

이러한 생각은 여러 나라 사람을 만나는 상황에서 내게 유용했다. 당신도 이를 두 가지 방식으로 응용할 수 있다. 1) 열심히 들어 주는 원어민이 될 수 있다. 2) 말하는 상대가 열심히 들어 주는 원어민이 되도록 격려할 수 있다. 각 상황을 설명하는 두 가지 실화가 있다.

어느 남미인이 미국의 대형 백화점에서 계산을 하고 있었다. 돈을 내야 할 때, 그는 아메리칸 익스프레스 카드를 내밀며 계산대 점원에게 물었다. "아메리칸 익스프레스 언나요(Do you get American Express)?" 그 점원은 그가 마치 "Zorg skibbet schnokker knilk?"라고 물은 것처럼 멍한 표정을 지었다. 그 남미인은 또 한 번 "아메리칸 익스프레스 얻나요(Do you get American Express)?"라고 물었고 다시 점원으로부터 멍한 시선을 받았다. 이들의 대화가 통하지 않았던 이유는 'get'이라는 단어에서 비롯되었다. 그 남미인은 대학을 나왔고 영어도 능숙하게 쓸 수 있었지만 영어를 모국어로 사용하는 사람이 아니기 때문에 당연히 가끔은 올바른 관용어 사용법을 알지 못하거나 잊어버릴 수 있다. 이 상황에서는 "아메리칸 익스프레스를 받나요(Do you take American Express)?"라고 표현해야 한다는 것을 몰랐다.

그 남미인이 무슨 말을 하는지 알아차릴 수 있는 단서들은 분명히 드러나 있었다. 그들은 계산대에 있었고 고객은 아메리칸 익스프레스카드를 내밀었다. 이 모든 단서가 있었으므로 점원은 남미인의 질문을 당연히 알아들었어야 마땅했다. 심지어 그가 정말 "Zorg skibbet schnokker knilk?"라고 물었더라도 말이다.

이 상황에서 점원은 좀 더 열심히 들어 주려는 원어민의 자세를 취했어야 했다. 나는 어떤 사람이 힌두어나 독일어식 억양으로 나한테 이야기할 때 이 점을 염두에 둔다. 특히 가능한 한 많은 어휘들을 포괄해

Zorg skibbet schnokker knilk
American Express?

창의적으로 들으려고 노력한다.

두 번째 사례는 내가 타이완에 처음 갔을 때의 일이다. 신주(新竹)라는 작은 도시에서 타이베이로 가는 버스를 탔다. 그 지역의 거의 모든 버스가 한 길을 달렸고 실제로 모두 타이베이로 가는 버스였기 때문에 타이베이에 도착하는 일은 어렵지 않았다. 문제는 돌아올 때였다. 타이베이 중앙 버스 터미널에는 약 열두 개의 출구가 있었고 대부분 버스의 도착지는 신주가 아니었기 때문이다.

그래서 나는 지극히 초보적인 중국어 실력과 '신주'라는 단어에 의지하여, 맞는 버스라고 생각되는 버스에 올라탔다. 버스에 오른 나는 눈썹을 올리며 운전사에게 "신주?"라고 물었다. 그는 버스에 탄 손님들에게 늘 그러듯이 내 표의 끝부분을 찢었지만, 언어적으로든 비언어적으로든 내게 아무 말도 하지 않았다. 나는 다시 그 버스의 정면 유리 쪽을 손가락으로 가리키며 "신주?"라고 물었다. 이번에도 운전사는 아무런 반응이 없었다. 뒤에 서너 사람이 기다리고 서 있었기에 나는 버스 안으로 들어갔다.

어쨌든 나는 무사히 신주행 버스를 옳게 탔고, 아무 탈 없이 목적지에 도착했다. 그때 나는 한 가지 전략을 터득했다. 앞으로는 운전사에게 대답을 들을 때까지 버스표를 건네주지 말자는 것이었다. 내가 운전사에게 최대한의 단서를 주었으므로 대화가 매우 쉬운 상황이었고, 운전사가 영어를 전혀 모르고 내가 중국어를 겨우 몇 단어밖에 모른다 할지라도 그 운전사는 타이완에서 '대단히' 널리 쓰이는 '엄지손가락을 들어 올리는' 제스처를 알고 있었을 것이다.

표를 계속 쥐고 있었다면, 그 운전사를 '열심히 들어 주는 원어민'이 되도록 '도울' 수 있었을 것이다! 표 때문에 나와 대화할 수밖에 없었을 테니까 말이다. 다른 나라에 온 이방인으로는 대담한 행동이기에 나는 항상 예의 바르게 행동했다. 타이완의 버스 운전사들은 비교문화적 의사소통의 전문가도 아니었고, 이방인에게 친절하지도 않았다.

이 이야기들은 아주 흔한 두 가지 상황의 예이다. 언어의 장벽에 직면했을 때, 상대와 교감해 들을 수 있는 방법을 찾아보고, 다른 이들도 그렇게 할 수 있도록, 조급해하지 말고 효과적으로 격려하는 방법을 찾아보기 바란다.

번역가와 통역사가 사용하는 말

어떤 경우에는 열심히 들어 준다거나 다른 사람으로 하여금 열심히 들어 주는 원어민이 되게 하는 것만으로 충분하지 않다. 가끔은 말로써 의사를 전달하기에 충분치 않을 수 있다. 때때로 직접 대화하기에는 언어의 장벽이 너무 높거나 대화의 정확도와 세부 사항 또는 중요도의 수준이 높을 경우가 있다. 이럴 때는 번역가나 통역사의 도움이 필요하다. '번역'과 '통역'의 의미를 혼동하는 사람들이 많으므로 더 이야기하기 전에 짚고 넘어가자. '번역'은 글로 쓰인 말에 관한 것이고, '통역'은 말로 표현되는 말에 관한 것이다. 유능한 번역가와 통역사를 찾는 일은 쉽지 않다. 따라서 염두에 두어야 할 유용한 요점을 몇 가지 제시하고자 한다.

번역가

내 클라이언트 가운데는 가끔 마케팅 자료를 번역할 수 있는 적당한 번역 소프트웨어 프로그램을 추천해 달라고 하는 경우가 있다. 간단히 답하자면 그런 건 세상에 없다. 컴퓨터는 우리의 의사소통에 엄청난 발전을 가져다주었지만, 언어 번역 프로그램에 관해서는 조심해야 한다!

"경기장에 많은 팬들이 있었다(There were a lot of fans in the stadium)."와 같은 간단한 문장을 쳐 넣어 보라. 인터넷 무료 번역 소프트웨어 프로그램은 이것을 프랑스어로 "Il y avait beaucoup de ventilateurs dans le stade."로 내놓는다. 이것을 다시 영어로 번역하면 "경기장에 많은 선풍기들이 있었다(There were a lot of fans〔breeze blowing, ventilation type〕 in the stadium)."와 같이 터무니없는 문장이 된다.

팬(fan)에는 '열렬한 애호가'라는 뜻과 '선풍기'라는 두 가지 뜻이 있다. 'just'와 같은 단어는 더 복잡하다. '방금'(나는 방금 도착했다–I just arrived), '오직'(오직 나뿐이다–It's just me), '공정한'(그녀의 결정은 공정했다–Her decision was just), '그냥'(그냥 1–800……로 전화를 걸어라–Just dial 1–800……), '진짜로'(진짜 그건 못 믿겠다!–I just can't believe it!), '오로지'(이 제안은 오로지 금요일에만 유효하다–This offer is just available on Friday) 등의 다양한 의미가 있다.

컴퓨터만 황당하고 손실이 따르는 번역상의 실수를 저지르는 것은 아니다. 사람도 그 같은 실수를 한다. 기업들이 저지르는 번역상의 오류를 열거해 놓은 책도 많다.

아시아의 스쿠터 광고 문구에서 영어 번역상의 오류를 찾아보는 일은 재미있다. 길가에 주차된 수백 대의 스쿠터에 붙어 있는 광고 문구를 읽으면 언제나 웃음이 난다. 그 중에서 네 개만 소개해 보겠다.

- 신기원의 스쿠터(The Epochal Scooter) ('이 시대의 스쿠터'라는 것일까, '다른 제품에 비할 수 없는 스쿠터'라는 것일까?)
- 우리는 하늘을 목표로 한다. 문명도 그렇지 않다(We reach for the sky. Neither does civilization). (여러분이 무슨 말인지 모르는 것처럼 나도 무슨 말인지 모르겠다.)
- 최고의 기능과 좋은 센세이션(The best function and good sensation) (할 말 없음!)
- 125라 불리는 바람의 스쿠터(The scooter of wind called 125) (빠르다는 뜻인 모양이다!)

이런 이유 때문에 훈련된 번역가에게 의뢰하는 것이 중요하다. 회사가 의도한 아이디어는 보통 광고 문구에 나타나는데, 잘못 번역해 표현이 잘못되었을 경우에는 우스꽝스러워진다. 이런 광고 문구들은 숙련된 번역가가 1분 안에 수정하거나 개선할 수 있다. 수천 대의 스쿠터를 거리에 내놓기 전에, 단 한통의 팩스나 이메일 또는 전화로 문제를 해결할 수 있다는 말이다.

번역을 제대로 하기 위해서는 문화 유형도 감안해야 한다. 예를 들어 4부에서 프랑스 핸드백 광고에 대해 언급했듯이, 프랑스 인들은 매우 길고 시적인 상품 설명을 광고에 활용하는 경향이 있다. 프랑스 광고인들은 고객의 논리, 이성, 품격 있는 취향에 호소하려 한다. 반면, 미국에서는 고객의 시선을 사로잡을 수 있는 짧고 핵심을 찌르는 광고로 상품을 선전한다. 번역가가 이렇게 서로 다른 스타일에 민감하지 않으면 다른 나라에서 성공할 수 없다.

요약해 말하면, 경험 있는 번역가를 고용하는 비용은 회사와 상품의 이미지나 체면이 깎이는 것에 비하면 적은 비용이다.

외국 시장에 상품이나 서비스를 소개할 때 국내의 유능한 번역가를 고용하는 것보다는 현지의 광고 회사를 활용하는 편이 훨씬 권장할 만하다. 독특한 문화적 배경을 지닌 현지 고객이나 클라이언트를 목표로 한다면, 그 사람들의 문화를 존중하고 효과적으로 파고들 수 있는 접근 방식을 찾는 것이 좋다.

통역사

통역사를 고용해 함께 작업하는 일은 번역가와 작업하는 상황보다 특별히 고려해야 할 사항이 더 많다.

물론 통역사들은 번역가들처럼 고도로 단련된 언어 구사력이 있어야 한다. 하지만 번역가와 달리 통역가는 현장에서 활동하기 때문에 '즉흥성'이 더 강하다. 통역사들은 일할 때 사전을 찾거나 스트레칭을 하거나 차를 마시기 위해 자리를 비울 수 없다.

통역사는 당신의 옆자리에서 당신을 대신해 말하기 때문에 함께 작업할 때 사회적 또는 심리적으로 고려해야 할 사항들이 있게 마련이다. 만약 당신의 목소리에 짜증이나 기쁨이 담긴다면, 통역사는 자신의 어조에 그 감정을 표현해야 할까? 아니다. 그것은 대화에 혼란을 일으키거나 더 심하게는 대화를 망칠 수 있다. 격앙된 토론이 펼쳐질 때 통역사는 어느 한쪽의 편을 들지 않고 정확성과 객관성을 유지해야 할까? 그렇게 하는 것이 바람직하다! 통역사는 공정해야 하고 한쪽을 지지하지 말아야 하며, 특히 고객의 입장을 훼손하는 일이 없어야 한다. 그런데 상대편 나라의 직원이 통역사를 알선해 주는 경우에는 이런 위험이 생길 수 있다.

통역사는 원래 표현을 너무 과장해서는 안 된다. 만약 어떤 종류의 감정이 실린 목소리로 이야기하여 상대가 그것을 분명히 들었다 해도, 통역사는 이를 흉내낼 필요가 없다. 훌륭한 통역사는 그렇게 하지 않는다. 이런 상황이 일어날 경우 휴식 시간에 통역사에게 요령 있게 주의를 주어야 한다.

질문을 받았을 때는 언제나 당신이 직접 대답해야 하며 통역사가 대신 대답을 하게 해서는 안 된다. 통역사가 당신에게 온 질문의 대답을 알고 있다 하더라도 당신이 직접 대답해야 한다. 예전에 함께 작업한 적이 있는 통역사와 둘이서 대학원 강의를 하며 이런 문제에 직면한 적이 있었다. 통역사는 그 주제를 잘 알고 있었고 직접 대답할 수도 있었지만 교수로서 내 역할을 존중하는 훌륭한 통역사였기 때문에 자기의 역할에 충실했고 나에게도 내 역할에 충실할 수 있게 해주었다. 국제 업무 상대가 통역사와 함께 대화를 진행할 때도 당신은 '절대' 수동적인 관찰자로 남아 있지 말아야 한다.

동시에 통역사가 토론 주제에 대해서 충분한 지식을 갖추는 것은 매우 유용하며 때때로 필수적이다. 어떤 산업 분야에서든 통역사는 그 분야에 대해 얼마간의 지식이 있어야 한다. 예를 들어 의학 분야 통역사는 의학 용어를 알아야 한다. 하지만 그 통역사가 얼마나 능력 있는지와는 상관없이 성공적인 대화의 궁극적인 책임은 결국 당신에게 있는 것이다. 도움이 될 만한 몇 가지 지침을 아래에 제시한다.

1. 통역을 통해 이야기하는 동안에도 상대를 똑바로 바라보라. 상대가 하는 말을 이해할 수 없더라도 상대가 이야기하는 동안 그리고 당신이 이야기하는 동안 그 사람을 바라봐야 한다. 이야기를 나누는 동안 고개를 돌려 통역사를 쳐다보지 말라. 상대가 말하는 러시아 어를 이해하는 척하라는 것이 아니라 상대가 말할 때 그의 말에 대한 관심을 보이고 그의 몸짓언어를 파악하라는 뜻이다. 내용은 이해하지 못하더라도 그의 몸짓언어를 관찰하고 어조를 들을 수는 있다. 그렇게 해야 언어 장벽을 넘어 상대와 서로 존중하며 관계를 맺을 수 있다.

2. 통역을 통한 대화가 시작되기 전에 신중하게 계획하라. 특히 시

간을 더 할애해야 한다. 통역사와 함께 작업하여 프레젠테이션을 하고 반응을 이끌어 내는 데는 평소보다 두 배 정도 시간이 더 걸린다. 통역사는 한 번에 서너 문장을 다룰 수 있음을 고려하라. 보통 당신이 서너 문장을 말하면 통역사가 옮기고 이어 상대가 답한 것을 통역사가 다시 당신에게 옮기게 된다.(동시통역은 말하는 사람이 멈추지 않으며 통역사가 말을 옮기는 데에 따르는 시간 지연도 없다. 이런 형태의 통역은 주로 국제 회의나 대규모 프레젠테이션 같은 때에 활용한다.)

3. 자신이 해야 할 것을 재구성하라. 예를 들어, 통역이 필요한 상황에서는 여러 사람이 빠르게 제안하는 내용을 당신이 동시에 이해할 수 없기 때문에 브레인스토밍은 효과가 없다. 그리고 미국인과 달리 브레인스토밍을 편하게 생각하지 않는 문화권도 많다. 미국에서 어느 집단을 지도하고 있는 경우라면, 일단 그들을 작은 토론 집단으로 나누고 각 집단을 돌아다니며 그들의 의견을 들을 수 있다. 그 다음에는 들은 내용의 요점을 어느 정도 요약해서 제시할 수 있다. 그런데 통역사가 옆에 있으면 부담이 생기고 효율적으로 진행되지 않으며, 자연스러움이 사라진다.

4. 프레젠테이션에서는 유머를 자제하라. 미국인들은 흔히 모임이나 프레젠테이션을 시작할 때 웃을 거리를 곁들인다. "제가 이 자리에 있을 수 있어서 정말 기쁩니다 …… 오는 길에 산더미처

럼 쌓인 눈을 뚫고 와야 했거든요!"(청중의 웃음소리) 이런 식이
다. 이런 웃음은 말하는 사람과 청중 사이의 긴장을 완화해 미
국인 청중에게는 매우 효과적이다. 하지만 이런 나라는 별로 많
지 않다. 통역사가 있을 때 유머를 발휘하면 훨씬 어색한 상황
이 야기될 수 있다. 명심하라, 유머는 비교문화적으로 가장 이
해하기 어려운 부분이다.

5. 언제든지 사전에 통역사와 기본 규칙과 절차를 협의하라. 나는
   통역사에게 주로 내 대신 대답하지 말라고 말해 둔다. 내가 사
   용하는 전문 용어나 관용어를 확실히 이해하지 못할 때는 내게
   물어보라고 한다. 노련한 통역사들은 이런 지침을 잘 알고 있으
   므로, 나는 보통 이런 내용을 잠시 언급하고 나서 다음 이야기
   로 넘어간다. 우리는 언제 휴식 시간을 가질 것인가와 같은 세
   부 계획도 미리 협의해 둔다.

6. 윤리적인 논쟁거리와 같은 어렵고 민감한 주제를 다루어야 한다
   면, 통역사에게 당신의 메시지를 '건전하게 보이려' 하지 말 것
   과, 문화적·정치적으로 공정한 표현으로 수정하지 말라고 요
   청하라. 강간이나 살인, 민족주의나 나치 독일과 같은 어려운
   주제를 토론할 때, 나는 토론하려는 내용이 이야기하기 어려운
   주제이며 옮기기도 어려우리라는 사실을 청중에게 통역사를 통
   해서 미리 설명한다. 그렇지만 이런 말은 통역사의 말이 아니라

내가 하는 말임을 못 박아 둔다. 말하는 사람이 전달하려는 내용을 정확하게 전달하는 통역사가 유능한 통역사이다. 의사가 말기 암에 걸린 환자에게 법적 · 윤리적으로 난해한 설명을 하고 있는데, 통역사가 죽음이나 질병이라는 단어가 직접적으로 언급되지 않게 하려고 그 말을 순화시킨다고 상상해 보라.

이와 같은 기본 원칙과 규칙에 대한 사전 협의가 대화의 혼란과 결렬을 막아 준다. 지시를 따르지 않거나, 자격이 없거나, 편견이 있거나, 준비되지 않은 통역사는 문제의 소지가 있다. 무엇보다 통역사에 대한 신뢰가 있어야 한다는 점이 가장 중요하다.

목표 국가에 대한 지식

이 책의 초반에 문화를 이해하기 위한 개념과 틀을 제시했고, 6부 초반에는 다섯 가지 문화 척도를 토대로 한 제안과 다양한 의사소통 기술을 언급했다. 이제 당신이 문화 지능을 높이기 위해 탐구해 볼 세 가지 광범위한 지침을 이야기하려 한다. 나는 이 지침의 종류와 중요성을 간단히 언급할 것이다. 하지만 이런 종류의 제안은 그저 출발점일 뿐이다. 상황에 따라 해당 문화에 관련된 적절한 자료를 찾아보는 일은 당신의 몫이다.

역사적 개요

세계 모든 지역의 현대 문화는 그 역사에 의해 형성되었다. 당신이 외국에서 일하며 살 계획이든 자국에서 국제 직업인들과 관계를 맺으며 일하든 간에 당신이 상대하는 사람의 나라에 대해 많이 알면 알수록 좋다.

아시아 인과 일할 계획이라고 가정해 보자. 중국 문화가 싱가포르, 말레이시아, 한국, 일본과 인도네시아에 어떤 영향을 미쳤는가? 예를 들어, 싱가포르는 말레이시아와 어떤 관계에 있는가? 싱가포르는 정치적으로 말레이시아에 속한 적이 있었나? 두 나라는 좋은 관계인가? 타이완과 중국 사이의 충돌을 가져온 역사적 배경은 무엇인가? 타이완은 정말로 중국의 일부인가? 양국의 거주자들은 서로 자유롭게 여행할 수 있는가? 그리고 가장 중요한 것으로, 중국에서 당신을 곤경에 빠뜨리게 할 만한 타이완에 관련된 질문은 무엇인가? 거꾸로 타이완에서 중국에 대해 하지 말아야 할 질문은 무엇인가?

당신이 함께 일하는 동료 외국인의 나라 역사에 대해 기본적으로 알아 두는 것이 왜 중요한가? 우선, 그것이 기

세계의 어느 부분은 딱 들어맞는데,
다른 나라들은 왜 들어맞지 않을까?

본적인 예의이기 때문이다. 대부분의 사람들은 자기 나라의 역사에 관심이 많다. 그 나라의 가장 중요한 역사적 주제, 사건, 영웅들에 대해, 즉 식민 지배, 이민 유형, 과거와 현재의 지배자와 지도자들, 전쟁과 점령, 언어와 삶의 방식 등에 대해 조금이라도 배우려 노력한다면 그들도 당신을 더 존중하게 된다. 무지한 사람이라는 딱지가 붙지 않도록 하라.

경제 제도

기본적인 경제 상태 또한 중요하다. 예를 들어 당신이 관계하고 있는 나라의 주요 산업은 무엇인가? 그 지역이나 세계에서 주된 무역 상대는 누구인가? 고부가가치 산업인가 저부가가치 산업인가? 최저 임금은 어느 정도인가? 사람들이 퇴직하는 연령은 몇 살인가? 경제적으로 보호주의적인가 아니면 외국 기업을 환영하는가? 빈부의 격차는 어떤가? 정부가 교육을 위해 지출하는 예산은 어느 수준인가? 인구의 몇 퍼센트가 컴퓨터를 가지고 있는가 또는 인터넷을 사용할 수 있는 인구는 몇 퍼센트인가? 건강보험은 무료인가? 부자만이 차를 가질 여유가 있는가? 지난 몇 년간 그 나라의 시장은 얼마나 발전했는가? 그 목표 국가에서 사업을 시작하는 일이 쉬운가, 아니면 커다란 장벽이 있는가? 파산의 의미가 그저 한 번의 사업 실패를 의미하는가, 아니면 오래도록 가족의 수치로 남는 체면 깎이는 일인가? 과시적 소비와 소비자보호운동을 어느 정도로 강조하는가?

당신이 경제적인 문제를 인식해야 하는 이유는, 이런 것들이 직·

간접적으로 시장의 성공 가능성, 비즈니스 상의 통념과 관습, '일하기 위한 삶'이나 '살기 위한 일'에 대한 경향, 고용 실무, 회사에 대한 충성심, 직원들의 이직 의지, 엘리트주의나 평등주의에 대한 태도 등과 같은 다양한 주제를 결정하기 때문이다.

사회 구조와 민족성

엘리트주의와 평등주의에 대한 견해는 지역과 국가에 대해 세 번째로 중요한 주제인 사회적·민족적인 부분과 연결되어 있다. 호주를 예로 들어 보자. 원래 호주 백인들은 추방된 죄수들로 그 섬에 왔고, 현지의 원주민들은 질병과 전쟁으로 많이 죽었다. 오늘날 호주 백인들은 아시아 인에게 침략당한다고 느끼며 이민을 막기 위해 보호주의적인 움직임을 보이고 있다. 호주 역사의 이러한 사회·민족적 측면과 그로 인해 야기된 다양한 견해를 알지 못한 상태로 호주 땅을 밟고, 만찬석상의 대화 도중에 입을 여는 것은 옳은 일이 아니다.

개인적으로 중요하지 않더라도 교류하는 그 사람에게는 매우 중요할 수 있으므로 종교에 대해서도 공부해 두는 것이 좋다. 예를 들어, 사우디아라비아는 종교와 정치가 분리되어 있지 않다. 파키스탄, 예멘, 이란도 마찬가지이다. 이슬람 율법(Sharia)은 절대 사소한 것으로 제쳐 놓을 수 없다. 이슬람권 나라에서는 하루 다섯 번의 기도 일정을 엄격하게 지킨다. 이러한 관습에 따른 기도 시간에 주의할 뿐아니라 무엇보다 그것을 존중해야 한다.

남성과 여성의 역할이 철저하게 구분되는가? 어떤 옷을 입는가?

당신이 따라야 할 의복에 대한 예의가 있는가? 필히 알아야 하는 법률이 있는가? 어떤 나라에 들어갈 때는 마약에 대해 유죄 판결을 받게 될 경우 사형에 처해진다는 서류에 서명해야 한다. 이것은 사회적·법적 진술서이다. 하지만 내가 이런 진술서에 서명했더라도 그런 법이 집행되는지 또는 어떤 식으로 집행되는지에 대해서는 결코 알아보고 싶지는 않다.

그 국가에 다른 민족 집단이 있는가? 어느 집단이 우세하며, 이유는 무엇인가? 인종적·민족적 집단이 혼합되어 있는가? 어느 집단이 차별받고 있는가? 인종적·민족적 선을 넘어 결혼이 가능한가? 그들의 출신 지역을 쉽게 확인할 수 있는 방법은 무엇인가? 그리고 그렇게 하는 것이 유용한가? 계급 구조가 경직되어 있는가, 아니면 유연해 보이는가? 계급 간에 뚜렷한 차별이 있는가?

인종, 민족, 계층 구조와 같은 주제들은 당신이 그들과 조화를 이루기 위해 필요한 것이므로 중요하다. 그들이 당신의 나라로 올 경우에는 그들이 당신을 어떻게 인식하고 어떤 식으로 교류할지를 알기 위해서도 필요하다. 미국에서는 어느 면에서 사회적 지위가 중요하게 보이지 않을 수도 있지만, 영국이나 인도와 같은 나라에서는 이것이 꽤 중요하다. 미국에서 내가 알고 있는 아프리카 이민자들과 학생 대부분은 아프리카 지도자와 퇴임한 대통령 또는 왕족의 아들딸이나 친척이었다.

위에서 세 가지 범주에 대해 꽤 상세하게 느낄 만한 질문들을 언급했고 그것이 왜 중요한지에 대해서도 밝혔다. 제시한 질문들은 당신이 앞으로 더 자세히 조사하기 위한 출발점의 예로 생각해 주기 바란다.

위의 세 가지 범주를 조사할 때, 피하는 것이 바람직한 '뜨거운 감자'와 같은 주제는 조심해야 한다. 예를 들면, 영국에서는 계급, 아랍 여러 국가에서는 이스라엘, 아일랜드에서는 영국, 한국 그리고 다른 여러 지역에서는 미군의 주둔에 대한 주제이다. 믿을 만한 현지인에게 그런 중요한 문제가 무엇인지 알아 두는 것이 좋다. 그리고 외국에 있는 동안 국내의 중요한 문제를 다루게 될 상황도 준비하라.

미국의 경우를 예로 들어 보자. 미국인들과 특히 미국의 외교 정책은 여러 나라와 지역에서 부정적으로 인식되고 있다. 다른 사람들이 역사적 · 정치적 · 경제적 · 사회적 이유로 미국을 비판하는 데에는 그만큼 합당하고 이해할 만한 이유가 있다. 설교하려는 것은 아니지만, 이런 비판을 들었을 때 다른 사람들의 시각을 이해하려는 솔직한 탐구와 성실한 노력은 마음을 열어 나갈 수 있는 첫 단계이며, 문화 지능을 높이는 데에도 중요한 일면이라고 생각한다.

국제적인 윤리 문제

이제 6부의 마지막 부분에서 나는 윤리 문제에 접근함으로써, 다른 문화권 사람들과 함께 일할 때 직면하는 복잡한 윤리적 선택에 관해 도움을 줄 간단한 구조적 틀을 제공하고자 한다.

윤리 문제로 이 책을 마무리하는 이유는 지금까지 당신이 확실하게 보아 왔듯이, 문화적인 차이가 세계를 인식하는 수많은 방식을 유발하기 때문이다. 모든 문화권의 사람들에게는 자신의 확고한 믿음, 태도, 가치관이 있고, 그것은 비즈니스 실무와 직장에서의 행태와 같이 다양한 행동 방식을 야기한다. 이 책에서는 그런 많은 부분들을 관찰했다. 문화적 차이는 필연적으로 충돌을 일으킨다. 때때로 세계를 무대로 하는 직업인들은 잠재적으로 어려운 결정을 해야 할 상황에 직면하게 된다. 이 때문에 윤리의 구조적 틀 안에서 운영할 수 있는 능력은 문화 지능의 필수 구성 요소이다.

미국인이 전형적으로 겪게 되는 윤리적인 딜레마를 예로 들면, 계약서에는 그렇게 하지 않기로 분명히 합의했는데도 중국의 유통 업자가 친척과 가족을 고용하는 경우이다. 그 미국인은 서명한 계약서에 큰 가치를 부여하므로 유통 업자들에게 본사 방침을 공정하게 시행하라고 요구해야 하지만, 중국인 유통 업자는 친척과 가족을 돌보는 일이 우선이고 문서화된 계약서는 덜 중요하게 생각한다. 또한 미국인 회사는 해외 부패 행위 방지법과 같이 법적으로 또는 사내 방침상 뇌물을 받지 못하게 되어 있지만, 우리가 뇌물로 간주하는 것이 어떤 나라에서는 비즈니스의 일부인 경우가 있다. 이러한 형태의 충돌은 고국의 방침이 국제적인 경계를 넘어 강요될 때 발생하는 어려움이다.

당신이 접할지도 모를 윤리적인 상황에 대응하기 위한 방법을 찾을 수 있도록, 의미 있는 방법으로 활용할 수 있는 간단한 모델을 제시하고자 한다.

여기서 한 가지 양해를 구해야 할 것 같다. 6부 초반에 문화 지능을 향상시키기 위해 당신이 할 수 있는 실제 행동에 초점을 맞추겠다고 말했다. 하지만 윤리에 관해 마지막으로 한마디 하기 전에 양해를 구해야 할 것이 있다. 내가 당신이 할 수 있는 일에 대해 몇 가지 제안을 하는 것은 내가 법적으로 또는 윤리적으로 조언할 위치에 있어서가 아니다. 다만 당신이 앞으로 또는 현재 당면하는 문제를 이해할 수 있도록 몇 가지 질문을 제기하고 실천 방안을 제시하고 싶을 뿐이다. 윤리적인 문제에 대해 당신이 어떻게 행동할지 결정하는 것은 전적으로 당신에게 달려 있다. 큰 그림 속에서 무엇이 불법이고 합법인지 말하기는 대체로 쉬운 일이다. 예를 들어, 은행을 터는 행위는 대부분의 사람들이 즉시 불법적이고 비윤리적이라고 판단할 수 있는 일이다. 자선 단체에 돈을 기부하는 일은 대부분의 사람들이 합법적이고 윤리적이라고 인정할 수 있는 일이다. 성문법은 각각의 경우에 대해 비교적 명확한 지침을 제공하지만, 고려의 여지가 있는 모호한 부분도 많은 것이 사실이며 여기서 윤리 문제가 중점적으로 대두된다. 대부분의 사람들은 '윤리적인 것'을 선하거나 옳거나 공정한 것, 때로는 일반적으로나 정상적으로 받아들여질 수 있는 것이라고 정의한다.

하지만 어떤 사람이 선하거나 공정하거나 정상적인 비즈니스 실무라고 인식하는 것을 다른 사람들은 대단히 불공평하거나 심지어 부패한 행위로 볼 수 있다. 자신의 윤리적인 감각과 맞지 않는 다른

새벽 2시. 당신은 수 킬로미터 내에
다른 차가 한 대도 없는 교차로에 있다.
신호등은 빨간 불이다. 이때 지나가는 것은
합법적인 일인가? 윤리적인 일인가?
이 글을 읽는 시간에 이미 통과해서 지나갔는가?

나라를 상대로 비즈니스하는 사람에게는 특히 그렇다. 다시 말해서, 옳고 그름은 문화적인 맥락에서 결정된다.

예를 들어 북미에서 뇌물은 불법적 행위이며 회사들끼리 선물을 주는 것에도 엄격한 제한이 있다. 만약에 한 회사가 다른 회사에 큰 선물을 주고 유리한 계약을 답례로 받았다면 이것은 불공정한 거래로 여겨진다. 몇몇 다른 나라에서는 정반대로, 비즈니스를 할 때 선물을 주고 상부상조하는 것이 윤리적으로 모범적인 방법일 수 있다. 계약을 따내기 위해 입찰할 경우, 상대 회사에서는 정말로 선물을 기대하고 있을지도 모른다. 선물을 주는 행위가 비즈니스의 정상적인 부분인 곳에서는 이것이 잘못되었거나 비윤리적으로 보이지 않는다.

윤리적인 인식의 예를 또 하나 들자면, 친척의 고용 문제를 들 수 있다. 어느 회사의 보수가 높은 직위에 가족 구성원이나 가까운 친구를 고용하는 행위는 미국에서는 강하게 비판받을 만한 일이다. 그 자리에는 적어도 이론적으로는 이력서, 시험 점수, 과거의 경력 등을 토대로 적당한 인재라고 선택된 사람이 앉게 된다. 그런 고용 절차가

	윤리적	비윤리적
합법적	**1사분면**(합법적이고 윤리적) ● 자선 단체에 기부하는 것	**2사분면**(합법적이고 비윤리적) ● 제한적인 이민 정책?
불법적	**3사분면**(불법적이고 윤리적) ● 의료용 마리화나?	**4사분면**(불법적이고 비윤리적) ● 은행을 터는 것

미국에서는 공정하고 공평한 것으로 여겨진다. 그러나 세계의 다른 여러 지역에서는 가족이 우선이다. 형제, 자매, 사촌 또는 좋은 친구들은 신뢰할 수 있는 사람이므로 더 우수한 자질이 있는 지원자들을 제쳐 두고 그들을 고용하는 경우가 많다. 이런 식의 고용은 부정하거나 잘못되거나 비윤리적인 것이 아니다. 가족에 대한 헌신과 관계 중심적인 문화권에서는 공정하거나 공평한 것이 어쩌면 더 부적절하다.

이런 것들이 문화에 기반을 둔 윤리적 차이점이며, 미국의 몇몇 경영자들은 전형적인 미국식 방침을 외국에서 시행할 수 없을 때 대단히 불만스러워한다.

양극을 차지하는 두 주제를 다룰 때처럼, 윤리와 합법성의 개념을 4분면으로 나누어 보자. 위의 4분면은 우리 대학원 학생들이 거기에 들어갈 만한 사례를 넣어 만든 것이다.

내가 2사분면과 3사분면의 항목에 물음표를 붙인 이유는 모두가 이 범주에 찬성하는 것은 아니기 때문이다.

위에서 예로 든, 계약을 따기 위해 선물을 주는 행위를 당신은 어느 4분면에 놓을 것인가? 미국인들은 불법적이고 비윤리적(4사분면)이라고 생각하고, 혈연을 중시하는 문화권에서는 비윤리적이지만 합법적이라고 생각한다(2사분면). 멕시코 인들은 그들의 사업체에 가족을 고용하는 것을 비윤리적이라고 보지 않는다. 사실 그 나라의 사업은 거의 가족 사업처럼 구성되어 있다. 멕시코 인들은 이런 형태의 친척 고용을 1사분면에 놓을 것이다. 선물을 주는 것과 서로의 의리를 정상으로 생각하는 중국인들도 이러한 행위를 1사분면에 포함시킨다.

한 클라이언트가 실제로 이런 상황에 처한 적이 있다. 법적 계약서에는 이러한 행위를 분명히 금지했는데도 중국인 유통 업자들이 그들의 대리점에 가족을 고용하겠다고 고집했다. 가족이 우선시되는 중국에서는 절대로 잘못됐다고 인식하지 않기 때문에 법적 계약서의 중요성이 뒤로 밀린 것이다. 중국인들은 이런 경우 그들이 법적 계약을 어겼다는 것을 이해하고는 있으므로, 친척 고용을 3사분면에 놓을 것이다. 미국인의 서류상으로 따지면 불법이지만 중국의 방식에 따르면 윤리적이다(나는 그에게 중국과 미국 지역의 전문 변호사에게 법적 자문을 구하라고 했고, 그가 중국의 관습에 대해 이해하고 좀 더 명확한 대화를 통해 앞으로 이런 오해가 생기지 않도록 하는 데 컨설팅을 집중했다).

다음에 나오는 목록에는 앞 페이지의 '윤리적 / 비윤리적', '합법적 / 불법적'으로 구분된 4분면에 들어갈 몇 가지 항목이 나와 있다. 당신은 각각의 항목을 어느 4분면에 넣겠는가?

이 항목들은 모두 다양한 문화권 사람들에게 각기 다르게 인식될 것이다. 이 표를 활용하거나 조금 수정해 윤리에 관한 팀 토론회를 해보아도 좋다. 당신이나 팀이 다른 이들의 비즈니스 관행을 잘못된 것으로 인식한다면, 특정 문화의 맥락에서 그것을 재고해야 할 필요가 있을지도 모른다. 당연하게 여기는 비즈니스 관행을 다른 곳에서는 부정적으로 인식할 수 있다는 사실을 깨달아야 한다.

요약하면, 국제적인 교역 경계선을 넘어 법적·윤리적인 문제들이 결합되면 모호한 회색 지대가 발생할 가능성이 많다. 이에 대한 해결책은 상대를 처음 만나기 전에 사전 조사를 하는 것이다. 최대한 비교문화적인 경영과 방침에 대해 많은 것을 배워야 한다. 도움을 주는 좋은 책이 많이 있으니 이 책의 끝에 나오는 추천 도서 목록을 참고하기 바란다.

- 내부 거래
- 친척 고용(또는 족벌주의)
- 이민 정책−제한적인 이민과 이주
- 사형 제도
- 전쟁
- 인터넷에서 다운 받은 파일로 자신의 음악 CD를 제작하는 일
- 여성 투표권
- 어른의 심부름으로 온 14세 미성년에게 포도주를 파는 가게
- 시장에서 검증되지 않은 다이어트 약의 판매

- 매춘

- 아동의 노동력 착취

- 연구를 위해서 또는 애완용으로 동물 사육

- 불안전한 건축물 안전 규약

- 정부의 도로 건설과 철도 프로젝트에 뇌물을 제공하는 행위

- 출처 인용 없이 정보를 사용하는 행위

- 거리에서 예쁜 여성에게 휘파람을 불어 희롱하는 행위

- 뇌물 수수

- 남성과 여성의 사무실 분리

- 여성 운전 불허

- 계약을 존중하지 않는 행위

- 17세 청소년에게 담배를 파는 행위

- MBA 학급 전체가 대학 교재를 구입하는 대신에 복사하는 행위

- 여성들이 종교적인 목적으로 베일 착용

- 군비 지출 과다

- 유해하게 사용될 수 있는 기술의 매매

- 직장의 안전 기준

- 거짓 광고 또는 과장 광고

- 부정 의료 소송을 내는 행위

- 주거지 선택의 자유 허용

- 씹던 껌을 보도에 뱉는 행위

- 서너 잔의 술을 마신 후 운전

- 다른 차들이 없는 새벽 2시에 신호 위반
- 사무실에서 여성 누드 사진을 스크린 세이버로 사용
- 교도소 방침

비법 1에 나오는 문장을 국제 비즈니스로 영어로 바꾸어 보자(301쪽)

당신의 영어 실력을 최대한 활용하라.

- We need a level playing field.

  ☞ We need things to be fair.

- This project is a strikeout.

  ☞ This project will not work.

- Let me run this idea past you.

  ☞ Let me tell you my idea.

- That plan has been sidelined.

  ☞ That plan has been postponed.

- Am I in the ballpark?

  ☞ Am I right / accurate / close?

- We're dealing with a SNAFU here.

  ☞ This (project) is full of mistakes / problems.

- Joe really shoots from the hip.

  ☞ Joe doesn't plan carefully.

- Fire off a memo to Christine.

  ☞ Quickly send a letter to Christine.

- There is no magic bullet.

  ☞ There is no universal solution.

맺음말

어떤 사람들은 높은 수준의 문화 지능을 갖추기 위해서는 오랫동안 해외에서 살거나 여행한 경험이 있어야 하고, 세계적인 기업에서 일해야 하고, 중요한 국제적 직함이 박힌 명함, 높은 지능, 세계 각지에서 온 사람들과 많이 접할 수 있는 대도시에 살아야 한다고 생각한다. 이런 종류의 것들을 갖추고 여권에 찍힌 도장이 많으면 문화적으로 지능이 높아진다고 생각하는 모양이다.

내 경험에 따르면 이런 생각은 틀리다.

직함이나 자격증을 생각하기보다는 문화적으로 지능이 높은 사람이 되겠다고 결심하고 그 목표를 이루는 방법에 대해 생각하는 편이 낫다. 단순히 여권에 도장이 많이 찍혀 있고 멋들어진 명함을 가진 사람보다 당신을 앞서 나가게 해줄 것이다.

문화 지능을 높이는 일은 하루아침에 이루어지지 않는다. 끝이 나는 일도 아니라서 언제나 무언가를 더 많이 배울 수 있다. 배우고 발전해 나가는 과정에서 가끔씩 좌절을 겪는 일도 당연하다.

그러므로 문화 지능을 높이기 위해 노력하고, 그 일에는 시간이 걸린다는 사실을 깨닫기 바란다. 과정을 즐긴다면 거기서 걸리는 시간도 기분 좋게 느낄 수 있다. 자그마한 나무가 자라나는 느릿한 과정을 인내심 있게 사랑하는 분재 전문가처럼 문화 지능이 향상되는 과정을 즐길 수 있기를 바란다.

부록

문화 지능을 높여 주는 온라인 도구

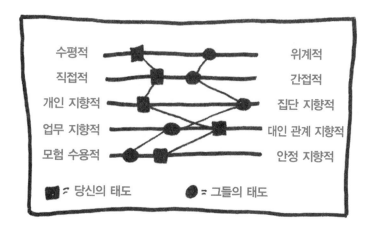

어크로스 컬처스(Across Cultures, Inc.)에서는 세계를 넘나드는 직업인들과 다른 문화권 사람들의 교류를 증진시키는 데 도움을 줄 수 있는 다양한 온라인 도구를 제공한다.

피터슨 문화 유형 검사(The Peterson Cultural Style Indicator)는 문화와 관련된 중요 문제와 국제 비즈니스 관련 문제들에 관하여 직장인들의 이해를 돕기 위해 개발된 것이다. 자신의 문화 유형을 먼저 이해하고 그 후에 세계 60여 개 국, 예를 들면 브라질, 중국, 독일, 일본 등에서 전형적으로 기대되는 유형과 자신의 유형을 비교해 보는 빠르고 신뢰할 수 있는 방법을 제공한다. 당신이 대답을 하면 컴퓨터가 그것에 대한 점수를 매겨 그 즉시 결과를 제시할 것이다. 그것에는 다음과 같은 내용이 포함된다.

- 이 책에 소개된 다섯 가지 문화 척도에 관한 설명.
- 다섯 가지 문화 척도에서 당신이 위치하는 지점.
- 다섯 가지 척도에서 상대 문화가 위치하는 지점.
- 각 유형의 혼합 상태를 기반으로 해 당신이 전략적으로 발전할 수 있는 방법에 관한 설명.

이 도구는 이 책에 제시되어 있는 토론과 통찰력의 보완재로서 활용할 만하다. 온라인 도구는 당신의 문화를 기반으로 한 가치 기준과 태도를 점검해 볼 수 있는, 연구를 통해 확인된 정확한 측정 기준을 제공하며 좀 더 효율적으로 행동을 변화시키는 방법도 구체적으로 제안한다. 이 책은 다섯 가지 문화적 주제에 관한 깊이 있는 통찰력과 당신의 문화적 태도를 기반으로 문화 지능을 증진시키는 과정을 이끌어 준다.

그 예로, 다음과 같은 항목이 제시될 것이다.

1. 당신은 대기업의 신입 사원이다. 며칠 간 업무를 수행하고 나서 회사의 이윤을 전체적으로 증진시킬 수 있는 아이디어가 떠올랐다. 상관에게 이 아이디어를 말하겠는가?

0	1	2	3	4	5	6	7	8	9	10

아마 말하지 않을 것이다. 이런 아이디어를 생각해 내는 것은 윗사람들이 할 일이다.

아마 말할 것이다. 어떤 직원이든 좋은 아이디어가 있으면 그 말을 들어 주어야 한다.

---

2. 팀 회의를 하고 있을 때, 젊은 팀원 한 명의 의견이 팀장과 전혀 다르다. 젊은 직원이 어떻게 해야 한다고 생각하는가?

0	1	2	3	4	5	6	7	8	9	10

팀장의 권위를 존중해 그의 견해에 반박하지 말아야 한다.

팀장에게 맞서서 다른 관점을 제시해야 한다.

---

3. 공장장이 회의를 소집해 생산성 증진의 필요성을 근로자들에게 역설한다. 공장장의 메시지를 어떻게 해석할 것인가?

0	1	2	3	4	5	6	7	8	9	10

말하는 방법을 기준으로—공장장이 말하는 태도, 방식, 어조, 옷차림, 형식 등.

말하는 내용을 기준으로—공장장이 전달하는 주요 쟁점들.

4. 앞으로 기술 교환 프로그램과 관련해 협력할 다른 회사 담당자를 만나 잠재적인 문제점과 주요 쟁점을 협의할 예정이다. 그 만남이 어떤 식으로 진행되기를 바라는가?

0	1	2	3	4	5	6	7	8	9	10

서로를 존중하고 사교적으로 행동한다. 가능하면 의견 대립을 피한다.

야기될 수 있는 문제점과 걱정스러운 부분을 솔직하고 정직하게 의논한다.

---

5. 당신은 다른 직원들과 함께 한 집단에 소속되어 프로젝트를 수행해야 한다. 선택의 여지가 있다면, 그 집단이 어떤 식으로 일하기를 바라는가?

0	1	2	3	4	5	6	7	8	9	10

집단으로서의 조화가 중요하다. 집단의 목표에 초점을 맞추는 것이 개별적인 노력을 강조할 때보다 더 많은 성과를 거둘 수 있다.

개인적인 주도성이 중요하다. 개인은 주도성을 발휘해 유용하고 독특한 무언가를 성취하기 위해 노력해야 한다.

---

6. 현재 당신이 살면서 일하는 지역 사회에서 당신의 정체성은 무엇이라고 생각하는가?

0	1	2	3	4	5	6	7	8	9	10

가족과 친구, 내가 소속된 다양한 집단을 기반으로 해 나의 정체성이 결정된다.

그가 어떤 사람인가가 관건이다. 관심을 두고 있는 주제, 자신을 설명하는 방식, 중요하게 생각하는 것 등.

---

7. 비즈니스 상대가 1주일 예정으로 당신의 회사에 찾아온다. 접대하는 입장에서 당신은 그가 도착한 첫날에 무엇을 하겠는가?

0	1	2	3	4	5	6	7	8	9	10

비즈니스보다 즐거움 − 그를 환영하고, 편안함을 느끼게 하며, 그를 알아나가는데 시간을 쓴다. 비즈니스는 나중에 의논한다.

즐거움보다 비즈니스 − 인사를 나누고 나서 먼저 비즈니스적인 목표를 기본적으로 해결한다. 그 후에 개인적인 차원으로 접근한다.

8. 당신은 소규모 모임에서 비슷한 또래의 사람들과 함께 있다. 그 중에는 처음 만나는 사람도 있다. 그 사람들에게 자신을 소개하고 대화할 때, 어떤 내용을 더 많이 이야기하겠는가?

0	1	2	3	4	5	6	7	8	9	10

그 사람이 하는 일 − 그가 일하는 곳, 하는 일, 즐기는 활동이나 취미 등.

그가 어떤 사람인가 − 그가 관심을 두고 있는 주제, 자신을 설명하는 방식, 중요하게 생각하는 것 등.

어크로스 컬처스의 온라인 도구와 컨설팅 서비스에 대해 더 자세히 알고 싶다면 www.AcrossCultures.net 을 찾아보기 바란다.

참고 자료

도서

개인적으로 문화 탐험을 시작하거나 비교문화 교육 프로그램을 보충하고 싶을 경우에 도움이 될 만한 자료를 소개한다.

다음에 소개한 책들은 어느 정도 일반적인 문화를 다루고 있다. 특정한 문화나 산업이나 직업에 초점을 맞추고 있지는 않다. 개인적으로 소장하고 있고 유익하다고 느낀 책들이다. 각 서적에 붙은 설명은 개인적인 판단도 있고 클라이언트와 학생들에게 받은 피드백을 반영한 부분도 있다.

● Nancy Adler, 2002, *International Dimensions of Organizational Behavior*, Mason, OH : South-Western.

이 책은 기업과 팀과 작업 집단 등의 국제 문화적 역동성을 잘 기술해 놓았다. 비교문화 연구의 권위자인 기어트 홉스테드(Geert Hofstede)의 주요 논거를 분명하고 간단하게 요약해 적용한 점이 마음에 든다.

● Christopher Barlett, Sumantra Ghoshal, 1998, *Managing across Borders : The Transnational Solution*, Boston, MA : Harvard Business School Press.

다국적 기업의 혁신 수립, 유연성, 조정 작용에 초점을 맞추었다. 국제 비즈니스와 관련된 사례 연구를 비롯해 조직 모델과 이론이 포함되어 있다.

● George Borden, 1991, *Cultural Orientation : An Approach to Understanding Intercultural Communication*, Englewood Cliffs, NJ : Prentice-Hall.

국제적인 상황에서 펼쳐지는 다양한 개별적 · 문화적 방향성과 그에 관련된 의사소통 코드를 설명한다.

● Mary Murray Bosrock, 1990년대, The Put Your Best Foot Forward Series, St. Paul MN : International Education Systems.

이 책은 아시아, 남아메리카, 러시아 등 각각의 지역에 초점을 맞추고 있는 시리즈물이다. 다양한 일화를 소개하며 해야 할 일과 하지 말아야 할 일을 알려 주는 안내서이다. 재미있게 읽을 수 있지만 확고한 이론적인 기반이 제시되지는 않는다. 해야 할 일과 하지 말아야 할 일에 너무 집중하는 것도 조심해야 할 일이다. 관심 있는 나라에 관해 깊이 있는 자료를 읽으려 할 때, 흥미로운 입문서 정도로 읽어 볼 만하다.

● Hal Gergersen, Stewart Black, 1998, *So You're Going Overseas : A Handbook for Personal and Professional Sucess*, San Diego, CA : Global Business Publishers.

이 책은 직장인들이 해외 근무를 하면서 자주 겪게 되는 상황에 관한 가볍고 이해하기 쉬운 내용을 담은 입문서이다. 혼자나 가족이 함께 장기적으로 해외에서 체류해야 하는 사람들에게 권할 만하다.

● Ernest Gundling, 2003, *Working GlobeSmart : 12 People Skills for Doing Business across Borders*, Palo Alto, CA : Davies-Black.

이 책은 국제적인 비즈니스의 성공을 위해 필요한 기술을 실용적으로 살펴본다. 사람, 집단, 조직의 기술, 이 세 분야를 차츰 광범위하게 넓혀 가며 설명한다. 이해를 돕기 위한 유용한 사례가 많이 나와 있다. 국제 비즈니스의 전략을 결정하는 사람과 이행하는 사람 모두에게 이 책을 추천한다.

● Charles Hampden-Turner, Fons Trompenaars, 2000, *Building Cross-Cultural Competence*, New Haven, CT : Yale University Press.
비교문화 분야의 거물들이 집필한 이 책은 문화적인 차이를 설명해 주는 흥미로운 메타포와 일화가 담겨 있다. 다소 난해한 문체와 혼란스러운 전문 용어가 일반 독자의 흥미를 떨어뜨릴 수 있다. 가볍게 읽을 만한 책은 아니지만 각나라의 문화적인 차이와 그것이 기업 전략, 작업 스타일, 그 밖에 여러 방면에 미치는 영향력을 깊이 있게 다루고 있기 때문에 이 책을 추천한다.

● Geert Hofstede, 1995, *Cultures and Organizations : Software of the Mind : Intercultural Cooperation and Its Importance for Survival*, New York : McGraw-Hill.
명저로 자주 언급되는 책이다. 홉스테드의 연구를 설명하는 데이터 그리고 문화와 경영에 관한 그의 개념과 접근 방식을 설명해 주는 사례가 가득하다.

● Donald Klopf, 1995, *Intercultural Encounters : The Fundamentals of Intercultural Communication*, Morton Publishing Company.
의사소통 과정에서 일어나는 언어, 문화, 믿음, 행동의 상호 교차와 같은 다양한 주제를 다루고 있으며, 일반적인 대학생 수준에 맞는 입문서이다.

● Lawrence Koslow, Robert Scarlett, 1999, *Global Business : 308 Tips to Take Your Company Worldwide*, Houston, TX : Gulf Professional Publishing.

제목에서 알 수 있듯이, 비교문화 분야에서 중요하게 고려할 사항에 대한 토론 사례를 기초로 해 308가지의 구체적인 정보를 담았다. 외국에서 근무하는 사람들이 당면하는 문제에서부터 전략적으로 새로운 세계 시장으로 확장해 나가는 회사들의 당면 문제까지 포괄한다.

● Piero Morosini, 1999, *Managing Cultural Differences : Effective Strategy and Execution across Cultures in Global Corporate Alliances*, New York : Pergamon Press.

이 책은 기업의 인수 합병, 합작 투자, 파트너십 등에 미치는 그 나라 문화의 중요한 영향력을 살펴본다. 여러 사례를 보여 주며 국제 제휴 관계의 함정을 피하는 방법을 일러 준다.

● Terri Morrison, Wayne Conaway, George Borden, 1994, *Kiss, Bow, or Shake Hands : How to Do Business in Sixty Countries*, Avon, MA : Adams Media Corporation.

이 책은 비즈니스 종사자들이 60개국 사람들과 의사소통할 때 귀중하게 쓰일 수 있는 실용적인 정보를 제공한다. 책의 도입부에 합리적인 문화적 틀을 간단하게 설명하고, 한 나라에 여섯 쪽씩 실용적인 정보를 가득 실었다. 짧은 시간 안에 다양한 나라에 대해 알아야 하는 사람들에게 이 책을 추천한다.

● Gaye Perry, 1999, *Perspectives : Intercultural Communications*, CourseWise Publishing.

대학생 정도의 수준에 맞춰 대형 판형으로 출판된 이 책은 부분적으로는 워크북이며, 협상, 성과 평가, 비즈니스 규약 등 국제적이고 문화 중심적인 주제를 다루는 사례 연구와 논문을 주로 모아 놓은 편집물이다. 다양한 문화의 개념과 거기에 함축된 의미를 잘 설명했다.

● Larry Samovar, Richard Porter, 2003, *Intercultural Communication : A Reader*, 10th ed, CA : Wadsworth Publishing Company.

문화 간 의사소통 이론을 이해하는 데 좋은 이론 교재로, 나도 대학원 강의에서 이 책을 자주 활용한다. 다양한 문화 간의 의사소통 주제를 연구한 수십 편의 논문을 모아 놓았다. 학구적 성향이 강한 독자들에게 깊이 있는 통찰력을 제공하는 매혹적인 작품으로 이 책을 추천한다.

● Elizabeth Urech, 1997, *Speaking Globally : How to Make Effective Presentations across International and Cultural Boundaries*, Dover, NH : Kogan Page.

프레젠테이션의 전달 방식과 받아들이는 방식에 미치는 문화의 영향에 관한 다양한 주제를 다룬 안내서이다. 청중을 이끄는 법, 효과적인 설득, 부적절한 유머 사용을 피하고 세계 각국의 청중과 교류하는 방법에 관한 주제가 포함되어 있다. 나도 효과적인 국제 프레젠테이션에 관한 강의를 할 때 이 책을 교재로 사용한다.

주요 학술지

● *Anthropological Journal on European Cultures.*
"유럽에서 활동하는 사회 문화 인류학자들을 위한 포럼. 새로운 민족지학 연구와 그 분야의 역사 정치에 관한 이론적인 고찰을 제시한다."

● *International Business Review.*
학계와 재계 사람들 모두에게 적절한 학술지로서, 전략 계획, 해외 투자, 동기부여, 리더십, 경영과 같은 주제를 주로 다룬다.

● *International and Intercultural Communication Annual.*
의사소통, 문화적 정체성, 사회학, 언어와 같은 주제의 국제 문화적 측면을
살펴보는 학술지.

● *International Journal of Intercultural Relations.*
문화 간의 문제, 다양성, 갈등 회피, 개인 수준에서의 외교적 관계 등에 초점
을 맞추는 자료이다.

● *International Journal of Politics, Culture, and Society.*
국제 여성 문제와 성 차별, 고용권, 매춘, 불법 거래 등의 젠더(gender) 관련
문제를 전문으로 한다.

● *Journal of International Affairs.*
정치적인 측면에 초점을 맞춘 이 학술지는 '국제 문제의 열띤 논쟁'을 살핀다.

● *Journal of International Business Studies.*
국제적인 팽창, 전략적 마케팅, 문화를 넘나드는 브랜드 이름, 국제 임금 문
제 등 비즈니스 관련 주제를 다룬다.

● *Management International Review.*
직무 만족과 적응, 해당 지역의 조건과 실정에 맞춘 계약, 국제 파트너십을
위한 전략적 근거 등의 국제 벤처 사업에 관한 주제를 다룬다.

옮긴이 _ 현대경제연구원

이영훈
성균관대학교 철학과를 졸업한 후 독일 레겐스부르크 대학에서 철학 박사 학위 취득했다.
현재 현대경제연구원 연구개발본부에서 연구위원으로 재직하고 있으며,
교육체계 수립 컨설팅과 교육과정 개발 등의 업무를 수행하고 있다.

백수진
이화여자대학교와 동 대학원에서 교육공학을 전공했다.
현재 현대경제연구원 HRD사업본부 교육컨설팅실에서 연구위원으로 재직하고 있으며,
기업교육 컨설팅과 교육과정 개발 등의 업무를 수행하고 있다.

글로벌 시대의 경쟁력 문화지능

1판 1쇄 인쇄 2006년 4월 5일
1판 1쇄 발행 2006년 4월 10일

지은이 브룩스 피터슨
옮긴이 현대경제연구원
발행인 고영수
발행처 청림출판
등록 제9-83호(1973. 10. 8)
주소 135-816 서울시 강남구 논현동 63번지
전화 02)546-4341 **팩스** 02)546-8053

www.chungrim.com
cr1@chungrim.com

ISBN 89-352-0642-3   03320

가격은 뒤표지에 있습니다.
잘못된 책은 교환해 드립니다.